KATE SILVERTON

Kinderköpfe ticken anders

GOLDMANN

Buch

Wutausbrüche, Trotzanfälle, Streit und Tränen: Besonders in den ersten fünf Jahren haben Eltern häufig mit dem Verhalten ihrer Kinder zu kämpfen. Stress, Enttäuschungen und Unzufriedenheit sind nicht selten die Folge solcher Situationen – auf beiden Seiten.

Doch so muss es nicht sein. Kate Silvertons bahnbrechend neues Erziehungskonzept erklärt Eltern, warum kleine Kinder sich »so unmöglich aufführen«. Wichtig ist es zu verstehen, dass sich das noch entwickelnde Kindergehirn von dem Erwachsener unterscheidet und das Verhalten von Kindern entscheidend beeinflusst. Mit Kate Silvertons praktischen Strategien können Eltern rücksichtsvoll und einfühlsam reagieren und die Basis für die psychische Gesundheit und das emotionale Wohlbefinden ihrer Kinder in der Zukunft schaffen.

Autorin

Kate Silverton ist studierte Entwicklungspsychologin und beliebte BBC-Journalistin. Sie setzt sich seit Jahren leidenschaftlich für Kinderrechte und Kindeswohl in der Welt ein. Inzwischen selbst Mutter von zwei Kindern absolvierte sie eine Weiterbildung zur Kinder-Psychotherapeutin. Heute berät sie Eltern und Erziehende. Ihre therapeutische Erfahrung mit Kindern sowie intensive Gespräche mit führenden Neurowissenschaftlern, Psychiatern und Psychotherapeuten inspirierten sie zu diesem Buch. Ihr Motto: »Einfach von der Schwangerschaft bis zum fünften Lebensjahr alles richtig machen, dann gehen unsere Kinder fit ins Leben.«

KATE
SILVERTON

KINDERKÖPFE
ticken anders

EINFACH VERSTEHEN,
WIE SICH DAS GEHIRN ENTWICKELT

Aus dem Englischen von Karin Wirth

GOLDMANN

Die englische Originalausgabe erschien 2021 unter dem Titel »There's No Such Thing As ›Naughty‹« bei Piatkus, London.

Penguin Random House Verlagsgruppe FSC® N001967

1. Auflage
Deutsche Erstausgabe März 2023

Illustrationen: Korda Ace (www.korda-ace.com) © Pangolin Media Ltd 2021
Umschlag: UNO Werbeagentur, München
Umschlagmotiv: FinePic®, München; Illustration: Korda Ace (www.korda-ace.com) © Pangolin Media Ltd 2021
Redaktion: Dagmar Rosenberger
Satz: Satzwerk Huber, Germering
Druck und Bindung: GGP Media GmbH, Pößneck
Printed in Germany
EB · IH
ISBN 978-3-442-17967-1

Für Mike, Clemency und Wilbur,
meine See und meine Sterne.

Inhalt

Ich widme dieses Buch allen Eltern, überall.
Ich zolle denen Achtung, die als Team oder allein
Kinder aufziehen, die ihren Partner durch Tod,
Scheidung oder Trennung verloren haben,
die Großeltern, Pflegeeltern, Stiefeltern,
Adoptiveltern und Hauptsorgeberechtigte sind.

Sie sind alle wunderbare, empathische,
freundliche und fürsorgliche Menschen,
die die Aufgabe übernommen haben,
ein Kind aufzuziehen – oft die schwierigste
Aufgabe der Welt und zweifellos die wichtigste.

Das ist die Geschichte von drei Tieren und einem Baum – der Eidechse, dem Pavian, der klugen Eule und dem Baobab – und davon, wie sie gemeinsam unser Gehirn repräsentieren, und wie jedes von ihnen das Verhalten unserer Kinder und unser eigenes beeinflusst.

Es ist eine Geschichte, die erklärt, warum es für unsere Kinder unter fünf Jahren das Etikett »böse« nicht gibt. Und warum wir unsere Kinder gut für das Leben rüsten können, wenn wir ihnen in den ersten fünf Lebensjahren das Richtige mitgeben.

Ich freue mich so, Ihnen zeigen zu können, wie man das macht.

Einleitung – Warum ich dieses Buch geschrieben habe

Als ich – nach vielen schmerzlichen Erfahrungen, vier gescheiterten künstlichen Befruchtungen, zwei Fehlgeburten und totaler emotionaler Erschöpfung – endlich Mutter wurde, war ich außer mir vor Freude! Ich war mit 40 auf natürlichem Weg schwanger geworden, was angesichts der Tatsache, dass sogar die Ärzte die Hoffnung scheinbar schon aufgegeben hatten, erstaunlich war. Mit 43 wurde ich noch einmal auf natürlichem Weg schwanger. Meine Kinder, Clemency und Wilbur, fühlten sich wirklich wie Geschenke des Universums an. Es gab Euphorie und absolute Dankbarkeit, aber auch viele Fragen:

Erstens: Wow – warum hat uns niemand gesagt, dass es so schwierig sein würde?

Zweitens: Äh – warum war es so schwierig?

Und drittens: Finden es alle anderen auch so schwierig?

Sechs Wochen nachdem wir Clemency zu Hause willkommen geheißen hatten, rief sogar mein Mann, ein Ex-Marine, aus: »Mein grünes Barett zu bekommen war einfacher als das!« Und eine Weile später: »Ich habe mehr Ratschläge bekommen, als ich mir einen Welpen zugelegt habe!«

Es ist wahr: Über die harte Realität des Elternseins tauschen sich Freunde selten aus. Mein Mann scherzt, dass man sonst wahrscheinlich nie Kinder bekommen würde. Ich glaube, dass es vielleicht daran liegt, dass wir unsere Kinder heute zunehmend isoliert aufziehen, ohne die Unterstützung der traditionellen Gemeinschaft, der wir früher angehört hätten. Damals konnten wir noch instinktiver erziehen, als wir noch nicht so sehr unter Schlafmangel litten und den Vorteil einer erweiterten Familie hatten, die beim Kochen und bei der Betreuung des Babys half, und die Älteren ihre Weisheiten und praktischen Ratschläge von Generation zu Generation weitergaben.

Wir leben vielleicht in anderen Zeiten, aber wir haben immer noch dieselben Hoffnungen und Wünsche und denselben Traum, die besten Eltern zu sein. Wir wünschen uns immer noch die Bestätigung, dass wir »es richtig machen«, und wir wollen sicher sein, dass unsere Kinder sich wertgeschätzt, beschützt und geliebt fühlen, während sie heranwachsen.

Und natürlich bekommen wir Ratschläge, aber in den letzten Jahrzehnten scheinen sie sich (verständlicherweise) manchmal eher an den erschöpften Eltern zu orientieren als daran, was für unsere Kinder am besten wäre. So hat es zum Beispiel »die stille Treppe« gegeben, auf der die Kinder zur Strafe sitzen mussten, oder das »Verbannen« in ihr Zimmer oder das »Schreienlassen« von Babys. All das wurde in bester Absicht getan und sollte Eltern, die wenig Zeit hatten, helfen, sich über Wasser zu halten. Aber was wäre, wenn wir die besten unserer alten Weisheiten mit modernster Wissenschaft kombinieren könnten – und zwar so, dass es nicht nur zu unserem Vorteil, sondern auch zum Vorteil unserer Kinder wäre?

Angesichts der psychischen Probleme vieler Kinder wollen wir mehr denn je sicher sein können, dass wir empathische, rücksichtsvolle und freundliche Kinder aufziehen; Kinder, die als Erwachsene emotionale Abenteurer sind, Schwierigkeiten überwinden und sich auf das Leben in seiner ganzen bunten Vielfalt einlassen können.

Nachdem ich Mutter geworden war, wollte ich mehr darüber erfahren, wie ich die geistige und auch die körperliche Gesundheit meiner Kinder fördern kann. Als Journalistin habe ich den Vorteil, Zugang zu einigen der besten Psychoanalytiker, wie Professor Peter Fonagy, Neurowissenschaftler und Psychiater, wie Dr. Bruce Perry, Kliniker und Psychotherapeuten, wie Dr. Gabor Maté, Dr. Margot Sunderland und Liza Elle, zu haben. Ich lud Kinderpsychiater auf eine Tasse Tee zu mir nach Hause ein und bat sie, »ihr Gehirn mitzubringen«. Ich hatte so viele Erziehungsratgeber gelesen und mir so viele unterschiedliche Theorien angeschaut (und war dabei auf einige Mythen gestoßen), dass ich von ihnen hören wollte, warum sich unsere Kinder so verhalten, wie sie es tun. Und vor allem, wie wir als Eltern am besten darauf reagieren. Ich wollte lernen, wie ich zur Entwicklung eines gesunden Gehirns beitragen konnte.

Aus meiner Ausbildung als Kinderberaterin und meiner eigenen Psychotherapieerfahrung wusste ich, dass unsere Erfahrungen in frühester Kindheit uns als Erwachsene prägen. Was ich nicht gewusst hatte und was mich förmlich umgehauen hat, war, dass unsere Kindheitserfahrungen ALLES, von der Gehirnentwicklung bis hin zur Biologie und zu unserem Verhalten, beeinflussen können. Wie wir als Eltern auf das Verhalten unserer Kinder reagieren, beeinflusst direkt ihre Gehirnentwicklung.

Plötzlich sah ich meine Kinder in einem völlig anderen Licht, oder genauer gesagt, sah ich ihr Verhalten in einem völlig anderen Licht. Ich stellte fest, dass ich ganz einfach mit ihren Gefühlsausbrüchen umgehen und Streitereien innerhalb von Sekunden beilegen konnte, und sah, dass Geschwisterrivalität auf Ängste zurückzuführen ist. Kindererziehung war auf einmal so viel einfacher – und meine Kinder waren auch zufriedener! Durch all das, was ich lernte, konnte ich sicherer und intuitiver erziehen, statt im Dunkeln herumzutappen. Das war eine absolute Offenbarung. Und auch für meinen Mann, der nach dem Prinzip »Wer die Rute spart, verwöhnt das Kind« erzogen worden war, war dieser neue Ansatz ein Augenöffner. Und all das ohne eine »stille Treppe« in Sicht!

Ich habe dieses Buch geschrieben, um das, was ich gelernt habe, weiterzugeben, denn es ist zu wichtig, um es für mich zu behalten. Ich glaube, dass alle Eltern erfahren sollten, wie man emotional gesunde Kinder erzieht. Denn das bekommt nicht nur unseren Kindern gut, sondern macht auch unser Leben einfacher und sehr viel angenehmer!

Wissenschaftler wissen schon seit Jahrzehnten, wie das Kindergehirn funktioniert und sich entwickelt. Aber das, was sie wissen (und durchaus auch weitergeben wollten), hat noch nicht wirklich den Erziehungsmainstream erreicht. Warum nicht? Wie die Experten mir auf meine diesbezügliche Frage erklärt haben, liegt es daran, dass »Wissenschaftler Etiketten lieben« und »Wissenschaft kompliziert ist«. Professor Fonagy forderte mich deshalb auf, »es wie eine Geschichte zu erzählen, es einfach zu halten«. Und so nahm ich es in Angriff.

Ich nahm mir die Freiheit, die (sehr komplizierte) Struktur des Gehirns umzubenennen, und entwickelte ein (sehr einfaches) Konzept, um zu erklären, wie das sich entwickelnde Gehirn unserer Kinder ihr Verhalten beeinflusst.

Das Konzept beinhaltet nur drei Tiere und einen Baum: die Eidechse, den Pavian, die kluge Eule und den Baobab-Baum. Es ist super einfach zu erklären und supereinfach umzusetzen.

Ich wollte ein Konzept, das sogar für unsere Kinder leicht zu verstehen ist, und das wir Eltern innerhalb von Sekunden umsetzen können.

Ich möchte betonen, dass dieses Buch wirklich auf wissenschaftlichen Erkenntnissen beruht. Das sage ich, weil ich will, dass Sie sich dadurch gestärkt fühlen. Ich habe das Konzept auf eine vereinfachte und leicht verständliche Art beschrieben, weil es mir wichtig ist, dass jeder es verstehen kann. Denn mit wissenschaftlicher Unterstützung können Sie zuversichtlich voranschreiten, Ihren Instinkten vertrauen und das Konzept Eidechse-Pavian-Eule in der Gewissheit anwenden, dass das, was Sie für Ihre Kinder tun, überprüft und erwiesen ist und auf einem soliden Fundament steht.

Sie finden auch überall im Buch Kästen mit dem Titel »Wissenswert«. Diese enthalten Elemente meiner wissenschaftlichen Recherche, der klinischen Studien, die ich gelesen habe, sowie der Analysen und Kenntnisse der Menschen, die ich interviewt habe und die mich inspiriert haben. Am Ende des Buches finden sich auch viele Quellen und Unterstützungsnetzwerke, falls Sie noch tiefer in das Thema eintauchen wollen.

TEIL I

In den ersten beiden Kapiteln wird der Grundstein gelegt. Hier wird erklärt, wie wir durch unsere Erziehung den Menschen formen, zu dem unser Kind heranwächst: seine Haltung in Bezug auf Risiken, seine Resilienz und sogar seine zukünftigen Beziehungen. Es ist so wichtig, das zu wissen! Das Verhalten Ihres Kindes wird anhand der drei Tiere und des Baobab-Baums erklärt, sodass Sie schon am Ende des ersten Kapitels das nötige Wissen erworben haben, um als »Neurowissenschafts-Ninja« mit jeder Art von Verhalten Ihres Kindes umzugehen – von Gefühlsausbrüchen und Tränen bis hin zu Kämpfen und Ängsten. Mein Ehrenwort, so wird es sein. Also bleiben Sie dabei … auf diesem Erziehungs-Ninja-Anstecker steht schon Ihr Name!

TEIL II

Ich beschäftige mich mit all den typischen Erziehungsszenarien. Sie wissen schon, mit denen, die wir alle fürchten: mit Gefühlsausbrüchen in der Öffentlichkeit, Wutanfällen, »Gehorsamsverweigerungen« (wie mein Mann Mike es ausdrückt) und vielen anderen, zum Beispiel dem Umgang mit dem Kindergarten- oder Schuleintritt, mit Trauer, Trennung oder Scheidung. Ich berichte auch von vielen Szenarien aus meiner persönlichen Erfahrung (auch wenn sie für mich eher peinlich sind), damit Sie wissen, dass Sie damit nicht allein sind. Sie hören auch von anderen Eltern, die ihre Erfahrungen teilen, darunter auch mein Ehemann, was wichtig ist, da er ursprünglich in dieser Hinsicht eine etwas andere Perspektive hatte!

Sie finden in jedem Kapitel einfache und praktische Tipps und Werkzeuge sowie einige Anleitungen, weil ich weiß, dass wir uns in bestimmten Situationen, wenn wir am Ende unserer Kräfte sind, oft einfach nur noch wünschen, dass uns jemand sagt, was wir tun sollen! Und zwar jetzt!

Kindererziehung kann schwierig sein. Wir sind oft auf uns allein gestellt und völlig ausgepowert. Ich bin eine berufstätige Mutter, die spät Kinder bekommen hat. Ich weiß, wie anstrengend es sein kann. Ich weiß, mit welchen Schwierigkeiten Eltern heute konfrontiert sind. Ich verstehe jetzt, warum das Aufziehen von Kindern als die schwierigste Aufgabe der Welt gilt.

Aber dank allem, was ich in den letzten zehn Jahren gelernt habe, verstehe ich auch, dass wir viel stärker sind, als wir denken, und viel kompetenter, als wir glauben, und dass wir alle in der Lage sind, Kinder aufzuziehen, die gesund und glücklich sind, und zu denen wir ein Leben lang eine starke Bindung haben.

Ich hoffe, dass Ihnen dieses Buch hilft, die Eltern zu werden, die Sie immer sein wollten. Ich hoffe, dass Sie sich dabei unterstützt und gestärkt fühlen, Ihre eigene Reise zu genießen und vor allem Ihrem Kind zu helfen, eine glückliche und fröhliche Kindheit zu erleben. Ich hoffe, dass es uns allen hilft, eine bessere Zukunft für unsere Kinder zu gestalten und uns selbst dabei wohlzufühlen.

Sollen wir loslegen? Tauchen wir ein – ich bin die ganze Zeit bei Ihnen.

Kate Silverton, Februar 2021

TEIL I

Unser Kind verstehen – mit der Eidechse, dem Pavian und der Eule

Ich glaube, dass es für uns Eltern am hilfreichsten ist, wenn wir uns in unsere Kinder hineinversetzen und wirklich verstehen können, wie sie denken und wodurch ihr Verhalten motiviert ist. Und das ist viel einfacher, wenn wir wissen, wie sich ihr Gehirn entwickelt. In Teil I dieses Buches erkläre ich Ihnen deshalb das Gehirn Ihres Kindes anhand eines supereinfachen Konzepts, das auf drei Tieren basiert: einer Eidechse, einem Pavian und einer klugen alten Eule. Das Gehirn mag komplex sein, aber unser Verständnis des Gehirns muss es nicht sein.

Mit diesen neuen Erkenntnissen werden Sie alles am Verhalten Ihres Kindes verstehen und einsehen, dass es nicht »böse« ist.

KAPITEL 1

Die Eidechse, der Pavian und die kluge Eule

»Sie ist gerade im Trotzalter!«
»Mein Baby klammert so sehr.«
»Meine Tochter will nicht teilen.«
»Mein Sohn beißt.«
»Unsere Zwillinge können nicht stillsitzen.«
»Warum kommen wir nicht rechtzeitig aus dem Haus?!«
»Meine Tochter ist so zornig. Sie schlägt immer wieder ihre Schwester.«
»Wieso tun sie nicht einfach, was man ihnen sagt?!«

Warum verhalten sich unsere Kinder so? Nach der traditionellen Auffassung würde man sagen, dass unsere Kinder »böse« sind. Aber ich sage, dass diese Auffassung falsch ist! Unsere Kinder sind nicht »böse«, sie versuchen nur, uns etwas zu sagen. Auf die einzige Art, die sie kennen.

Kinder unter fünf Jahren zeigen ihre Gefühle durch ihr Verhalten, weil sie oft noch nicht die richtigen Wörter kennen, um sie zu erklären. Und ihre Gefühle können überwältigend sein, so als ob die ganze Welt zum Stillstand kommt, weil sie in diesem Alter noch keinen hoch entwickelten »emotionalen Filter« besitzen, keine Möglichkeit, sich selbst auszuschalten oder zu dimmen. Wenn wir das verstehen und ihr Verhalten interpretieren können (was Sie am Ende dieses Kapitels können werden!), wird Ihnen klar werden, warum ich sage, dass Kinderköpfe anders ticken als die von Erwachsenen. Und dann können wir Eltern sein, die nicht fragen: »Was stimmt nicht mit dir?«, sondern »Was passiert gerade bei dir, bei dem ich dir helfen muss?«

Darum geht es!

Ich weiß, dass es einfach klingt, aber Ihren Kindern zu helfen, mit ihren starken Gefühlen umzugehen, wird eine der größten und besten Investitionen sein, die Sie als Eltern tätigen werden. Sie müssen sich wirklich nicht unter Druck gesetzt fühlen, einen kleinen Einstein oder Mozart zu erschaffen. Wenn wir uns geerdete, glückliche Kinder wünschen, bestätigt die Wissenschaft, was die Natur schon weiß: Unsere Kinder zu lehren, mit ihren Gefühlen umzugehen, ist wichtig für ihr zukünftiges mentales und emotionales Wohlbefinden. Und das Schöne ist, dass die Natur uns alles mitgegeben hat, was wir brauchen, um ihnen dabei zu helfen.

Wissenswert

»Statt einem Baby Lernkarten hinzuhalten, wäre es seinem Entwicklungsstand angemessener, es einfach zu halten und zu genießen.«

Psychotherapeutin Sue Gerhardt in ihrem Buch *Die Kraft der Elternliebe*

Unsere Emotionen sind das, was wir in unserem Innern spüren. Sie zeigen uns, was im Leben sicher ist und was nicht, worauf wir uns zubewegen und wovor wir weglaufen sollen.

Wie unsere Kinder die Welt erleben und unsere Rolle als Eltern prägen die Person, zu der sie sich entwickeln. Nicht nur ihre körperliche Gesundheit, sondern auch ihr mentales und emotionales Wohlbefinden. Wir können ihnen am besten helfen, wenn wir uns klarmachen, dass sich das Gehirn unserer Kinder noch entwickelt, das heißt, dass sie sich vielleicht ganz anders verhalten und Dinge ganz anders wahrnehmen als wir.

Um es zu verdeutlichen: Was sehen Sie in dieser Abbildung?

Und das sieht unser Kind …

In diesem Alter erleben unsere Kinder die Welt anders, weil ihr Gehirn anders ist. Ihr Gehirn ist mit Wachsen, mit Erkunden, mit Lernen beschäftigt. Weil das Gehirn unserer Kinder noch nicht so weit entwickelt ist wie unseres. Die Arbeit von Professor Peter Fonagy und vielen Forschern auf diesem Gebiet lässt darauf schließen, dass die Entwicklung des menschlichen Gehirns erst mit etwa 25 Jahren abgeschlossen ist. Das heißt, dass das Gehirn Ihres Kindes unter fünf Jahren noch sehr unfertig ist, und das gilt auch für sein Verhalten.

Als ich etwas über die Gehirnentwicklung gelernt hatte, ergab alles, was meine Kinder betraf, plötzlich einen Sinn – warum sie nicht gern teilten, warum mein Sohn seine Schwester schlug und warum wir es alle so schwierig fanden, rechtzeitig aus dem Haus zu kommen!

Ich konnte Wutanfälle abwenden und liebevoll auf Tränen reagieren, Streitereien beenden und erleben, wie meine Kinder Freunde wurden, ohne auf altmodische Strafen wie »Sitzen auf der stillen Treppe« oder »Verbannen« in ihr Zimmer zurückgreifen zu müssen. Ich stellte fest, dass ich mich nun in meine Kinder hineinversetzen konnte, um die Dinge aus ihrer Perspektive zu betrachten und zu verstehen, was sie fühlten und vor allem auch, warum.

Zu verstehen, wie sich das Gehirn unserer Kinder entwickelt, ist unerlässlich, wenn wir ihnen – und auch uns selbst! – helfen wollen, glücklich durchs Leben zu kommen, mit welchen Schwierigkeiten es uns auch konfrontieren mag.

Aber das Gehirn ist ein komplexes Organ, und wenn es um Neurowissenschaften geht, bin ich ein Bär mit einem ziemlich kleinen Gehirn. Als ich anfing, etwas über das Gehirn zu lernen, beschwor all das Gerede von Amygdalas, limbischen Systemen und dorsalen Vagusnerven eher Bilder von Programmierkursen in mir herauf als von dem unglaublichen Organ, das uns am Leben erhält.

Also fing ich an, das Wesentliche herauszudestillieren und ein sehr einfaches Konzept zu entwickeln, das mir half, das Verhalten meiner Kinder auf eine für mich – und ich hoffe, auch für Sie – sinnvolle und leicht nachvollziehbare Weise zu verstehen.

Die Eidechse, der Pavian und die kluge Eule

Als unsere Vorfahren anfingen, auf zwei Beinen zu gehen, konnten sie ihre Hände besser gebrauchen. Die Wissenschaftler glauben, dass der durch die Fähigkeit, mehr Aktivitäten nachzugehen, bedingte Zuwachs an Intelligenz zu einer dramatischen Vergrößerung des Gehirns führte. Aber der aufrechte Gang hatte für uns Menschen noch eine weitere Konsequenz.

Wissenswert

»Gleichzeitig führte das Stehen auf zwei Beinen bei den Frauen zu einem engeren Becken und Geburtskanal. Der größere Kopf und das kleinere Becken bedeuteten, dass das Menschenbaby sehr unreif geboren werden musste.«

Dr. Margot Sunderland, Director of Education and Training, Centre for Child Mental Health, London, in ihrem Buch *The Science of Parenting*

Ein relativ »unfertiges Gehirn« zu haben, bedeutet, dass wir bei der Geburt und während eines deutlich längeren Zeitraums als unsere Säugetier-Verwandten viel verletzlicher sind. Zum Beispiel können Zebras schon eine Stunde nach der Geburt vor Raubtieren weglaufen; ein Giraffenbaby fällt 1,80 Meter tief aus dem Geburtskanal der Mutter und kann fast unmittelbar danach gehen, wenn auch etwas wackelig, und Delphine können von Geburt an schwimmen. Im krassen Gegensatz dazu werden unsere Babys sehr hilflos geboren. Es dauert ungefähr ein Jahr, bis Kinder einigermaßen sicher gehen können, und noch länger, bis sie selbstständig essen und ihren Körper pflegen können.

Unsere Kinder sind in Bezug auf ihr Überleben vollkommen von uns abhängig, bis ihr Gehirn »aufgeholt« hat. Deshalb findet in den ersten Lebensjahren ein so starkes Gehirnwachstum statt. Das Gehirn muss schnell arbeiten, um die zum Überleben in der jeweiligen Umgebung notwendigen Fähigkeiten zu erwerben.

Das Gehirn entwickelt sich hierarchisch – sozusagen von unten nach oben. Um das Verständnis zu erleichtern, haben Wissenschaftler das Gehirn in verschiedene Regionen eingeteilt. Alle Regionen sind von Geburt an vorhanden und miteinander verbunden, aber jede Region hat auch ihre eigenen, klar abgegrenzten Funktionen. Wenn wir unsere Kinder und die Gründe für ihr Verhalten verstehen wollen, müssen wir zuerst diese verschiedenen Regionen und ihren Einfluss auf das Verhalten unserer Kinder verstehen.

Die ersten Gehirnregionen, die sich entwickeln, sind das sogenannte Stammhirn und das Kleinhirn. Das Stammhirn, auch »Reptiliengehirn« genannt, hat die Aufgabe, unsere Kinder am Leben zu erhalten. Es steuert Herzschlag und Körpertemperatur, Schlafmuster, Atmung, Gleichgewicht, Appetit und Verdauung. Das Überlebenshirn reagiert auf alles, was lebensbedrohlich sein könnte, sei es im Körper, zum Beispiel, wenn unser Kind hungrig ist, oder extern, zum Beispiel, wenn jemand Fäuste schwingend und brüllend auf es zu läuft.

Unter solchen Umständen reagiert das Stammhirn instinktiv und automatisch. Seine Reaktionen sind nicht bewusst ausgewählt und beinhalten das, was wir als Kampf- bzw. Flucht- und Erstarrungsreaktionen bezeichnen. Im Mutterleib sind unsere Babys weitgehend vom Stammhirn abhängig, und es steuert einen Großteil ihres Verhaltens im ersten Lebensjahr.

Als Nächstes kommt das limbische System. Es ist die Zentrale unserer Emotionen und maßgeblich an der Verarbeitung und Regulierung der Gefühle unserer Kinder, wie Wut und Freude, sowie ihres Sozialverhaltens, ihrer Interaktion mit anderen Menschen, beteiligt. Es steuert auch, wie unsere Babys und Kleinkinder verarbeiten, was um sie herum passiert – was sie sehen, hören, schmecken, riechen und spüren. Das lymbische System ist der Ort, an dem sich ein Großteil ihres Gedächtnisses und ihrer Sprache »befindet« und von dem ihre Stressreaktion (also ihr Verhalten bei einer wahrgenommenen Gefahr) ausgeht.

Stammhirn und limbisches System werden oft als »niedere Gehirnareale« bezeichnet und sind eng miteinander verbunden.

Schließlich kommen wir zum Cortex, speziell zum präfrontalen Cortex (kurz PFC). Er ist die oberste Steuerungszentrale und der Teil des Gehirns, der uns von anderen Tierarten abgrenzt. Der PFC hilft unseren Kindern, zu lernen, empathisch zu sein (Dinge aus dem Blickwinkel anderer Menschen zu betrachten), über Vergangenheit und Zukunft nachzudenken, Probleme zu lösen und »Konzepte« zu verstehen.

Alle Teile des Gehirns sind von Geburt an vorhanden, aber weil sich die Teile nacheinander entwickeln (das Stammhirn zuerst und der präfrontale Cortex als Letztes), können manche Teile das Verhalten unserer Kinder in den ersten Lebensjahren stärker beeinflussen.

Das, was wir heute über die Gehirnentwicklung unserer Kinder, besonders in den ersten Jahren, wissen, ist von grundlegender Bedeutung für ihre zukünftige geistige Gesundheit und ihr Wohlbefinden und kann auch äußerst hilfreich bei der Erziehung sein. Darum habe ich es mir zur Aufgabe gemacht, die Ergebnisse jahrzehntelanger wissenschaftlicher Forschung in einem einfachen Konzept zusammenzufassen.

Es geht um … die Spannung steigt … einen Baum, eine Eidechse und eine kluge Eule.

Denken Sie daran, dass es sich hier um ein vereinfachtes Modell handelt – natürlich hat Ihr Kind nicht wirklich eine Eidechse, einen Pavian oder eine kluge Eule im Kopf, aber ich finde diese Symbolbilder sehr hilfreich, wenn es darum geht, all das zu erklären, was ich aus meinen Recherchen und den von mir geführten Interviews gelernt habe.

Natürlich wäre es wunderbar, wenn Sie sich in die unglaublichen Neurowissenschaften und die Pionierarbeit von Wissenschaftlern wie Professor Peter Fonagy, Dr. Bruce Perry und Dr. Margot Sunderland und vielen anderen vertiefen würden (Sie finden die vollständige Liste am Ende des Buches). Aber hier können wir von jetzt an Begriffe wie »bilaterale Integration« und »Cerebellum« beiseitelassen. Ich möchte Sie mithilfe von nur drei Tieren und einem Baum feierlich mit dem Gehirn Ihres Kindes (und übrigens auch Ihrem eigenen) bekannt machen.

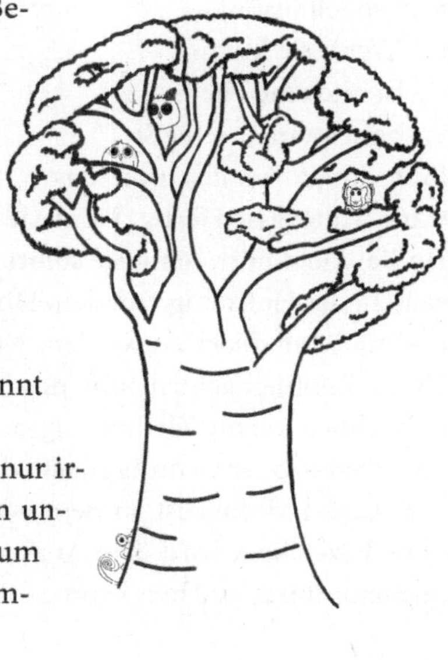

Und es ist nicht einfach nur irgendein Baum, sondern ein unglaublich alter Baobab-Baum aus meinem geliebten Zimbabwe. Dort ist er als Baum der Weisheit bekannt. Es ist der Baum, um den sich die Ältesten versammelten, um uraltes Wissen an die Kinder des Dorfes weiterzugeben.

Der Baobab soll hier unser gesamtes Gehirn symbolisieren. Ganz unten am Stamm sitzt eine kleine Eidechse. Sie steht für unser Stammhirn. Ich stelle es mir als Eidechse vor, weil diese älteste Gehirnregion auch bei Reptilien vorhanden ist, und zwar schon seit Hunderten Millionen von Jahren! Es ist sehr primitiv, aber wie wir gesehen haben, spielt es eine wichtige Rolle bei der Sicherung unseres Überlebens.

Die Eidechse

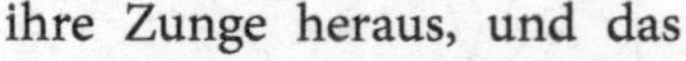

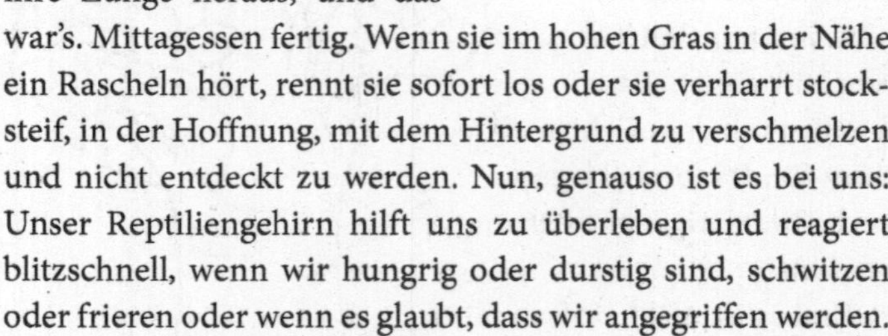

Stellen Sie sich eine Eidechse in freier Natur vor. Sie handelt instinktiv. Wenn sie hungrig ist und eine Fliege vorbeischwirrt, schießt ihre Zunge heraus, und das war's. Mittagessen fertig. Wenn sie im hohen Gras in der Nähe ein Rascheln hört, rennt sie sofort los oder sie verharrt stocksteif, in der Hoffnung, mit dem Hintergrund zu verschmelzen und nicht entdeckt zu werden. Nun, genauso ist es bei uns: Unser Reptiliengehirn hilft uns zu überleben und reagiert blitzschnell, wenn wir hungrig oder durstig sind, schwitzen oder frieren oder wenn es glaubt, dass wir angegriffen werden.

Unsere Eidechse ist an dem beteiligt, was als »Stressreaktion« bezeichnet wird. Die Angstsymptome entstehen zuerst im Stammhirn, und hier kann der Flucht-Kampf-Erstarrungsmodus ausgelöst werden. Das heißt, wenn wir uns bedroht fühlen, können wir uns behaupten und kämpfen oder uns umdrehen und fliehen wie die Eidechse, oder einfach erstarren, in der Hoffnung, dass die Bedrohung verschwindet. Die Eidechse entscheidet sich nicht willentlich für ein bestimmtes Verhalten, sondern reagiert instinktiv. Wir sehen das in Form von »blitzartigem« Verhalten bei unseren Kindern, wenn sie zum Beispiel in der Öffentlichkeit einen Wutanfall haben und sich auf den Boden fallen lassen, woraus man schließen kann, dass ihre »Eidechse« völlig überwältigt von dem ist, was sie gerade erleben. Ebenso können wir Erwachsenen ohnmächtig werden oder wie gelähmt sein, wenn wir von einer besonders stressigen Situation überfordert sind.

Das Eidechsengehirn ist im Spiel, wenn unser Baby steif wird, weil es erschrickt. Wenn es vor einem lauten Geräusch Angst hat, zappelt es vielleicht auch mit Armen und Beinen, als ob es versucht wegzulaufen. Wenn Ihr Baby laut geschrien hat, als Sie es zum ersten Mal baden wollten, können Sie sich vorstellen, wie ihm die Eidechse wegen der plötzlichen Temperaturveränderung zu Hilfe geeilt ist. Und die Eidechse steckt auch hinter dem dringlichen Schreien unseres Babys, mit dem es uns unmissverständlich mitteilt, dass es hungrig ist.

Die Eidechse ist nicht listig oder manipulativ. Sie sitzt nicht da, reibt sich die kleinen Pfötchen und denkt: »Hmmm, ich lasse das Baby schreien und schreien, weil ich weiß, dass das Mama und Papa auf die Nerven geht!«

Nein! Absolut nicht. Die einzige Aufgabe der Eidechse besteht darin, das Überleben Ihres Kindes zu gewährleisten. Sie handelt dabei instinktiv und weist Sie auf das hin, was Ihr Kind braucht, und zwar genau dann, wenn es es braucht. Die gesunde Entwicklung der Eidechse ist extrem wichtig, und zwar nicht nur für die körperliche Gesundheit Ihres Kindes, sondern auch für seine zukünftige geistige Gesundheit.

Denn die Entwicklung der Eidechse kann das zukünftige Verhalten unserer Kinder, ihre Risikobereitschaft und ihre Neigung zu Ängstlichkeit – sowohl als Kinder als auch als Erwachsene – prägen. Die Entwicklung der Eidechse und der zugehörigen Assoziationen (also ob die Welt ein beängstigender oder ein angenehmer, sicherer Ort ist) beginnt ganz früh.

Wissenswert

»Die Hirnentwicklung beginnt schon zwei Wochen nach der Empfängnis. Und von der Empfängnis an haben wir alle zwei Grundbedürfnisse: stabile, fürsorgliche Beziehungen und bereichernde Erfahrungen. Diese beiden Grundbedürfnisse sind wesentliche Elemente der Umgebung, in der wir uns entwickeln – und sie sind für eine positive Entwicklung ebenso wichtig wie Nahrung und Sicherheit.«

Professor Peter Fonagy, Anna Freud Centre for Children and Families

Es hat mich umgehauen, als mir zum ersten Mal klar wurde, dass unsere Erfahrungen im Mutterleib und in unserem ersten Lebensjahr direkten Einfluss auf uns als Erwachsene haben. Darum sagt meine wunderbare Hebamme, die berühmte Jenny Smith, dass jeder das wissen muss: »Wir müssen Frauen zum Zeitpunkt der Empfängnis das Wissen vermitteln, dass sie schon in den ersten Wochen der Schwangerschaft nicht nur das körperliche Wachstum ihres Kindes, sondern auch seine Gehirnentwicklung unterstützen und beeinflussen können. Diese Entwicklung beginnt im Mutterleib und setzt sich in der Kindheit fort, und diese Einflüsse prägen den Erwachsenen, zu dem ihr Kind wird.«

Die vielen neuen Erfahrungen im ersten Lebensjahr können sich für unsere Babys ziemlich beängstigend anfühlen, vor allem, weil sie buchstäblich in ihrem Körper »gefangen sind«, hilflos, nicht in der Lage, vor einer Bedrohung zu fliehen oder sich selbst Nahrung zuzuführen, wenn sie hungrig sind. Die Eidechse ist in ihrem Bemühen, das Überleben der Kinder zu sichern, anfangs vollkommen von uns abhängig. Wenn Sie Ihr Baby (oder Kleinkind) im Arm halten, es bei sich tragen und dafür sorgen, dass es warm und geborgen ist, dann versichern Sie diesem uralten Teil seines Gehirns (unserer metaphorischen Eidechse), dass Sie da sein werden, um Ihrem Kind zu helfen, für seine Sicherheit zu sorgen und es am Leben zu erhalten, wenn es hungrig, durstig oder verängstigt ist oder Schmerzen hat.

Jedes Mal, wenn Sie auf Ihr Baby reagieren, wenn es nach Ihnen ruft, jedes Mal, wenn Sie es beruhigen und trösten und seine Bedürfnisse befriedigen, tragen Sie dazu bei, positive Assoziationen in seinem Gehirn aufzubauen.

Wissenswert

»Sich in der Nähe anderer Menschen sicher fühlen zu können, ist wahrscheinlich der wichtigste Aspekt geistiger Gesundheit; tragfähige Beziehungen sind eine grundlegende Voraussetzung für ein sinnvolles und befriedigendes Leben.«

Bessel A. van der Kolk, Psychiater, Forscher und Autor von *Verkörperter Schrecken: Traumaspuren in Gehirn, Geist und Körper und wie man sie heilen kann*

Je mehr positive Assoziationen die »Eidechse« Ihres Kindes herstellt (dass Sie da sind, wenn es Sie braucht), desto höher ist die Wahrscheinlichkeit, dass Ihr Kind in Zukunft Herausforderungen bewältigen kann und Selbstvertrauen hat. Denken Sie daran, wie wir unseren Kindern das Fahrradfahren beibringen. Wir schicken sie beim ersten Versuch nicht einfach allein los, sondern wir halten sie und helfen ihnen, das Rad zu stabilisieren, bis sie das Gleichgewicht allein halten können. Wir üben immer wieder mit ihnen, und nach einer Weile halten wir uns zurück, spornen sie nur noch von der Seitenlinie aus an, aber wir sind immer noch da, um sie zu trösten, wenn sie fallen und sich das Knie aufschürfen. Wenn wir am Anfang ihrer Lebensreise ebenso als Stabilisatoren da sind, können sie die nötige Sicherheit gewinnen, um seelisch »im Gleichgewicht zu bleiben«, neue Dinge auszuprobieren und ihr Leben schließlich allein zu bewältigen.

So entstehen die Wurzeln der Resilienz. Resilienz entsteht nicht dadurch, dass wir unsere Kinder »ins kalte Wasser werfen«, sondern dass wir in dieser verletzlichen Lebensphase zuerst sichere Grundlagen aufbauen und ihnen bedingungslose Liebe und Unterstützung geben. So helfen wir unseren Kindern, starke, gesunde Grundlagen im Gehirn zu entwickeln, die ihnen ein Leben lang erhalten bleiben.

Noch einmal zusammengefasst:

1. Das Stammhirn oder Reptiliengehirn unserer Kinder (die »Eidechse«) hält sie am Leben.
2. Das Stammhirn entscheidet sich nicht bewusst dafür, auf eine bestimmte Art zu handeln, sondern es reagiert instinktiv und automatisch und weist uns auf die Bedürfnisse des Kindes hin.
3. Es übt – vor allem in den ersten Jahren, aber auch später und ein Leben lang – einen starken Einfluss auf unsere Kinder aus.
4. Es beeinflusst die Risikobereitschaft unserer Kinder, ihre Neigung zur Ängstlichkeit und ihre zukünftige geistige Gesundheit.

Und was ist mit dem restlichen Gehirn? Nun, schauen wir uns noch einmal unseren Baobab an, und da, weiter oben im Geäst, sitzt ein weiteres Tier!

Der PAVIAN

Bei meinem Konzept steht der Pavian für das limbische System. Dieser Teil des Gehirns findet sich auch bei anderen Säugetieren, zum Beispiel bei Ihrem Hund oder Ihrer Katze. Der »Pavian« ist für das Sozialverhalten unserer Kinder, wie Fürsorge, Spielen und Bindungsfähigkeit, zuständig. Ebenso wie für seine Gefühle, wie Angst und Wut, Freude und Vertrauen. Der »Pavian« Ihres Kindes kennt keine Konzepte wie Zeit (er trägt keine Uhr!) und denkt auch nicht logisch. Er ist ein Affe und lebt ganz im Hier und Jetzt. Wie die Eidechse sorgt der Pavian für die Sicherheit und das Überleben unserer Kinder. Ich sehe in ihm ein wachsames Selbstverteidigungssystem. Ich stelle mir vor, wie der Pavian auf dem Ast des Baobab-Baums sitzt und den Horizont nach potenziellen Bedrohungen absucht. Wenn er irgendetwas Auffälliges sieht, kreischt er laut und durchdringend und zeigt seine scharfen Eckzähne, um jeden abzuschrecken, der zu nahe kommen könnte.

Wie andere Säugetiere, zum Beispiel Hunde, orientieren sich die »Paviane« unserer Kinder an der Körpersprache anderer Menschen, insbesondere an den Augen. Der Pavian hilft unseren Kindern, gute Beziehungen aufzubauen, sich an andere zu binden, was auch ein Überlebensmechanismus ist, weil es mehr Sicherheit bietet, Teil eines größeren Rudels oder Stammes zu sein.

Der Pavian kommt in den ersten drei Lebensjahren unserer Kinder so richtig zur Geltung. Darum ähnelt das Verhalten unserer Kleinkinder manchmal mehr dem eines frechen Äffchens als dem eines Menschen. (Was glauben Sie wohl, was mich als Mutter eines jetzt sechsjährigen Sohnes inspiriert hat?) Das ganze Umherwerfen und Wegschnappen von Essen oder Spielzeug, das Herumtrommeln auf dem Boden – ein Verhalten, das man ein bisschen »übertrieben« finden kann.

Sich unsere Kinder als primitivere Geschöpfe vorzustellen, hinter denen eine »Eidechse« oder ein »Pavian« steckt, dem es mehr um das Überleben als um »Bitte und Danke« geht, kann uns helfen, bei Tränen- oder Wutausbrüchen die Ruhe zu bewahren. Indem wir uns bewusst machen, dass das Verhalten unserer Kinder von einem noch in der Entwicklung steckenden Gehirn gesteuert wird, können wir es vielleicht leichter akzeptieren, wenn sie sich nicht immer so benehmen, wie es unseren Wünschen oder Erwartungen entspricht.

Wenn wir verstehen können, wodurch das Verhalten unserer Kinder gesteuert wird, und wir sie beruhigen und unterstützen, wenn sie sich bedroht oder verängstigt fühlen, trägt dies zum Aufbau positiver Assoziationen in ihrem Gehirn bei und stärkt die liebevollen Verbindungen zwischen uns. Es führt zu dem, was wir in der Psychotherapie als »sichere Bindung« bezeichnen. Der britische Psychiater John Bowlby hat Bindung als eine »bleibende psychologische Verbundenheit zwischen Menschen« definiert.

Das bedeutet, dass unsere Kinder, wenn sie unter Stress stehen, sich bedroht oder verängstigt fühlen, nach uns rufen oder zu uns kommen, weil sie gelernt haben, dass wir ihnen helfen können. Sie können darauf vertrauen, dass wir ihnen ihre Ängste nehmen und ihre starken Gefühle im Zaum halten. Eine sichere Bindung zu haben fördert das zukünftige emotionale und geistige Wohlbefinden unserer Kinder. Es beeinflusst alles, vom Umgang mit Stress später im Leben bis hin zu ihren künftigen Beziehungen – ja, auch den Liebesbeziehungen!

Wissenswert

»Erkenntnisse der Neurowissenschaften stützen die Bindungstheorie und deuten darauf hin, dass die ersten fünf Lebensjahre eine wichtige Lebensphase für den Aufbau von Bindungen sind. Wenn in dieser Zeit keine feste Bindung entstanden ist, ist mit Lern-, Gesundheits- oder Kontaktproblemen zu rechnen, wie wir es bei Kindern sehen, die in einer Umgebung mit großen emotionalen Defiziten aufgewachsen sind.

Eine Möglichkeit, Bindungen zu fördern, besteht in ›Pingpong-Interaktionen‹ zwischen Kleinkindern und ihren Eltern oder anderen Betreuungspersonen. Wie bei einem Ballwechsel beim Tischtennis suchen Babys und Kleinkinder ganz natürlich die Interaktion mit Erwachsenen durch Brabbeln, Zeigen, Nachahmen von Mimik und so weiter.

Dieser Prozess fördert die Entwicklung wichtiger sprachlicher, kognitiver und sozialer Fähigkeiten und ist einer der Hauptfaktoren bei der Entwicklung des kindlichen Gehirns.«

Professor Peter Fonagy, Anna Freud Centre for Children and Families

Professor Fonagy veranschaulicht auch im Folgenden: »Eine solide Grundlage in den ersten Jahren erhöht die Chancen auf Gesundheit und gute Lernerfolge im späteren Leben, während eine schwache Grundlage die Wahrscheinlichkeit erhöht, dass später Probleme auftreten.« Wie wir jetzt mit unseren Kindern interagieren, ist also sehr wichtig.

In diesem Buch werden wir uns viele Beispiel für Pavianverhalten (Klauen, Schlagen und heftige Gefühlsausbrüche) sowie die optimale Reaktion darauf anschauen, um optimal »Pingpong« mit unseren Kindern zu spielen. Ich gebe Ihnen Tipps, Werkzeuge und Tricks weiter, damit Sie in schwierigen Augenblicken so mit Ihren Kindern arbeiten können, dass sich Ihre kleinen Paviane schnell wieder beruhigen, ohne allzu viele Tränen zu vergießen oder sich auf den Boden zu werfen. Wenn wir die Gehirnentwicklung unserer Kinder (und damit auch unsere eigene) verstehen, betrachten wir ihr Verhalten nicht »böse«, sondern als Folge eines noch nicht ausgereiften Paviangehirns.

Unsere kleinen Paviane handeln oft erst und denken später, besonders wenn sie sich bedroht fühlen, weil ein anderes Kind ihnen das Lieblingsspielzeug wegnimmt, ein Geschwisterkind sich »ihr« Kuchenstück schnappt oder ihnen ein anderes Kind beim Spielen im Kindergarten zu sehr auf die Pelle rückt. In solchen Augenblicken können unsere Paviane als Reaktion um sich schlagen, wenn sie noch nicht gelernt haben, ihr impulsives Verhalten zu zügeln.

Wir können unseren Kindern helfen, ihre Gefühle in den Griff zu bekommen (was man auch Selbstregulierung nennt), indem wir ihnen helfen, die Gefühle, die sie spüren, zu erkennen. Dr. Allan Schore ist einer der führenden klinischen Psychologen seiner Generation, und er ist der Meinung, dass die Unterstützung der Selbstregulierung eines der grundlegendsten Dinge ist, die wir als Eltern für unsere Kleinkinder tun können.

Wissenswert

»Die Hauptentwicklung von Kindern findet in den ersten beiden Lebensjahren statt: Das Gehirn verdoppelt seine Größe im ersten Jahr, und besonders im zweiten Jahr bilden viele feine Nervenverbindungen Muster im Gehirn. Diese Muster entstehen auf jeden Fall. Die Frage ist, ob es gesunde und stabilisierende Muster sind oder nicht. Vor allem die Teile des Gehirns, die emotionale Stabilität, Selbstkontrolle und Gewissen steuern, entstehen früh.«

Dr. Allan Schore, 2013

Wenn das alles ein bisschen weit hergeholt klingt, denken Sie einfach an Erwachsene in Ihrem Bekanntenkreis, bei denen der Pavian noch immer zu oft zum Einsatz kommt. Denken Sie an Kollegen, die bei der Arbeit »ihre Spielsachen aus dem Kinderwagen werfen«, oder an laut fluchende, mit den Fäusten auf das Lenkrad trommelnde Autofahrer – alles Paviane in Aktion.

Es gibt aber auch schöne Pavianaktionen: soziale Bindungen, Spielfreude, Neugier und verbale Kommunikation, die Fähigkeit, für andere zu sorgen, und das, was ich mir als »Gedächtnissack« vorstelle, in dem unsere Kinder ihre Erfahrungen und die Gefühle, die ihnen Farbe und Textur verleihen, aufbewahren.

Der Pavian hilft unseren Kindern, ihre Erinnerungen – sowohl die guten als auch die weniger guten – in einer Art »Erfahrungsbibliothek« zu speichern. Und er ergänzt jeden Tag die Erfahrungsliste. Der Pavian hält fest, was Spaß macht und was nicht, was ohne unsere Unterstützung sicher ist und was nicht.

Wenn uns unsere Kinder zu einer Kissenschlacht oder einem Ringkampf auffordern oder wenn sie auf das Klettergerüst steigen, ist dieses Verhalten vom Pavian gesteuert, der sie dazu anstiftet, neugierig und verspielt zu sein und gute Erinnerungen zu schaffen, die in diesem wunderbaren Gedächtnissack aufbewahrt werden können.

Mit wachsendem Selbstvertrauen drängt der Pavian unsere Kinder, neue Dinge auszuprobieren und unabhängiger zu werden. Es zeugt von unseren Fähigkeiten als Eltern, wenn unsere Kinder das tun, denn es bedeutet, dass sie darauf vertrauen, dass wir für sie da sind, wenn sie scheitern!

Und noch ein wichtiger Hinweis in diesem Zusammenhang: Wenn unsere Kinder in diesen ersten Jahren manchmal egoistisch und fordernd wirken und nur an sich selbst zu denken scheinen, dann liegt es daran, dass es von der Evolution so vorgesehen ist. Schließlich geht es um ihr Überleben!

Wenn wir das Verhalten unserer Kinder als »Trotzphase« abtun, sie als »böse« titulieren oder ihnen vorwerfen, eine »Show abzuziehen«, übersehen wir, worum es wirklich geht: In diesem Alter ist ihr Gehirn noch sehr unfertig und einfach noch nicht so zu rationalem Denken fähig wie unser eigenes.

Die gute Nachricht ist, dass wir der Eidechse und dem Pavian unserer Kinder helfen können, sich gesund zu entwickeln, und dadurch allmählich das extremere Verhalten reduzieren können.

Wie machen wir das?

Dafür kommen wir zum präfrontalen Cortex, der obersten Steuerungszentrale des menschlichen Gehirns.

Die kluge Eule

Die kluge Eule steht in meinem Modell für den präfrontalen Cortex. Das ist der am höchsten entwickelte Teil des Gehirns, und seine anspruchsvollen Funktionen grenzen uns von anderen Tierarten ab. Der präfrontale Cortex (PFC) ermöglicht uns rationales Denken, schenkt uns die Fantasie und versetzt uns in die Lage, Probleme zu lösen. Darum stelle ich mir diesen Teil des Gehirns als kluge Eule vor, die ganz oben in unserem Gehirn im Blätterdach des Baobab-Baums sitzt.

Die kluge Eule ist für all unsere komplexen Gedanken zuständig. Sie versteht Konzepte wie Zeit und Gewissen, kann analysieren, Geschichten erzählen, Dinge rational betrachten, kreativ sein, starke Gefühle unter Kontrolle halten, argumentieren, freundlich, logisch, mitfühlend und besorgt sein und sogar abstrakte Gedanken und Fantasie erzeugen. Dank der klugen Eule können wir »das große Ganze« im Blick behalten.

Dort oben im Baum hat die Eule den Überblick und kann Situationen einordnen. Wenn sich vom Horizont her ein Fremder nähert, werden unsere Eidechse und unser Pavian vielleicht unruhig und machen sich bereit zum Angriff oder zur Flucht. Die kluge Eule kann von ihrer hohen Warte aus sehen, ob es sich um einen Freund oder Feind handelt, und dann entscheiden, welche Reaktion am besten ist. Sie beruhigt den Pavian und die Eidechse und kann ihr primitiveres Verhalten regulieren. Die Eule versteht, dass die beiden sich manchmal so verhalten müssen, um uns am Leben zu erhalten, aber sie weiß auch, wann sie von ihrem hohen Ast herunterschweben und Eidechse und Pavian unter ihre großen Fittiche nehmen muss, um sie zu beruhigen. Oder wann sie mit ihnen kooperieren muss, um eine potenzielle Bedrohung gemeinsam zu bewältigen.

Unser Eulengehirn lässt uns zwischen Gut und Böse unterscheiden (also moralische Urteile fällen) und schenkt uns viele andere Fähigkeiten, die uns ein harmonisches Zusammenleben in der Gesellschaft ermöglichen.

Im Erwachsenenalter ist die kluge Eule unerlässlich für unsere emotionale Selbstregulierung, also die Fähigkeit, uns selbst und unsere Gefühle zu beruhigen und darauf zu vertrauen, dass wir auf jede noch so schwierige Situation wohlüberlegt und sicher reagieren können.

Aber … jetzt kommt die wichtige Nachricht: Unsere kleinen Kinder haben noch keine kluge Eule! Nein, NADA, null …

Sie haben eher ein flauschiges Eulenbaby als eine kluge Eule.

Ein Eulenbaby, das noch nicht einmal fliegen kann. Es hat nur kleine Stummelflügel, mit denen es noch nicht herunterschweben und Eidechse und Pavian in Schutz nehmen kann. Es kann ihnen noch nicht helfen, sich schnell zu beruhigen, wenn es nötig ist.

Das Eulenbaby braucht noch Zeit, um zu der klugen Eule heranzuwachsen, die wir Erwachsenen haben. Unsere kleinen Kinder treten die unglaubliche Entdeckungsreise des Lebens gerade erst an. In diesen ersten Lebensjahren rennt ihr Gehirn, um aufzuholen. Und trotzdem ist es immer noch sehr unfertig.

In ihrem bisherigen Leben war das Gehirn, die Eidechse, unserer Kinder noch ganz mit dem Überleben beschäftigt, nicht damit, rechtzeitig das Haus zu verlassen, oder mit der Frage, ob es angemessen ist, im Supermarkt einen Wutanfall zu bekommen. Es war darauf konzentriert, Selbstständigkeit zu erlangen, damit unsere Kinder eine bessere Überlebenschance haben, falls sie je draußen in der »Savanne« sich selbst überlassen sein sollten.

Das Konzept der Zeit zu verstehen, ein moralisches Dilemma zu lösen oder richtig von falsch zu unterscheiden, ist zu diesem Zeitpunkt wirklich noch reiner Luxus! Wir können unsere Kinder also nicht als »böse« verurteilen, solange sich ihr Gehirn noch in der Entwicklung befindet.

Kinder können ihre starken Gefühle in diesen ersten Jahren noch nicht unter Kontrolle bringen. Wir müssen ihnen erst beibringen, wie sie es selbst tun können. Wir müssen ihnen helfen, dieses flauschige Eulenbaby zu einer schönen, klugen Eule heranwachsen zu lassen.

Aber wie wir wissen, ist Kindererziehung nicht immer einfach. Wenn wir selbst müde oder ängstlich sind, wird eher unsere eigene Eidechse oder unser Pavian aktiv, bevor unsere kluge Eule auch nur die Chance hatte herbeizuschweben. Aus der evolutionären Perspektive ist es nachvollziehbar, warum unser Pavian wachsamer ist, wenn wir irgendwie »eingeschränkt« (zum Beispiel erschöpft oder gestresst) sind.

Als Eltern kann uns dieses Wissen über die Gehirnfunktionen helfen, unsere Selbstwahrnehmung zu stärken und mit unserer eigenen klugen Eule verbunden zu bleiben, statt uns von unserer Eidechse oder unserem Pavian steuern zu lassen. Vor allem, wenn wir damit beschäftigt sind, E-Mails zu bearbeiten und Popos abzuwischen, und uns fragen, warum wir herumbrüllen, wenn unsere Vierjährigen randalieren.

Nehmen wir ein Beispiel aus dem Alltag: Als unser Sohn Wilbur mit vier in die Vorschule kam, kauften wir ihm stolz seine Schuluniform, einschließlich Poloshirts mit weißem Kragen. Am ersten Tag trug er die Sachen noch fröhlich, aber am zweiten weigerte er sich rundweg. »Ich ziehe das an«, sagte er und zog ein blaues T-Shirt heraus, «aber nicht das da.« Doch das blaue war nicht Teil seiner Schuluniform!

Schon war der Streit in vollem Gang, und ich wandte jede Taktik an, die mir einfiel, um meinen Sohn dazu zu bewegen, das weiße T-Shirt anzuziehen und rechtzeitig zur Vorschule zu kommen. Als uns nur noch fünf Minuten blieben, saß er immer noch mit rotem Gesicht und tränenüberströmt auf der Treppe. Die Schultore schlossen sich um neun Uhr, und ich musste einen Zug erwischen, um rechtzeitig bei meiner morgendlichen Redaktionssitzung zu sein.

Wie man vielleicht nachempfinden kann, kam mir in diesem Augenblick der Gedanke, dass mein Sohn sich irrational und ungezogen verhielt. Dann folgte der ultimative elterliche Tiefschlag: »Okay, dann muss ich die Rektorin anrufen und ihr sagen, dass du dich weigerst, zur Schule zu gehen.« Meine Tochter Clemency, die mit ihrer Schultasche neben mir stand, begann ebenfalls zu weinen, als ihr klar wurde, dass sie jetzt auch zu spät zur Schule kommen würde.

Na toll. Jetzt hatte ich zwei heulende Kinder, mein eigenes Stresslevel ging durch die Decke, und der Gedanke daran, was die Nachbarn denken mochten, war auch nicht gerade hilfreich. Außerdem ärgerte es mich, dass ich gutes Geld für Schulhemden ausgegeben hatte, die mein Sohn jetzt nicht anziehen wollte.

Und dann wurde es mir schlagartig klar: Bei dieser Gleichung stimmte etwas nicht. Ich bedrängte meinen Sohn (wie ein wütender Pavian), drohte ihm und versuchte, ihn zu etwas zu zwingen, obwohl es ihm offensichtlich schlecht ging. All meine Schulungen und Studien als Kinderberaterin waren in den Hintergrund getreten, weil ich mich von meinem eigenen Stress und dem, was ich als unvernünftiges Verhalten meines Sohnes sah, hatte überwältigen lassen.

Ich nahm mir einen Augenblick Zeit, um noch einmal neu anzufangen. Dann kamen wir eben zu spät.

Ich setzte mich neben meinen Sohn und legte den Arm um ihn. Kluge Eule an Eulenbaby: »Wilbur, was gefällt dir denn an dem Shirt nicht?«

Mein Vierjähriger schaute mich an und schluchzte: »Gestern hatten wir Sport, und als ich versucht habe, es auszuziehen, war es zu eng. Es ist an meinem Kopf hängen geblieben, und ich habe keine Luft mehr gekriegt.«

Mein armer kleiner Junge.

Mein eigener Stress hatte dazu geführt, dass mein Pavian voll im Einsatz war, bevor ich mich fragen konnte, ob noch etwas anderes vor sich ging. Indem ich einen Schritt zurücktrat und meine kluge Eule ins Spiel brachte, konnte ich wieder Mitgefühl für Wilbur empfinden und mir bewusst machen, dass er nur ein kleiner Junge war, der erst seit wenigen Jahren auf diesem Planeten lebte. Ich konnte mir klarmachen, dass sein Verhalten ungewöhnlich war, und mich fragen, was da vor sich ging.

Wenn unsere Kinder Angst haben, kommt blitzschnell ihre Eidechse ins Spiel, und wir können die Kampf-Flucht-Reaktion oder sogar die Erstarrungsreaktion beobachten, bei der sich kleine Kinder noch schwerer artikulieren können. Aber Wilburs Verhalten hätte mir zeigen müssen, dass irgendetwas nicht in Ordnung war.

Es gibt immer einen Grund für das Verhalten unserer Kinder. Und wir können immer helfen.

Wenn Sie dieses Buch gelesen haben, werden Sie zu einer Art elterlichem Sherlock Holmes. Sie nutzen das, was Sie über das Gehirn Ihrer Kinder und seine Funktionsweise gelernt haben, und können ihnen helfen zu erklären, wie sie sich fühlen, statt es nur »auszuagieren«.

Statt uns zu fragen, was mit unserem Kind nicht stimmt, können wir uns intuitiv fragen:

Was passiert bei ihm gerade? Und vor allem: wie kann ich ihm helfen?

Kein Wunder, dass Wilbur das weiße Hemd nicht tragen wollte. Angesichts der möglichen Bedrohung seines Überlebens (der Atemprobleme) hatte seine Eidechse verrückt gespielt, als das Shirt am Kopf hängengeblieben war, und diese Erfahrung war als großes »Nein!« im Gedächtnissack seines Pavians aufbewahrt worden. Wenn ich in diesem Augenblick mit Wilbur kämpfte, bestand die Gefahr, dass ich unsere Beziehung und sein Vertrauen zu mir beschädigte. Er hat noch keine kluge Eule, die versteht, dass man einen Zug bekommen und rechtzeitig zur Redaktionssitzung kommen muss. Er konnte nicht verstehen, warum ich so darauf bestand, dass er etwas trug, das er hasste.

Unsere Eulenbabys haben nicht immer den Wortschatz oder die Mittel, um auszudrücken, warum sie sich gerade so fühlen, besonders wenn die Eidechse die Führung übernommen hat. Und wenn sie in den Panikmodus umschalten (was bei dem Shirt passiert war), gibt es keine kluge Eule, die es mir in aller Ruhe erklären könnte. Wenn wir verstehen, was dem Verhalten unserer Kinder zugrunde liegt, können wir mit ihnen zusammenarbeiten, statt gegen sie zu arbeiten.

Wenn wir aus dem Blickwinkel der klugen Eule mit unseren Kindern interagieren, unterstützen wir sie bei der Selbstregulierung. Mit unserer liebevollen Berührung und unserer Umarmung, mit unserem Verständnis, können wir unsere Kinder spüren lassen, dass wir sie nicht nur körperlich halten können, sondern dass wir auch ihre überwältigenden Gefühle »halten« können. Wenn wir ihnen durch unser eigenes ruhiges Verhalten ein Vorbild sind und ihnen zeigen, dass sie auf unsere Hilfe vertrauen können, und dass wir nicht vor ihren heftigen Emotionen zurückschrecken, wird ihr Eidechsen- und Paviangehirn das als positive Erfahrung registrieren. Und wenn unsere Kinder das nächste Mal unsere Hilfe brauchen, werden sie noch schneller zu uns kommen.

Lassen Sie uns in Anbetracht dessen, was Sie jetzt über das sich entwickelnde Gehirn Ihres Kindes (die Eidechse, den Pavian und die kluge Eule) wissen, noch einmal überlegen, was die Kinder der genervten Eltern vom Anfang des Kapitels erklären könnten, wenn sie schon dazu in der Lage wären:

»Sie ist gerade im Trotzalter!«
Pavian: »Ich befinde mich in einer wichtigen Entwicklungsphase, in der ich versuche, selbstständiger zu werden, aber du lässt mich nicht!«

»Mein Baby klammert so sehr.«
Eidechse und Pavian: »Wir haben einfach Angst!«

»Meine Tochter will nicht teilen.«
»Ich bin ein junger Pavian – wenn mir jemand mein Essen wegnimmt, überlebe ich vielleicht nicht. Darum fällt es mir gerade nicht leicht zu teilen.«

»Mein Sohn beißt.«
»Ich bin eine Eidechse, die Angst hat, und ein Pavian hat die Kontrolle über meinen Körper. Wie soll ich sonst zeigen, wie ich mich fühle? Bitte zeig mir, wie!«

»Unsere Zwillinge können nicht stillsitzen.«
»Wir sind Paviane. Wir müssen stärker werden und unsere Muskeln einsetzen, um unsere Energie zu verbrauchen. Wir müssen spielen!«

»Warum kommen wir nicht rechtzeitig aus dem Haus?!«
Eidechse und Pavian (schauen einander fragend an): »Was ist Zeit?«

»Meine Tochter ist so zornig. Sie schlägt immer wieder ihre Schwester.«
»Ich bin ein Pavian. Ich handle zuerst und denke später nach. Ich empfinde Rivalität und Angst und kann mit meinen starken Gefühlen noch nicht umgehen.«

»Wieso tun sie nicht einfach, was man ihnen sagt?!«
»Wir sind Paviane. Wir kennen die weise Eule nicht.«

Und was ist mit diesen schrecklich »wohlmeinenden« Leuten, die den Eltern kleiner Kinder ständig ungebetene Ratschläge erteilen?

»Wenn du ihn immer hochnimmst, verwöhnst du ihn. Du musst ihm seine Grenzen zeigen, damit er aufhört zu weinen.«

»Ich bin ein Baby, dessen Verhalten von einer Eidechse und einem Pavian gesteuert wird – bei mir geht es ums Überleben, nicht um Manipulation!«

Wenn wir als Eltern auf unsere eigene kluge Eule zurückgreifen, können wir nachdenken und entscheiden, wie wir (und niemand sonst) in diesen Augenblicken handeln und auf unsere Kinder reagieren wollen.

Eulenweisheiten

- Ihr Kind denkt anders als Sie, weil sein Gehirn noch weniger entwickelt ist.
- Wir können uns unser Gehirn als Baobab-Baum vorstellen, der Botschaften und Informationen zwischen unserem Körper und unserem Gehirn den Stamm hinauf- und hinabschickt.
- In diesem Baum sitzen eine (metaphorische) Eidechse, ein Pavian und eine kluge Eule. Diese verschiedenen Tiere sind für unterschiedliche Aspekte unseres Verhaltens verantwortlich.
- Als Eltern können wir die gesunde Gehirnentwicklung bei unseren Kindern unterstützen.
- Das gelingt uns, indem wir die Welt so sehen, wie die Kinder sie erleben – durch ihre Augen.
- Das schaffen wir, wenn wir mithilfe unserer eigenen klugen Eule erziehen. Und indem wir ebenso sehr unsere eigenen Gefühle regulieren, wie wir unseren Kindern helfen, ihre Gefühle zu regulieren.

Als Nächstes werde ich erklären, was im Körper Ihrer kleinen Kinder vor sich geht, denn das ist genauso wichtig wie das, was in ihrem Gehirn passiert. Ohne die regulierende Präsenz der klugen Eule zeigen unsere Kinder oft eine Ganzkörperreaktion auf Ereignisse, von denen sie sich sowohl körperlich als auch geistig überwältigt fühlen. Aber von jetzt an können Sie (da Sie jetzt die Eidechse, den Pavian und die Eule kennen) buchstäblich das Leben Ihres Kindes verändern – und auch Ihr eigenes!

KAPITEL 2

Was im Gehirn passiert, bleibt nicht dort

Ich bin allein zu Hause, und es ist spät. Meine Nackenhaare stellen sich auf, und ich erstarre, als ich ein Klopfen am Fenster höre und mir klar wird, dass etwas – oder jemand – da draußen ist. Meine Gedanken rasen, Adrenalin wird ausgeschüttet, und meine Hände ballen sich zu Fäusten.

In solchen Augenblicken erleben wir eine sogenannte Stressreaktion, an der sowohl unsere Eidechse als auch unser Pavian beteiligt ist.

Ich stelle mir vor, dass meine Eidechse in dieser Situation verletzlich, exponiert und vor Angst erstarrt am Fuß des Baobabs sitzt und mich zusammenzucken lässt. In der Zwischenzeit ist mein Pavian aktiv geworden. Er war ohnehin in Alarmbereitschaft, weil es dunkel ist und ich allein bin.

Jetzt rennt er auf seinem Ast entlang und löst Alarm aus. In meiner Fantasie drückt er auf einen in die Baumrinde eingelassenen roten Feueralarmknopf. Dieser Knopf ist in der Realität unsere Amygdala.

Wissenswert

»Eines der wichtigsten Alarmsysteme ist die Amygdala. Eine ihrer Hauptfunktionen besteht darin, die emotionale Bedeutung von allem, was uns passiert, herauszufinden. Wenn die Amygdala spürt, dass etwas Bedrohliches passiert, kommuniziert sie mit einer anderen Gehirnstruktur, dem Hypothalamus, und dieser Teil des Gehirns veranlasst die Freisetzung von Stresshormonen, die dann unseren Körper auf Kampf oder Flucht vorbereiten.«

Psychotherapeutin Dr. Margot Sunderland, *The Science of Parenting*

Dieser Stress wird nicht nur in unserem Kopf, sondern auch in unserem Körper verarbeitet. Darum erleben wir dieses Kampf-Flucht-Gefühl, das wir wahrscheinlich alle kennen. Die Stresshormone Adrenalin und Cortisol werden durch unseren Körper gepumpt und machen uns handlungsbereit. Sie regen uns dazu an, das zu tun, was nötig ist. Uns wird flau im Magen, wir bekommen eine trockene Kehle, ein vernebeltes Gehirn und, wie ich leider während meiner Zeit bei *Strictly Come Dancing* feststellen musste, kann Panik auch Fußschweiß auslösen.

All das ist Teil unserer Stressreaktion, oder, wie Wissenschaftler es nennen, unserer »limbisch-hypothalamischen adrenal-kortikalen Reaktion«. Ich schlage jedoch vor, wir bleiben einfach bei Stressreaktion. Diese Reaktion ist etwas Positives, was dazu dient, uns am Leben zu halten.

Sie versetzt uns in die Lage, einem von der Straße abgekommenen Auto auszuweichen oder aus einem brennenden Gebäude zu fliehen. Unsere Stressreaktion hilft uns, einen wichtigen Termin einzuhalten, ein Vorstellungsgespräch durchzustehen oder einen Vortrag zu halten. Sie hilft uns, ein Essen für zehn Leute zu kochen, einen Marathon zu laufen oder zu einem ersten Date zu gehen.

Stress ist in kurzen Ausbrüchen gesund. In diesen Augenblicken sind wir vollkommen darauf konzentrieren, die jeweilige Herausforderung zu bewältigen, und unser Körper und unser Gehirn agieren gemeinsam.

Wissenswert

»Wir verstehen inzwischen unter ›Stress‹ etwas Negatives. Aber das ist er nicht. Stress führt dazu, dass wir Dinge anpacken. Uns an die Arbeit machen. Durch den Verkehr navigieren. Ein neues Hobby erlernen. Uns verlieben. Stress bedeutet, dass unser physiologisches System stimuliert wird, ob aus guten oder schlechten Gründen. Wenn Stress in kurzen Ausbrüchen auftritt, ist er gesund. Wenn er länger anhält, kann sogar das gesund sein – wenn wir nicht ganz allein damit umgehen müssen, sondern wissen, dass Hilfe verfügbar ist.«

Dr. Suzanne Zeedyk, Säuglingspsychologin, Autorin von *Sabre Tooth Tigers and Teddy Bears: The connected baby guide to attachment*

Nach dieser ersten Überlebensreaktion, dieser großen Ganzkörperreaktion, mischt sich (idealerweise) unsere kluge Eule ein, um die Eidechse und den Pavian zu beruhigen und den gellenden »Feueralarm« auszuschalten. Sie drückt mit ihrem Schnabel den grünen Knopf daneben – was ich mir als das »Sprinklersystem« unseres Körpers vorstelle. Tatsächlich schüttet es eine Flut von Angst dämpfenden Botenstoffen in unseren Körper aus, die sozusagen »das Feuer löschen«.

Unsere kluge Eule, unser denkendes Gehirn, hilft uns auch herauszufinden, wie wir unseren Körper ganz praktisch wieder ins Gleichgewicht bringen. Vielleicht kochen wir uns nach einem Schrecken einen wohltuenden Tee, gehen nach einem harten Tag im Büro eine Runde laufen, rufen eine Freundin an, nachdem wir eine schlechte Nachricht erhalten haben, oder kommen nach einem Beinaheunfall nach Hause und umarmen unseren Partner, suchen Trost bei ihm und verarbeiten, was wir durchgemacht haben.

Wenn Sie jetzt denken, dass Sie sich stattdessen eine Zigarette anzünden, einen Drink genehmigen, Kuchen essen oder online shoppen, dann verstehe ich das schon. Wenn uns in unserer Jugend nicht gezeigt wurde, wie man mit Stress umgeht, finden wir ungesündere Möglichkeiten. Deshalb werden wir uns in Kapitel 14 damit beschäftigen, wie wir unsere Eulenkräfte stärken, denn das hilft uns als Eltern sehr.

Wenn wir die Selbstregulierung beherrschen, helfen wir auch unseren Kindern dabei, auf gesunde Art mit Stress umzugehen. Und Stress liegt einem Großteil des sogenannten »bösen« Verhaltens unserer Kinder zugrunde.

Ich werde ein paar sehr praktische und gesunde Bewältigungsmechanismen vorstellen, mit denen Sie und Ihre Kinder Ihr Gleichgewicht wiederfinden können, wenn Sie mit einer

Herausforderung oder mit Stress konfrontiert sind. Sie können erkennen, was Sie fühlen, und mit diesen »großen Gefühlen« umgehen. Das nennen wir Emotionsregulation, und wir werden uns in Kapitel 4 ausführlich damit beschäftigen. Schauen wir mal, wie die Emotionsregulation bei meinem »Allein-daheim«-Szenario zum Einsatz kam:

Während meine Eidechse und mein Pavian angesichts dieser potenziellen Lebensgefahr Rückwärtssalti schlagen, hat meine kluge Eule hoch oben im Baobab-Baum gesehen, dass die »Gestalt« im Garten tatsächlich nur ein Fuchs ist. Er hat die Mülltonne umgestoßen und sucht jetzt da draußen nach Nahrung. Gott sei Dank! Meine kluge Eule schwebt von ihrem Ast herunter, nimmt meine umherhüpfende Eidechse und meinen Pavian unter ihre warmen Fittiche und versichert ihnen, dass alles in Ordnung ist. Sie dankt meinen beiden Wachleuten, dass sie so aufmerksam waren, erklärt ihnen aber auch, dass sie sich jetzt wieder entspannen können. Ihre beruhigenden Worte und die Aktivierung des Sprinklersystems tragen dazu bei, sowohl in meinem Geist als auch in meinem Körper wieder Ruhe einkehren zu lassen. Wie gut, dass ich meine kluge Eule habe! Jetzt kann ich mir eine Tasse Tee machen und mit einem Buch zu Bett gehen, statt im Nachthemd schreiend aus dem Haus zu rennen.

Aber was haben unsere Kinder, wenn sie ängstlich und allein sind?

Sie haben ein flauschiges Eulenbaby.

Und sie haben uns.

Die Welt kann ein ziemlich beängstigender Ort sein, wenn man erst kurze Zeit auf dem Planeten ist. Unsere Babys nehmen es als Stress oder sogar als potenzielle Lebensgefahr wahr, wenn sie zum ersten Mal hören, wie der Mixer eingeschaltet wird oder der Hund bellt. Oder sogar (und insbesondere) wenn sie hungrig sind oder frieren, denn für die Eidechse und den Pavian kann das sehr wohl Lebensgefahr bedeuten!

Bei unseren Kleinkindern können alltägliche Stresssituationen, wie Hinfallen, eine Blutentnahme oder eine neue Betreuungsperson, eine Stressreaktion im ganzen Körper und in ihrem Gehirn auslösen.

Ohne eine eigene ausgewachsene Eule brauchen unsere Kinder (und vor allem unsere Babys) uns, um wieder ins Gleichgewicht zu kommen. Wenn wir da sind, um mit warmen Berührungen, beruhigenden Worten und der Sicherheit, die unsere Kinder sofort spüren, wenn wir sie im Arm halten, auf ihr Weinen zu reagieren, können ihr Körper und ihr Gehirn relativ schnell wieder ins Gleichgewicht kommen.

Aber wenn der Stress zu groß oder diese Reaktion immer wieder ausgelöst wird, ohne dass wir ihnen helfen, kann er schädlich werden. (Am Ende dieses Buches finden Sie gute Quellen für weitere Informationen zu diesem Thema.)

Die Stresshormone setzen sich dann im Körper fest (ich stelle mir das wie ein stehendes Gewässer vor) und werden zu chronischem oder toxischem Stress, was nichts Gutes ist, wie wir bald herausfinden werden. Nicht für uns und definitiv nicht für unsere Kinder.

Wissenswert

»Stress wird toxisch, wenn er über längere Zeit anhält und uns niemand hilft, ihn zu bewältigen. Die Anpassungen, die der Körper vornehmen muss, um damit umzugehen, sind nicht gesund. Für Kinder ist toxischer Stress besonders problematisch, weil die physiologischen Veränderungen, die er bewirkt, ihre Entwicklung verändern können. Mit anderen Worten: Der toxische Stress, den wir als Kinder erleben, kann noch unsere Gesundheit als Erwachsene beeinflussen. Darum sind Beziehungen so wichtig. Selbst wenn ein Kind mit sehr schwierigen Dingen konfrontiert ist, ist nicht der Stressauslöser das Entscheidende, sondern die Frage, ob es jemanden hat, der ihm hilft.«

Dr. Suzanne Zeedyk, Säuglingspsychologin

Es ist wichtig, sich der Auswirkungen von chronischem/toxischem Stress bewusst zu sein, denn wir wissen jetzt, dass es lebenslange Auswirkungen haben kann, wenn das Gehirn von Kindern dauerhaft mit nicht aufgelöster Angst konfrontiert ist. Auch wenn wir uns nicht an jede Kindheitserfahrung erinnern, kann der Stress, den wir in diesen frühen Jahren erlebt haben, im Körper »weiterleben« und zu einer Störung der sich entwickelnden Gehirnarchitektur führen.

Stress und seine Auswirkungen auf das Verhalten unserer Kinder zu verstehen ist eine enorme Hilfe. Wir können intuitiver auf unsere Kinder reagieren und dabei unsere eigenen Instinkte nutzen. Wir können das Verhalten unserer Kinder interpretieren, wie ich es in Kapitel 1 beschrieben habe.

Das Hauptziel dieses Kapitels ist zu illustrieren, dass das, was im Gehirn unserer Kinder passiert, nicht dort bleibt, sondern sich auch in ihrem Körper niederschlägt.

Die Stressreaktion zu kennen und zu wissen, wie intensiv Gefühle im Körper (und im Gehirn) von unseren Kindern empfunden werden können, hilft uns im weiteren Verlauf dieses Buches, weil es das sehr physische Verhalten unserer Kinder in einen Kontext einbettet:

- mit den Füßen stampfen
- Schreien
- Heulen
- um sich schlagen
- sich auf dem Boden wälzen
- Wegrennen
- Kämpfen

Kampf-/Fluchtreaktion gefällig? Was könnten wir sonst von einem Kind erwarten, dem keine kluge Eule beisteht? Was kann man denn sonst mit wallenden Stresshormonen anfangen, wenn man keine andere Möglichkeit hat, sich davon zu befreien?

Sind unsere Kinder »böse« oder sind all das natürliche Versuche, den empfundenen Stress aufzulösen – auf die einzige Art, die sie kennen? Wenn unsere Kinder überreizt sind, wenn ihre Eidechse und ihr Pavian vor Angst Rückwärtssalti schlagen, wenn sie keine ausgewachsene kluge Eule haben, die beruhigende Hormone im Körper freisetzt – was könnten wir dann anderes von unseren Kindern erwarten?

Wie es im Zitat von Dr. Nadine Burke Harris am Anfang dieses Kapitels heißt: »Stress lebt im Körper.«

Es sei denn, wir helfen unseren Kindern, ihn herauszulassen. Das flauschige Eulenbaby unserer Kinder wird stärker und kompetenter, wenn wir ihm zeigen, wie es funktioniert. Dann erreichen wir unser wichtiges Ziel, nämlich unsere Kinder bei der Emotionsregulation zu unterstützen. Und das brauchen unsere Kinder, weil das Leben nicht immer im Gleichgewicht ist. Es ist eher eine Abfolge von Hochs und Tiefs, und leider erleben wir wahrscheinlich alle auch schwierige Situationen, sei es in Form von Not, Tragödien oder Widrigkeiten.

Wir können unseren Kindern nicht immer den Schmerz dieser Erfahrungen ersparen, auch wenn wir es noch so gern täten. Aber wenn wir als »Puffer« agieren, als sicherer Ort, an dem sie ihre starken Emotionen und ihren Stress auflösen können, dann werden sie – wie wissenschaftliche Studien belegen – viele schwierige Herausforderungen des Lebens bewältigen können.

Wir können jetzt zum Hauptteil des Buches weitergehen und uns all die Szenarien anschauen, bei denen wir früher vielleicht gedacht haben, dass unsere Kinder »böse« sind, aber jetzt erkennen, dass sie einfach unsere Hilfe brauchen.

Denn wie wir in diesem Kapitel gesehen haben, ist Stress eine Ganzkörperreaktion, und ohne eine kluge Eule, die das Ganze herunterfährt, können sich die Gefühle, die unsere Kinder aufgrund der Stressreaktion haben, WIRKLICH, WIRKLICH GROSS anfühlen, und sie können explodieren. Dr. Margot Sunderland formuliert es in ihrem großartigen Buch *The Science of Parenting* so: »Wenn die Alarmsysteme im niederen Gehirn eines Kindes ausgelöst werden, befindet es sich in einem Zustand emotionalen Schmerzes und intensiver körperlicher Erregung, wenn ihm kein Erwachsener hilft, sich zu beruhigen. Das liegt daran, dass nach dem Auslösen der Alarmsysteme neurochemische und hormonelle Kräfte aktiviert werden, die seinen Geist und Körper wie ein Flächenbrand überwältigen.«

Das, liebe Eltern, führt zu dem, was gemeinhin als »Trotzanfall« bezeichnet wird. Und genau damit wollen wir uns jetzt beschäftigen.

Eulenweisheiten

- Wenn wir uns bedroht fühlen, reagiert unser Körper.
- Diese Reaktion ist sowohl eine Gehirn- als auch eine Ganzkörperreaktion.
- Die Ganzkörperreaktion zu verstehen gibt uns die Möglichkeit, unseren Kindern zu helfen, statt sie einfach als »böse« zu etikettieren.
- Unsere natürliche Stressreaktion ist etwas Positives. Sie soll unser Überleben sichern. Aber wenn die Stressreaktion über längere Zeit ausgelöst wird, kann sie unsere Gesundheit und insbesondere die Gesundheit unserer Kinder (vielleicht sogar langfristig) schädigen.
- Mit unserer Unterstützung kann die Stressreaktion unserer Kinder wieder ins Gleichgewicht gebracht werden.
- Mit unserer Hilfe können unsere Kinder lernen, ihre starken Gefühle zu regulieren, und das hilft wiederum uns als Eltern.

All das führt zu einer wunderbaren Elternerfahrung, denn je öfter wir es anwenden, desto weniger Ausbrüche und »böses« Verhalten erleben wir. Es bilden sich gesunde Verbindungen im Gehirn, und zwischen uns und unserem Kind entsteht eine unglaubliche Vertrauensbindung.

TEIL II

Erziehen – mit der Eidechse, dem Pavian und der Eule

Da Sie jetzt die Eidechse, den Pavian und die kluge Eule sowie die Ganzkörperreaktion Ihres Kindes auf Stress kennen, können wir uns nun anschauen, wie Kinder kommunizieren, was sie fühlen, wie ihre Gefühle ihr Verhalten steuern und wie diese Gefühle ausgedrückt werden. Wir beschäftigen uns damit, wie wir ihnen helfen können, ihre Gefühle auszudrücken, und kommen zu der Schlussfolgerung, dass es falsch war, bestimmte Verhaltensweisen von Kindern als »böse« zu bezeichnen.

Unsere Kinder ticken anders, als wir früher gedacht haben – sie haben einfach Bedürfnisse.

Legen wir los. Und welche Situation würde sich dafür besser eigenen als die universelle Herausforderung für Eltern: Gefühlsausbrüche.

KAPITEL 3

Mit Gefühlsausbrüchen umgehen und STOP3N anwenden

Als Wilbur im Waldkindergarten austickte

Als mein Sohn dreieinhalb Jahre alt war, besuchte er einen Waldkindergarten in der Nähe unserer Wohnung. Er spielte jeden Tag nach Herzenslust, mit einem großen roten Skianzug bekleidet, der ihn vor Schlamm und Nässe schützte. Seine Erzieherinnen machten Feuer und bauten Höhlen und zeigten den Kindern die Wunder der Natur und alles, was sie hervorbringt.

Zur Abholzeit stand ich mit den anderen Eltern an einem Tor zum Wald, und alle spähten hinüber, um ihren »Skianzug« zu entdecken. Wenn Wilbur mich sah, rannte er normalerweise, so schnell er konnte, auf mich zu. Sein roter Skianzug war dann so mit Schlamm bedeckt, dass ich kaum noch die Farbe erkennen konnte, und er hielt einen Stock oder vielleicht ein Marmeladenglas voller Blätter, Ohrwürmer oder anderer Köstlichkeiten in der Hand. Ich wiederum brachte ihm einen Apfel, eine

Orange oder eine Banane mit – als kleinen Fruchtzuckerschub vor dem Mittagessen, aber auch als kleinen rituellen Austausch zwischen Mutter und Sohn.

An diesem speziellen Tag rannte Wilbur zwar wie immer auf mich zu, aber mit angespanntem Gesichtsausdruck. Ich spürte, dass etwas nicht stimmte, stand aber wie immer lächelnd, mit ausgebreiteten Armen und einem Apfel in der Hand da, um meinen Jungen in Empfang zu nehmen. Doch statt meinen freundlichen Ausdruck zu erwidern, verzog sich Wilburs Gesicht zu einer wütenden Fratze.

»Du hast gesagt, dass du mir eine Orange mitbringst! Ich will eine Orange!«

Dann warf sich Wilbur auf den Boden und trommelte mit den Fäusten in den Schlamm. Wow! Mir wurde heiß. Vor allen anderen Eltern wies mich mein Sohn zurück! Meine Eidechse und mein Pavian tickten aus.

Mein erster Instinkt war zu kämpfen. Ich wollte mich der Wut meines Sohnes direkt entgegenstellen und ihn für sein ungezogenes Verhalten ausschimpfen. Ich hätte meinen strampelnden und schreienden Dreijährigen zum Auto zerren, ihn in den Kindersitz zwängen und damit einen Machtkampf auslösen können, der dazu geführt hätte, dass wir beide auf dem ganzen Nachhauseweg sehr aufgeregt gewesen wären. Aber meinen Sohn in der Öffentlichkeit wütend anzuschreien fühlte sich nicht so gut an.

Meine Eidechse und mein Pavian schlugen vor, dass ich dann vielleicht fliehen solle! Ich wollte möglichst schnell von dort weg, ohne zu versuchen, den Grund von Wilburs Wut herauszufinden. Aber das hätte nur einen Ortswechsel bedeutet, keine Lösung. Und da Wilbur immer noch im Matsch lag und nicht den Eindruck machte, in absehbarer Zeit aufstehen zu wollen, sah auch das nicht nach einer guten Option aus.

Es musste doch eine andere Möglichkeit geben. Meine Eidechse schlug eine letzte Option vor: Erstarren!

Vielleicht konnte ich Wilbur einfach ignorieren und hoffen, dass der Wutanfall von allein weggehen würde?

Leider sah es nicht danach aus. Mit Nichtstun hätte ich … nichts erreicht.

Ich fühlte alle Blicke auf mich gerichtet, während die anderen Kinder durch das Tor gerannt kamen und glücklich lächelnd ihren Eltern in die Arme fielen. Ich vermutete, dass die Hälfte der Eltern dachte: »Wie ungezogen!«, und die andere Hälfte: »Gott sei Dank ist es nicht meiner.«

Dieses Szenario kommt Ihnen vielleicht bekannt vor. Man könnte einen bekannten Spruch so umformulieren: 65 Prozent der Eltern geben zu, dass ihr Kind mindestens einen Wutanfall hatte, und die anderen 35 Prozent sagen nicht die Wahrheit. Wir sind alle in den ersten Jahren mit diesem Dilemma konfrontiert, und besonders wenn es in der Öffentlichkeit passiert, löst es nicht nur die »Kampf-, Flucht-, Erstarrungs- oder Ohnmachtsreaktion« in uns aus, sondern auch Selbstzweifel:

»Warum freuen sich alle anderen Kinder, ihre Eltern zu sehen?«

»Bin ich ein(e) schreckliche(r) Mutter/Vater?«

Oder schlimmer noch: »Stimmt etwas nicht mit meinem Kind?«

Ich hoffe, dass Sie inzwischen meine Antwort vorhersehen können: Nein!

Denken Sie immer daran: Ein Kind unter fünf tickt anders! Sowohl mit Ihrem Kind als auch mit Ihnen ist alles in Ordnung.

Wissenswert

»Gefühlsausbrüche treten auf, wenn sich ein Kind von einer intensiven Emotion, die es nicht verarbeiten kann, überwältigt fühlt. Ein solcher Gefühlsausbruch kann verschiedene Ursachen haben, aber dem liegt immer die Situation zugrunde, dass das Kind eine Emotion zum Ausdruck bringt, die ›zu groß‹, unbekannt, nicht steuerbar und überwältigend ist. Dabei kann es sich um Frustration, den Wunsch nach mehr Selbstständigkeit, eine beängstigende neue Erfahrung, Eifersucht oder Wut etc. handeln. Durch einen Gefühlsausbruch können sie es zum Ausdruck bringen. Für manche Kinder ist ein Gefühlsausbruch auch eine Möglichkeit, ›gesehen‹ zu werden und die ersehnte Aufmerksamkeit zu bekommen. Es ist wichtig, immer daran zu denken, dass es sich um ein reales und wichtiges Gefühl für das Kind handelt – wie trivial uns der Grund für den Ausbruch auch erscheinen mag. Wenn sie älter werden, können wir unseren Kindern zeigen, wie sie ihre Gefühle auf eine kanalisierte Art ausdrücken können. Es ist ein allmählicher Prozess. Sie lernen diese Dinge im Lauf der Zeit, aber um sich das erarbeiten zu können, müssen sie mit den Gefühlsausbrüchen anfangen.«

Dr. Camilla Rosan, Leiterin des Early Years Service am Anna Freud National Centre for Children and Families

Tatsächlich zeigen uns Gefühlsausbrüche einfach, dass unsere Kinder überwältigt sind – vielleicht, weil sie müde sind; vielleicht weil sie auf dem Spielplatz Spaß hatten und nicht so leicht auf »nach Hause gehen« umschalten können; vielleicht weil ihnen ihre Schwester früher am Tag ihr Lieblingsspielzeug weggenommen und zerbrochen hat und wir nicht da waren, um deswegen mit ihr zu schimpfen; oder vielleicht, weil sie gelangweilt sind und sich ihr Gehirn in einem Zustand der Erregung befindet, mit dem umzugehen sie noch nicht gelernt haben.

Wie wir in Kapitel 2 gesehen haben, übernimmt bei Kindern, wenn sie sich bedroht, verängstigt oder falsch behandelt fühlen, das uralte »Reptiliengehirn« die Kontrolle und löst eine Stressreaktion aus, auch wenn der eigentliche Anlass eher geringfügig ist. Wie Sie jetzt wissen, ist ihre kluge Eule, der präfrontale Cortex, noch nicht ausreichend entwickelt, um die Situation rational betrachten zu können. Darum sind Eidechse und Pavian am Steuer.

Beim Waldkindergarten wälzte sich noch immer ein kleiner Pavian in seinem roten, schlammverschmierten Skianzug im Dreck. Ich trat einen Schritt zurück und versuchte, meine Gedanken in den Griff zu bekommen. Dadurch verschaffte ich meiner klugen Eule genug Zeit, um einschreiten zu können.

Moment mal. Wilbur freut sich sonst immer so, mich zu sehen. Heute Morgen ging es ihm gut, jetzt nicht mehr. Was ist, wenn es hier gar nicht um den Apfel geht?

Und dann kam mir die Erleuchtung: Hier geht es auch nicht um mich. Irgendetwas muss im Waldkindergarten passiert sein.

In dem Augenblick, als ich einen Schritt zurücktrat, nachdachte und mein kluges Eulengehirn das Steuer übernehmen ließ, konnte ich die Dinge aus Wilburs Perspektive betrachten. Und statt Frustration, Verlegenheit oder gar Zorn wegen des Verhaltens meines kleinen Jungen zu empfinden, wallte jetzt Mitgefühl für ihn in mir auf.

Die Wissenschaft von den Gefühlsausbrüchen

Wie wir in Kapitel 1 gesehen haben, sind unsere Kleinkinder »unbeschriebene Blätter«, wenn es um Erfahrung geht. Jeder Tag ist gewissermaßen ein Schultag. Sie können neue Erfahrungen nur im Hier und Jetzt mithilfe ihres Reptiliengehirns, verarbeiten, das die Aufgabe hat, schnell zu reagieren, wenn es sich bedroht oder »schlecht behandelt« fühlt. Das wird noch verschärft, wenn Mama oder Papa nicht da sind, was in der modernen Welt immer häufiger der Fall ist (darauf komme ich in Kapitel 10 noch zu sprechen). Das bedeutet, dass unsere Kinder mit vielen neuen Erfahrungen ohne unsere Unterstützung konfrontiert sind.

Wie wir im vorherigen Kapitel gesehen haben, interpretieren wir Erwachsenen viele Ereignisse nicht als bedrohlich, weil wir sie dank jahrzehntelanger Erfahrung einordnen können. Für ein Kleinkind kann sich in dieser Phase der Gehirnentwicklung ein anderes Kind, das im Spiel mit erhobener Faust auf es zukommt, wie eine reale Bedrohung anfühlen, und sein Körper reagiert dann entsprechend mit der vorprogrammierten Stressreaktion.

Da Kampf, Flucht, Erstarren oder Ohnmacht für unsere Kleinen nicht immer eine Option sind, stellt sich die Frage, was sie stattdessen tun können. Unsere Kinder sind vielleicht noch nicht selbstsicher genug, um eine Erzieherin um Hilfe zu bitten, oder nicht in der Lage auszusprechen, wie sie sich fühlen. Dann sind sie gezwungen, all diese neuen Gefühle hinunterzuschlucken und zu unterdrücken.

Wie wir in Kapitel 2 gesehen haben, ist Stress nicht einfach nur ein Gefühl. Stress lebt im Körper in Form von Stresshormonen, die den Körper über den Blutkreislauf fluten. Können Sie sich vorstellen, wie sich das für Ihr Kind unter fünf anfühlt?

Denken Sie an Situationen, in denen Sie sich gestresst gefühlt haben – vielleicht vor einem Vortrag, bei einem Vorstellungsgespräch oder als Sie etwas Schwieriges zum ersten Mal getan haben. Wie bei unseren Kindern reagiert auch unser Körper darauf: Es verschlägt uns den Appetit, uns wird flau im Magen, unser Gehirn ist vernebelt, unsere Atmung wird flacher oder wir rennen hin und her. Wie können wir den sich aufbauenden Stress herauslassen? Beispielsweise, indem wir laufen oder im Fitnessstudio trainieren oder etwas Aktives tun, um die Anspannung, die wir fühlen, aufzulösen.

Aber was ist mit unseren Kindern? Sie haben keine Möglichkeit, diesen Stress herauszulassen, oder vielleicht erst, wenn sie sich sicher genug fühlen.

Und wann ist das wohl?

Und bei wem ist das wohl?

Ja! Wenn wir sie abholen kommen.

Wenn die Kinder uns – ihren sicheren Zufluchtsort – sehen, den Menschen, dem sie am meisten vertrauen.

Aber was tun wir, wenn wir im Verhalten unserer Kinder nur einen »Trotzanfall«, also etwas »Böses«, sehen?

Wir bestrafen sie. Ausgerechnet dann, wenn sie uns am meisten brauchen.

Beim Waldkindergarten steckt der dreijährige Wilbur immer noch knietief (und mit dem Gesicht) im Schlamm. Was sehen Sie jetzt? Einen ungezogenen kleinen Jungen, der wegen einer Orange austickt? Oder ein Kind, das Trost braucht? Ein Kind, das von etwas sowohl körperlich als auch seelisch überwältigt worden ist? Ein Kind, dessen »Feueralarm« losgegangen ist. Und glauben Sie mir, es geht nicht um eine Orange.

Ich gebe zu, dass es mich immer *noch* sehr in Verlegenheit brachte, dass all das im Beisein aller anderen Eltern stattfand, aber da jetzt meine kluge Eule das Kommando übernommen hatte, war ich mir plötzlich sicher, dass ich wusste, was zu tun war.

Ich kniete mich neben Wilbur in den Schlamm und rief etwas lauter als sonst:

»Ohh!« (Als ob ich gerade etwas verstanden hätte.)

Der Singsang-Ton meiner Stimme reichte aus, um zu ihm durchzudringen.

Wilbur schaute auf.

»Oh! Dumme Mami! Du wolltest eine Orange?!«, sagte ich, als ob mir gerade erst der Gedanke gekommen sei.

In einer solchen Situation muss man so wenige Worte wie möglich verlieren. Da immer noch Wilburs Pavian das Ruder in der Hand hatte, musste ich zu ihm eine Verbindung herstellen. Ich sah, dass das Wort »Orange« bei ihm ankam.

Ah! Sie versteht mich!

Sein Pavian blieb wie angewurzelt stehen. Indem ich das Wort aufgriff, das Wilbur verwendet hatte, weil es ihm in diesem Augenblick sehr wichtig war, hatte ich eine Verbindung zu ihm hergestellt. Unabhängig von dem, was wirklich passiert war, hatten wir uns in diesem Augenblick miteinander verbunden, und ich wusste, dass ich schnell handeln musste.

Ich streckte die Hand aus und fragte ihn, ob er mit mir kommen wolle. Und war überrascht, als er zu weinen aufhörte und einfach aufstand! Diese Verwandlung war so unglaublich, dass ich am liebsten eine kleine Verbeugung gemacht hätte. Meine eigene Eidechse schlug Rückwärtssalti, aber mit der Hand meines kleinen Mannes in meiner war ich ganz entspannt, als wir von der Menschenansammlung weggingen. Da ich jetzt Wilburs ganze Aufmerksamkeit hatte, nahm ich, um einen zusätzlichen Effekt zu erzielen, den Apfel und schlug mir damit gegen den Kopf.

»Schau mal, Wilbur, der Apfel sagt zu mir: ›Dumme Mama!‹«

Wilbur kicherte.

Noch ein Schlag gegen den Kopf. Diesmal schaltete ich zu einer albernen, quäkenden »Apfelstimme« um und tat so, als ob der Apfel böse auf mich sei.

»Wilbur wollte eine Orange! Warum hast du dann mich mitgebracht!?«

Wilburs Gelächter war wie Balsam. Der Humor löste die Anspannung und hob unsere Stimmung. Wir rannten zusammen den Weg zurück und lachten, während ich die Apfel-Animation ausbaute. Ich hielt ihn vor mich hin, und er sagte mir, wie dumm ich heute gewesen sei, weil ich nicht gewusst hätte, dass wir Orangen zu Hause hatten. Dann fragte der Apfel Wilbur, ob er im Laub spielen wolle, und mein Sohn nahm mir den Apfel freudig aus der Hand und biss davon ab, während er mich zu dem großen Laubhaufen zog und rief: »Komm, Mami, spielen!«

Seine Erleichterung war für mich spürbar. Etwas hatte sich in unserer Beziehung verändert: Da war das Gefühl einer sich vertiefenden Bindung zwischen Mutter und Sohn. Mein Dreijähriger hatte erkannt, dass Mami seinen Schmerz aushalten konnte, auch wenn er sich wie das schlimmste Gefühl der Welt anfühlte, und – was noch besser war – nicht wütend auf ihn wurde.

Ich war in diesem Augenblick so begeistert und in meinen Sohn verliebt, dass es mir nicht schwerfiel, mit ihm im Laub herumzutoben. In der Rückschau sehe ich, dass es auch für mich ein großartiger Stresslöser war, lachend im Laub herumzutollen.

Schauen wir uns jetzt diesen »Temperamentsausbruch« noch einmal insgesamt an:

Es gab einen massiven Wutanfall bei einem Dreijährigen. Wenn das passiert (und besonders, wenn es in der Öffentlichkeit passiert), betritt wahrscheinlich unser eigener primitiver Pavian die Bühne, weil wir uns von der Situation bedroht fühlen. Wir befürchten, von unserem eigenen Kind öffentlich bloßgestellt zu werden und als schlechte(r) oder inkompetente(r) Mutter/Vater dazustehen.

Das Problematische daran ist, dass bei Aktivierung unserer Eidechse oder unseres Pavians unsere eigene Stressreaktion ausgelöst wird und wir dann selbst zu Kampf, Flucht oder Erstarren neigen.

Aber wenn wir unsere Eidechse und unseren Pavian außer Kraft setzen und die kluge Eule in den Vordergrund treten lassen können, sind wir in der Lage, mit den Gefühlsausbrüchen unserer Kinder empathisch und fürsorglich umzugehen. Wenn wir in diesen schlimmen Augenblicken tief Luft holen und der klugen Eule das Ruder überlassen, treten Eidechse und Pavian sehr schnell ab. Dann können wir die Szene ganz ruhig aus einer anderen Perspektive betrachten: der Perspektive unseres Kindes.

Nehmen wir an, an Ihrem Arbeitsplatz ist etwas passiert, über das Sie sich aufgeregt haben. Vielleicht hat Ihr Chef Sie gerügt oder eine Kollegin hat hinter Ihrem Rücken über Sie geredet oder Ihre Arbeit kritisiert. Wahrscheinlich haben sich bei Ihnen starke Gefühle angestaut, und wenn Sie nach Hause kommen, müssen Sie sie herauslassen und sprechen mit Ihren Eltern, Ihrem Freund oder Partner darüber.

Nun stellen Sie sich vor, dass Ihr Gesprächspartner Ihnen nicht zuhört und Sie versteht, sondern es einfach abtut, Sie ignoriert oder, was vielleicht am schlimmsten wäre, Ihnen sagt, dass Sie sich nicht so anstellen sollen. Wie würden Sie sich dabei fühlen? Wie würde sich das auf Ihre Beziehung zu dieser Person auswirken?

Wenn wir unsere Kinder in schwierigen Augenblicken wirklich hören und sehen, begegnen wir ihnen mit Empathie und Verständnis, was nicht nur dazu beiträgt, unsere Kinder vom Rand eines Zusammenbruchs zurückzuholen, sondern uns auch hilft, eine noch stärkere Bindung zu ihnen aufzubauen.

Und es gibt noch einen zusätzlichen Bonus: Mit Gefühlsausbrüchen so umzugehen, unterstützt auch die Gehirnentwicklung unserer Kinder. Immer wenn wir unsere Kinder in stressigen Situationen beruhigen und trösten, helfen wir ihnen dabei, ihre emotionale Selbstregulierung zu entwickeln, wovon in Kapitel 4 noch die Rede sein wird.

All das können wir tun, wenn wir akzeptieren, dass Kinderköpfe anders ticken.

An jenem Tag beim Waldkindergarten wollte ich immer noch herausfinden, was Wilburs Reaktion ausgelöst hatte. Nach dem Stressabbau beim Spielen im Laub gingen wir zum Auto. Erst dann fühlte ich mich in der Lage, ihn ruhig danach zu fragen.

»Schatz, du warst ja ziemlich aufgeregt – wie war es denn heute?«

Wilbur zögerte. Dann schaute er mich an und sagte: »Max hat mich geschubst.«

»Ach, Wilbur, was ist denn passiert?«

»Er hat mich in den Matsch geschubst.«

Und das war es dann wohl. Die Bedrohung, die Wilburs Stressreaktion und somit eine Ganzkörperreaktion bei ihm ausgelöst hatte.

Aber da war noch mehr. Er schaute mich direkt an und sagte vorwurfsvoll: »Wo warst du denn?«

Kling! Plötzlich fiel bei mir der Groschen: Wilbur war im Kindergarten mit einer schwierigen Situation konfrontiert gewesen und hatte allein damit umgehen müssen. In diesem Augenblick verstand ich, dass er wegen der Ereignisse, des zu rauen Spiels mit Max und der Entscheidungen, die er hatte treffen müssen, diesen ganzen Stress in sich aufgestaut hatte. Mein Kleiner hatte die Kränkung mit sich herumgetragen und alles unter Verschluss gehalten, bis er mich gesehen hat – seinen Zufluchtsort, seine kluge Eule, einen Menschen, der ihn in die Arme nehmen und alles wiedergutmachen konnte.

Ich hatte mich an diesem Tag beim Abholen ein paar Minuten verspätet und stellte mir nun vor, wie Wilbur nach mir Ausschau gehalten hatte, während alle anderen Eltern gekommen waren, nur nicht seine Mama. All seine aufgestauten Gefühle, die nur darauf warteten, herausgelassen zu werden – und ich war nicht da! Seine Gefühle waren übergekocht wie der Topf über dem Feuer im Kindergarten. Ich musste die Verantwortung dafür übernehmen, nicht er: Mein Gehirn ist voll entwickelt und funktionsfähig. Ich kann all das in wenigen Sekunden rational auflösen. Wilbur steht noch am Anfang seines

Lebens, und es passieren manchmal schlimme Dinge, während die Menschen, die ihn beschützen können, nicht da sind.

»Oh, Schatz, das klingt schlimm. Das ist ein schlechtes Verhalten, und es tut mir so leid, dass ich nicht für dich da war.« Wir blieben stehen, und ich kniete mich wieder hin und schaute ihn direkt an.

»Es tut Mami sehr leid, dass sie nicht da war. Das muss wirklich schwer gewesen sein.«

Ich weiß nicht genau, was an diesem Tag im Kindergarten passiert ist. Vielleicht war es einfach nur ein übermütiges Spiel, denn Max ist, genau wie Wilbur, auch nur ein übererregter Pavian. Aber darum geht es nicht. Wichtiger ist, wie ich als Mutter reagiert habe.

Das Leben ist nicht ohne Herausforderungen, und soziale Interaktion bietet unseren Kindern wichtige Lerngelegenheiten. Aber wenn sie noch klein sind, brauchen sie unsere Hilfe: Wir müssen ihnen zeigen, was sie tun können, wenn wir nicht in der Nähe sind.

»Okay, Schatz. Mami versteht es. Kannst du es nächstes Mal, wenn es wieder zu rau beim Spielen zugeht und dich jemand auf den Boden schubst, einer Erzieherin sagen?«

Wilbur sah ein bisschen skeptisch drein. »Oder meinst du, du kannst dann ›STOP!‹ zu dem anderen Kind sagen und: ›Ich mag dieses Spiel gerade nicht‹?«

Wilbur nickte. Er wirkte immer noch ein bisschen unsicher, und ich wollte ihn nicht drängen. Ich nahm mir aber vor, es der Erzieherin gegenüber zu erwähnen, sodass sie Wilbur helfen konnte, wenn wieder etwas Ähnliches passierte.

Wir können von unseren Kleinkindern nicht erwarten, dass sie schwierige soziale Interaktionen allein bewältigen. Wir müssen ihnen ein Vorbild sein, sodass sie lernen, wie man Konflikte löst und Grenzen setzt, und wie sie anderen Kindern sagen können, was akzeptabel ist und was nicht. Sie müssen wissen, dass sie zu anderen Kindern »STOP!« sagen und im Zweifelsfall bei der Erzieherin Hilfe suchen können.

Ich wusste, dass Wilbur wahrscheinlich in diesem Augenblick nicht alles verarbeiten konnte, da viel aufzunehmen war. Aber indem ich ihm zugehört, seine Notlage gesehen und anerkannt hatte, hatte ich etwas ebenso Wichtiges getan. Ich hatte ihn wissen lassen, dass es in Ordnung ist, aufgeregt zu sein, wenn uns aufregende Dinge passieren. Es ist in Ordnung, wütend zu sein, wenn wir das Gefühl haben, schlecht behandelt zu werden. Und indem ich die Verantwortung übernommen hatte, statt Wilbur die Schuld für den Gefühlsausbruch zu geben, hatte ich ihm gezeigt, dass er das nächste Mal zu mir kommen und mir sagen konnte, dass etwas passiert war, statt sich wieder von seinen Gefühlen überwältigt im Schlamm zu wälzen.

Wilbur weinte dann – ein weiterer wunderbarer Stresslöser, wie ich in Kapitel 5 ausführen werde. Und schließlich umarmten wir uns, wobei bei uns beiden Oxytocin ausgeschüttet wurde, die »Liebesdroge«, die bei Körperkontakt zwischen Eltern und Kind (oder anderen Personen, die sich lieben) freigesetzt wird. Dann standen wir auf und gingen Hand in Hand zum Auto, um nach Hause zu fahren.

Und wissen Sie was? Wilbur hat den ganzen Apfel gegessen.

Okay, kommen wir jetzt zum ersten Werkzeug in unserem Eltern-Werkzeugkasten!

WERKZEUG-TIPP

Stop3N

Wenn unsere Kinder in der Öffentlichkeit oder zu Hause einen Gefühlsausbruch haben, gilt:

- **STOP!**

Zuerst innehalten und tief Luft holen.

Wir müssen daran denken, dass ihr Verhalten nicht gegen uns gerichtet ist. Unsere Kinder sind keine Meister der dunklen Künste. Sie sind nicht böse, manipulativ, eigensinnig, darauf aus, uns zu testen oder was auch immer alte Erziehungsgrundsätze uns weismachen wollen. Dazu sind kleine Kinder nicht in der Lage. Darum sagen Sie sich Folgendes:

- **N**imm es nicht persönlich.
  Unser Kind befindet sich vielleicht mitten in einer Stressreaktion, die durch etwas völlig anderes ausgelöst wurde.
- **N**imm es unter die Lupe.
  Was könnte sonst noch vor sich gehen oder passiert sein?
- **N**IMM die Perspektive des Kindes ein.

Dadurch aktivieren wir unser Eulenhirn, statt uns mit unserem eigenen Pavian in den Kampf zu stürzen.

Praktische Beispiele für den Einsatz von STOP3N

1. Der Buggy-Oktopus

Was tun, wenn sich das Kind weigert, in den Buggy zu steigen, und einen Wutanfall hat?

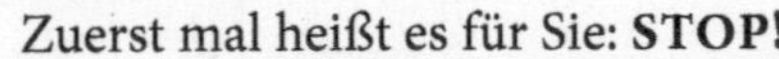

Zuerst mal heißt es für Sie: **STOP!**

Bei unseren Kleinkindern (was sie noch sind, wenn sie im Buggy sitzen) müssen wir immer an den Grundsatz denken: **N**imm es nicht persönlich.

Unser Kind denkt nicht: Ich weigere mich, in den Buggy zu steigen. Ich wehre mich richtig, weil sie sich dann aufregen.

Wie Sie wissen, ist bei Ihrem Kind im Alter zwischen einem und drei Jahren der Pavian am Ruder, der anfängt, sich für die Welt zu interessieren, und eine gewisse Selbstständigkeit braucht. Der Pavian weiß: Ich habe bessere Überlebenschancen, wenn ich meine Muskeln aufbaue und laufe. Ich muss lernen, wo die Welt ist, und ich will selbst bestimmen, was ich tue. Also bitte lass mich!

Wie sollen Sie damit umgehen?

OPTION EINS

Wenn wir das **STOP**-Schild beachtet und unsere Eulenkappe aufgesetzt haben, können wir die Lage analysieren und uns fragen: *Ist es wirklich so schlimm, wenn sie läuft?*

Nimm es unter die Lupe: Wir befinden uns in einer sicheren Umgebung, also nicht in der Nähe einer viel befahrenen

Straße. Darum können wir unserem Kind sagen, dass wir seinen Wunsch verstehen, was der erste Schritt zur Beruhigung des Pavians ist: Es wurde gehört.

»Oh, Emma, ich weiß, wie viel Spaß es macht zu laufen! Willst du laufen?«

Das Wort »laufen« hat hier dieselbe Wirkung wie das Wort »Orange« damals bei Wilbur – Sie demonstrieren Ihrem Kind, dass Sie es verstehen und nehmen Kontakt zum Pavian auf.

Für den zusätzlichen Effekt können Sie sogar lächelnd hinzufügen: »Oh, ich kann sehen, dass du wirklich so gern laufen willst!«

Sie können lächeln, weil Ihnen klar ist, dass es nichts Persönliches ist, und weil Sie es nicht als Affront oder Auflehnung gegen Ihre Autorität sehen. Wenn wir unser Eulendenken anwenden können, verstehen wir, dass das Pavianhirn unseres Kindes Energie verbrennen und Selbstständigkeit erlangen muss. Das hilft uns, einen anderen Blickwinkel einzunehmen und eine Win-win-Situation herbeizuführen.

Jetzt heißt es: Nimm die Perspektive des Kindes ein.

Reden Sie, als ob Sie wirklich den Pavian ansprechen würden – ruhig und mit wenigen Worten, damit er sich nicht wieder aufregt. Vielleicht beugen Sie sich zu Ihrer Tochter hinunter, damit Sie sie nicht überragen und die Stressreaktion des Pavians auslösen. Lächeln Sie dabei.

»Papa/Mama versteht dich! Ich weiß, wie gut du schon laufen kannst!«

Jetzt haben Sie wirklich die Aufmerksamkeit Ihrer Tochter. Ihr Pavian hat in diesem Augenblick vielleicht mit einem Kampf gerechnet, aber jetzt kann er sich entspannen, sodass Sie besser mit dem heranwachsenden, flauschigen Eulenbaby Ihres Kindes interagieren können. Wenn Ihre Tochter etwas ruhiger geworden ist, können Sie blitzschnell entscheiden: Brauche ich diesen Kampf?

Vielleicht denken Sie, dass es nichts schadet, wenn sie zu Fuß geht. Es ist doch eigentlich ganz süß, wenn sie selbstständiger sein will, und außerdem wird sie dann beim Zubettgehen müder sein. Vielleicht können Sie ihre Hand halten und sich im Gehen mit ihr unterhalten. Ich kann Ihnen garantieren, dass Ihre Tochter das schön finden wird (so wie Wilbur plötzlich Lust auf den Apfel hatte), wenn sie spürt, dass Sie sie verstehen.

Dann können Sie sich entspannen und die gemeinsame Zeit genießen. Okay, es dauert ein bisschen länger, nach Hause zu kommen. Aber hey, Sie haben die Chance, eine magische Bindung zu Ihrem kleinen Pavian aufzubauen, der Sie dafür umso mehr lieben wird!

ODER …

OPTION ZWEI

Sie denken: *Ist ja alles schön und gut, und ich verstehe es, aber wir sind in der Nähe einer stark befahrenen Straße, und das stresst mich sehr. Außerdem müssen wir jetzt wirklich schnell nach Hause*!

Wenden Sie trotzdem **STOP3N** an! Dieses Mal müssen wir vielleicht eine Grenze setzen: eine sanfte Grenze, die dem Pavian zeigt: »Okay, ich höre dich und sehe dich, aber ich muss eine Grenze ziehen, weil es jetzt gerade nicht sicher ist.« Grenzen zu setzen bedeutet nicht, Ihr Kind in den Buggy zu zwingen, weil dabei einfach nur zwei wütende Paviane aufeinander losgelassen werden würden. Es würde Ihnen zweifellos gelingen, Ihre Tochter in den Buggy zu kriegen, aber Sie würden nicht »gewinnen«. Zwang und Kämpfe tragen nichts zur Bindung in Ihrer kleinen Familieneinheit bei. Aber sanfte Grenzen und Humor tun das sehr wohl.

Darum kehren wir wieder zu **STOP3N** zurück.

Wir **STOP**PEN und aktivieren unser Eulengehirn.

Wir sagen uns: **N**imm es nicht persönlich.

Und sehen es daher nicht als persönliche Herausforderung.

Jetzt gilt: **N**imm es unter die Lupe. Sie erkennen: Ich wünschte, ich könnte Ja sagen, aber es fühlt sich zu gefährlich an.

In diesem Fall können Sie zu Ihrem Kind sagen: »Okay! Aber die Straße ist zu laut (Sie können dabei die Hände über die Ohren legen und ein verrücktes Geräusch machen, um Ihre Tochter zum Lachen zu bringen), und es gibt zu viele Autos (noch eine alberne Bewegung), aber du darfst auf jeden Fall laufen, wenn wir in unsere Straße kommen. Einverstanden?!«

Wenn Ihre Tochter immer noch wütend ist, wiederholen Sie es einfach mit weniger Worten, damit sie es durch ihren Gefühlsausbruch hindurch hört: »Ja, du darfst laufen! Aber erst, wenn wir von den vielen stinkenden Autos weg sind!«

Der Pavian Ihrer Tochter hört das Wort »darfst«. Denken Sie daran, dass es ihm nicht um den Streit geht. Ihre Tochter wird deshalb wegen der sanften Grenze, die Sie gezogen haben, nicht ausflippen. Sie muss einfach nur wissen, dass Sie ihr Bedürfnis zu laufen verstehen – und dass sie es bald tun darf!

Und so haben Sie auch schon das dritte N befolgt: **N**imm die Perspektive des Kindes ein.

Humor hilft, die Ganzkörper-Stressreaktion aufzulösen, und Grenzen geben Ihrem Kind ein Gefühl von Sicherheit. Wir werden uns in Kapitel 8 noch ausführlicher mit Grenzen beschäftigen. In diesem Beispiel bedeutet es einfach nur, ruhig eine Grenze zwischen dem Möglichen und dem Unmöglichen zu ziehen, um die Sicherheit Ihres Kindes zu gewährleisten. Das kommt beim Pavian an, denn ihm geht es ja ums Überleben. Und auch ein kleines Kind weiß schon, was es bedeutet, sich sicher zu fühlen.

Bei dieser Interaktion können Sie nicht nur den Pavian beruhigen, sondern die kleine Eule Ihrer Tochter dazu anregen, sich weiterzuentwickeln, weil sie über die von Ihnen angebotene Lösung nachdenken und abwägen muss. All das ist gut für die Gehirnentwicklung und sicherlich gut für die Zukunft, wenn wir größere Probleme als das Anschnallen im Buggy lösen müssen!

Indem Sie Ihrem Kind eine Wahl und etwas zum Abwägen geben, wird der analysierende Teil seines Gehirns aktiviert, und das hilft ihm zu wachsen. Wenn alles gut läuft, sitzt Ihr kleines Mädchen zufrieden im Buggy, bis Sie zum Ende der Straße kommen, wo sie dann im Rahmen Ihrer Abmachung zu Fuß weitergehen darf.

Es geht darum, erfinderisch zu sein und gemeinsam mit dem Kind eine Lösung zu finden. Sie sollten darin kein »Nachgeben« oder ein Zeichen von Schwäche sehen. Ganz im Gegenteil. Es hat sich immer wieder gezeigt, dass sich in vielen Lebensbereichen – im geschäftlichen Kontext, in Führungspositionen und von Großkonzernen bis hinunter zur Familieneinheit – mit Empathie und Kooperation die besten Ergebnisse erzielen lassen. Die Unternehmerin und Autorin Margaret Heffernan berichtete mir im Interview von zahlreichen Studien, die belegen, dass Kooperation die beste Art von Führung ist und die besten Ergebnisse liefert, ob im beruflichen oder im privaten Umfeld.

Schauen wir uns ein weiteres Beispiel an, bevor wir weitergehen.

2. Mein Kind will nicht aus dem Park nach Hause gehen

Okay, Sie wissen inzwischen, was zu tun ist:

STOP: Nehmen Sie sich einen Augenblick Zeit.

Nimm es nicht persönlich.

Ihr Kind denkt natürlich nicht: Ich mache Papa das Leben schwer. Ich weiß, dass er nach Hause muss, um mit seinem Büro zu telefonieren/das Abendessen zu machen. Darum bin ich jetzt »böse« und weigere mich, nach Hause zu gehen, wenn er mich ruft.

Was denkt es tatsächlich, wenn der Pavian die Kontrolle übernommen hat? Vermutlich: Ich habe Spaß! Ich lebe in der Gegenwart. Ich verstehe nichts von Zeit oder beruflichen Telefonaten oder davon, wie lange es dauert, mein Abendbrot zuzubereiten. Ich bin jetzt im höchsten Gang! Warum sollte ich nach Hause wollen, wenn es hier so schön ist?

Nimm es unter die Lupe.

Indem Sie die Sache aus seiner Perspektive betrachten, können Sie Empathie empfinden: Mein kleiner Junge hat so schön gespielt, und jetzt beende ich es mittendrin. Er ist nicht »böse« – er hat einfach nur Spaß. Zeigen Sie ihm Ihr Verständnis: »Ach, Ollie, es tut mir so leid! Ich sehe, dass du gerade so toll spielst.«

Sprechen Sie mit freundlicher Stimme und lächeln Sie dabei.

»Papa versteht dich. Es ist so schön hier im Park mit deinen Freunden, stimmt's?«

Das können Sie ein paar Mal wiederholen, damit sein Pavian sich wirklich beruhigt und mit an Bord kommt. Machen Sie sich keine Gedanken darüber, wie übertrieben das für andere Erwachsene klingen mag. Wenn Ihre Empathie echt ist, hört Ihr Kind Ihnen zu.

»Es ist schwer, aber wir müssen jetzt gehen.«

Und da ist die Grenze, sanft mit eingebunden. Sie zeigen Ihrem Sohn, dass Sie seine Enttäuschung verstehen und wissen, wie schwer es für ihn ist, gehen zu müssen. Aber trotzdem müssen Sie gehen.

Seien wir realistisch: Es fällt ihm wahrscheinlich trotzdem nicht leicht, nach Hause zu müssen. Machen Sie sich keine Sorgen, wenn es Tränen gibt. Ich stelle mir Tränen als Stress vor, der den Körper verlässt. Vielleicht fügen Sie noch eine Extraportion Empathie hinzu, wenn Ihr Kind sich extrem darüber aufregt, mit dem aufhören zu müssen, was es gerade tut. Falls Ihr Kind noch heftiger weint, wenn Sie es zu beruhigen versuchen, denken Sie daran: Das ist ein sicheres Zeichen dafür, dass der Stress in ihm aufgelöst wird.

Jetzt heißt es: Nimm die Perspektive des Kindes ein.

Hier können Sie eine Grenze setzen, indem Sie Ihrem Kind noch fünf Minuten als Pufferzeit anbieten, in der sich sein Pavian beruhigen kann. Das können Sie sogar per Handschlag vereinbaren.

Vielleicht wollen Sie sich hinknien, damit Sie Ihr Kind nicht überragen und die Stressreaktion verschlimmern. Sprechen Sie mit beruhigender Stimme. Achten Sie nicht auf andere Leute, die zuschauen – das geht sie gar nichts an! Vertrauen Sie mir. Es funktioniert. Machen Sie einfach weiter. Ich verstehe, dass es beim ersten Mal (besonders in der Öffentlichkeit) schwierig sein kann, weil man nicht genau weiß, was man am besten sagt, oder weil man befürchtet, das Falsche zu sagen. Verwenden Sie kurze Sätze, seien Sie aufrichtig und zeigen Sie, dass Sie Ihrem Kind in seiner Notlage helfen wollen. Es spürt, dass Sie es ehrlich meinen, und vertraut Ihnen – auch, wenn Sie vielleicht beim ersten Versuch, die Situation zu entschlüsseln, das Ziel verfehlen.

Das ist also keine schwierige Herausforderung für Sie als Elternteil, sondern eine Chance. Die Chance, Ihr Kind besser zu verstehen und die Beziehung zu ihm zu stärken. Ich weiß, dass es oft nicht leicht ist, besonnen zu reagieren, besonders wenn wir selbst gestresst sind, weil wir an berufliche Mails denken, die beantwortet werden müssen, an das Abendessen, das noch zubereitet werden muss, oder daran, dass wir gern ein bisschen Zeit für uns selbst hätten.

Aber wenn wir in diesen Augenblicken innehalten, uns auf unsere Kinder einstimmen und ruhig und mitfühlend reagieren, dann fühlen sich unsere Kinder uns näher und wollen kooperieren, weil die Interaktion ihr Gehirn beruhigt hat. Tatsächlich zeigen wissenschaftliche Studien, dass dadurch positive Verbindungen im kindlichen Gehirn hergestellt werden. Und es fühlt sich gut an, wenn wir unsere Kinder in die Arme nehmen und sagen: »Es ist okay, ich verstehe dich.«

In diesen Augenblicken passiert etwas Magisches. Denn in diesen Situationen helfen Sie Ihrem Kind, Empathie zu erleben, also unsere Fähigkeit, die Gefühle und Gedanken anderer Menschen zu verstehen und uns in sie hineinzuversetzen. Empathie ist sehr wichtig, wenn aus unseren Kindern Erwachsene werden sollen, denen das Wohlergehen anderer Menschen am Herzen liegt, die mitfühlend handeln und mit anderen gut klarkommen, und wenn die kommenden Generationen in einer harmonischen Gesellschaft leben sollen. Julie Harmieson, Co-Direktorin von Trauma Informed Schools, erklärt dazu: »Empathie ist keine Kompetenz, die wir einfach erwerben. Sie ist schwer zu lehren; wir müssen sie erleben.«

Wenn wir empathisch (mit dem Eulenansatz) auf unsere Kinder reagieren, helfen wir ihnen, das Gefühl des getröstet Werdens zu *erleben*. Das »erhellt« ihr Gehirn und hilft unseren Kindern, selbst empathisch zu werden, weil sie merken, wie gut es sich anfühlt. Dann haben wir Kinder, die ganz selbstverständlich den Schmerz und das Leid anderer Menschen lindern wollen und sich sensibel in das Befinden anderer einfühlen. Wenn wir unseren Kindern zeigen, dass wir uns in sie hineinversetzen können, dass wir verstehen, wie *sie* sich in einem bestimmten Augenblick (besonders in den schwierigeren Augenblicken!) fühlen, tragen wir viel dazu bei, dass ihr flauschiges Eulenbaby zu einer emotional ausgereiften klugen Eule heranwächst, die es nicht ertragen kann, andere leiden zu sehen, und immer auf sie zugehen wird, um zu helfen.

Im Park ist Papa jetzt ruhig. Er hat seinen kleinen Jungen, dem die Tränen herunterlaufen, angeschaut, und er versteht auf einmal, dass es wirklich schwer für ihn ist. Und so könnte sich die Unterhaltung weiterentwickeln:

»Ich weiß, mein Schatz. Es ist okay, ich verstehe.«

Damit hat der Vater eine Verbindung zu seinem Sohn hergestellt. Dann fragt der Vater lächelnd: »Komm, einmal knuddeln?« Oder: »Soll ich dich hochheben und den Flieger machen?«

Wenn unsere Kinder es eher gewohnt sind, in solchen Situationen eine heftige, beängstigende Pavianreaktion von uns zu erleben, kann diese lustige Reaktion schon ausreichen, um sie in ihrem Gefühlsausbruch innehalten zu lassen. Wenn wir jetzt eine andere Lösung anbieten, hilft das dem Pavian, von seinem Ast herunterzusteigen und seine Pfote vom Feueralarm wegzunehmen, während er sich denkt: *»Hmm, das würde Spaß machen!«*

Wenn »Flieger« nicht Ihr Ding ist, könnten Sie Ihrem Kind auch eine Frage stellen, um das denkende Eulenbaby-Gehirn anzusprechen. Etwas wie: »Sollen wir mal schauen, wie viele gelbe Blätter wir auf dem Heimweg aufsammeln können?«

Vielleicht wird es Sie überraschen, wie schnell Ihr Kind »Ja!« sagt. Die Tränen versiegen, während es Ihre Hand nimmt, wie es Wilbur bei mir getan hat. Und los geht's.

Es fühlt sich so großartig an, eine Situation auf diese Weise zu entschärfen! Es funktioniert. Seien Sie zuversichtlich. Ich weiß, dass es beim ersten Mal Selbstvertrauen erfordert. Aber jedes Mal, wenn Sie es tun, spüren Sie, dass zwischen Ihnen und Ihrem Kind eine Verbindung entsteht und das, was das Harvard Center on the Developing Child als »Pingpong-Effekt« beschreibt. Dadurch entstehen Bindungen zu unseren Kindern, die ein Leben lang bestehen bleiben.

In diesem Augenblick (wenn Sie nicht wütend davongestürmt sind und sich wie die schlechteste Mutter oder der mieseste Vater der Welt gefühlt haben, weil Sie Ihr schreiendes und strampelndes Kind in den Buggy gezwängt haben) haben Sie das Gefühl, den ersten Preis beim Elternspiel gewonnen zu haben. Zwang anzuwenden, funktioniert nicht. Und es schadet der Beziehung zu unseren Kindern. Es lehrt sie, ihre natürlichen Bedürfnisse zu unterdrücken und das gesunde Verhalten, zu dem ihr Gehirn sie drängt (z. B. selbstständiger zu werden oder sich zu bewegen), wegzuschieben. Zwang anzuwenden, lehrt Ihr Kind … Zwang anzuwenden. Wünschen Sie sich das wirklich für Ihre Kinder, wenn sie älter sind?

Wie wir bei Wilbur im Waldkindergarten gesehen haben, kann eine volle Stressreaktion wirklich beunruhigend, ja, sogar beängstigend für die Eltern sein. Aber selbst wenn Ihr Kind um sich schlägt und schreit (solange es in einer Umgebung stattfindet, in der weder Sie noch das Kind verletzt werden kann), können Sie sicher sein, dass der Pavian seine Pfote vom Feueralarm nehmen wird, wenn Sie bei Ihrem Kind bleiben, es in dieser Stresssituation nicht im Stich lassen und mit Ruhe und

Empathie reagieren. Und dann können Sie die kluge Eule sein, die Ihr Kind wieder ins Gleichgewicht bringt. Zeigen Sie dem Pavian einfach, dass Sie nicht weggehen, dass Sie ihn beschützen und ihm helfen … dann wird Ihr Kind wahrscheinlich bald auf Ihren Schoß krabbeln und sich eine sehr wichtige, tröstliche Umarmung abholen.

Elternstimme: Claire, Mutter von zwei Kindern unter fünf

»Es ist anstrengend, immer ›im Dienst‹ zu sein, außer Haus immer nur halbe Unterhaltungen zu führen, immer als Klettergerüst zu fungieren. Wenn wir im Park sind, bin ich nach einer Weile manchmal gereizt und wütend. Und es haben zwar alle Eltern den Wunsch, dass ihre Kinder sich gut benehmen, aber als alleinerziehende Mutter kann ich nicht auf die alte Warnung ›Warte nur, bis dein Papa heimkommt‹ zurückgreifen. Wenn ich am Ende meiner Kräfte bin, gerate ich schnell mit einem meiner Kinder in Streit. Mein Sohn kann heftigen körperlichen Einsatz zeigen und wehrt dann meine Umarmung ab, was dann bei mir das Gefühl der Zurückweisung auslöst. Und wenn ich mich zurückgewiesen fühle, weise ich meinen Sohn zurück. Die Erkenntnis, dass ich auch ein Pavian bin, hilft mir, meinen Druck und meine Angst zu lösen und schneller und mit mehr Humor eine kluge Eule zu werden. Wenn ich meinen Sohn dann zum Lachen bringe, ist es, als ob davor nichts passiert wäre! Und wir verzeihen einander alles.«

Ich nehme an, dass wir alle Claires Dilemma nachempfinden können. Es kann nicht nur ziemlich beängstigend sein, wenn unsere Kinder einen Gefühlsausbruch haben, treten und schreien und unsere Hilfe zurückweisen, sondern wir können uns dabei auch ziemlich hilflos, zurückgewiesen und unzulänglich fühlen – da wären wir wieder beim guten alten Schuldgefühl! Wir müssen uns darüber im Klaren sein, dass in diesen Augenblicken nicht nur unser Kind starke Gefühle hat, sondern auch wir selbst. Unsere eigenen werden vielleicht unterdrückt, weil wir eine kluge Eule haben, die uns davor warnt, in der Öffentlichkeit zu treten und zu schreien, aber die Gefühle, die durch die in Kapitel 2 beschriebene Stressreaktion hervorgerufen werden, können auch in uns aufwallen.

In diesen Momenten, wenn alle von ihren Gefühlen überwältigt sind, ist Ablenkung ein sehr hilfreiches Werkzeug: Ablenkungen, die auf Humor setzen und herrlich albern sind, funktionieren oft sehr gut. Kinder lieben Unfug und witzige Beobachtungen und alles, was sie zum Lachen bringt: zum Beispiel der sprechende Apfel oder ein »Oh, schau mal, der Hund schnüffelt dem Mann am Po rum« (der betroffene Herr möge es verzeihen). Albernheit kennt hier wirklich keine Grenzen. Ihre Kinder werden Sie dafür lieben, und es ist so befreiend und reicht oft schon aus, um den Pavian aufzuhalten und zu erreichen, dass er sich vor Lachen auf dem Boden wälzt. Das Gute ist: Er kann nicht gleichzeitig wütend sein und lachen! Vieles davon muss man einfach ausprobieren, aber ich garantiere Ihnen, dass es sich großartig anfühlen wird, wenn Sie etwas finden, das bei Ihnen und Ihrem Kind funktioniert.

»Wenn wir das Warum verstehen, können wir mit dem Was umgehen.«

Das alles wird im Lauf der Zeit so viel einfacher. Je öfter Sie solche Gelegenheiten nutzen, um eine Bindung zu Ihrem Kind aufzubauen, desto tiefer wird das Vertrauen zwischen Ihnen. Und desto seltener werden die Ausbrüche. Das ist eine wissenschaftlich fundierte Tatsache: Im Laufe der Zeit und bei ausreichender Wiederholung entstehen neuronale Verbindungen im sich entwickelnden Gehirn des Kindes, sodass weniger Ausbrüche in immer größeren Abständen stattfinden. Alle Erinnerungen an Situationen, in denen »Mama/Papa mir geholfen hat, mit meinen großen Gefühlen umzugehen«, werden im Gedächtnissack des Pavians aufbewahrt.

Wenn wir unsere Kinder zum Gehorsam zwingen, besteht die Gefahr, dass wir ihr Vertrauen verlieren. Dann werden sie als Heranwachsende heftigen Widerstand leisten, gegen uns rebellieren und genau das tun, was wir nicht wollen. Sie tun es einfach hinter unserem Rücken, wenn wir nicht hinschauen. Wenn wir aber mit dem kleinen Pavian zusammenarbeiten, schaffen wir nicht nur die Grundlage dafür, dass unser Kind eine kluge Eule entwickelt, die zu rationalem Denken, Impulskontrolle, Empathie und Resilienz fähig ist, sondern wir stärken auch das Fundament zwischen uns und schaffen eine unzerstörbare Bindung.

Diese Erfahrungen bilden die Bausteine der zukünftigen geistigen Gesundheit, des emotionalen Wohlbefindens und der Resilienz unseres Kindes sowie der Verbindung, die es immer zu uns haben wird. Wir können ständig mit unserem Kind kämpfen und eine Mauer des Widerstands zwischen uns aufbauen – oder mit diesem sich entwickelnden Gehirn arbeiten und ihm dabei helfen, optimal zu wachsen. Unsere Reaktion als Eltern ist ausschlaggebend dafür, dass unsere Kinder in Zukunft ihre Gefühle kommunizieren können, ohne von ihnen mitgerissen zu werden.

Eulenweisheiten

- Gefühlsausbrüche sind ein sicheres Zeichen dafür, dass der Körper und das Gehirn unserer Kinder von ihren starken Emotionen überwältigt wurden.
- Sie sind meistens ein Zeichen dafür, dass unsere Kinder auf eine (empfundene oder reale) Bedrohung reagieren, und dass ihre Gefühle wirklich belastend sind.
- Wir können als Eltern in den Eulenmodus umschalten, wenn wir unsere Kinder nicht als »böse« sehen, sondern uns vorstellen, dass sie von einer Ganzkörper-Stressreaktion »gekapert« wurden.
- In diesen Situationen können wir (statt als Pavian gegen Pavian zu kämpfen) unseren Kindern helfen, ihre kluge Eule zu entwickeln. Dazu müssen wir jedoch unsere eigene kluge Eule einsetzen.
- Wenn sich eine Situation mit Ihrem Kind für Sie wie ein Notfall anfühlt, denken Sie an **STOP3N**, bevor Ihr Pavian aktiv wird und in Ihrem Gehirn den Alarm auslöst.
- **STOP3N** gibt uns die Möglichkeit, innezuhalten, uns daran zu erinnern, dass wir den Gefühlsausbruch unseres Kindes nicht persönlich nehmen sollten, und dann die Perspektive des Kindes einzunehmen.
- Erziehung im Sinne der klugen Eule bedeutet, Kindern die Chance zu geben, Empathie zu erleben, was für ihre Persönlichkeitsentwicklung und ihr Sozialverhalten äußerst wichtig ist.

Unsere Liebesfähigkeit basiert auf der Fähigkeit, uns in andere Menschen hineinzuversetzen, ihre Situation ernst zu nehmen und ihren Schmerz und ihr Leid lindern zu wollen. Ich finde es sehr wichtig, unseren Kindern zu zeigen, dass sie uns auch gerade in diesen schwierigen Momenten wirklich am Herzen liegen und wir verstehen, was in ihnen vorgeht. Denn dadurch zeigen wir unseren Kindern, wie man liebt.

KAPITEL 4

Emotionsregulation und die SAB-Erziehung

Ein Chirurg hat mir einmal erzählt, dass während seiner Ausbildung ein anderer Arzt einem Kollegen mal in einem Wutanfall ein Skalpell an die Kehle gehalten habe. Ein klassisches Beispiel für das Ausrasten eines Pavians in einem erwachsenen Körper.

Wenn bei einem Erwachsenen der Pavian die Kontrolle übernimmt, sei es bei Eltern, die ihre Kinder anbrüllen, oder bei einem Chirurgen mit einem Skalpell in der Hand, ist das ein Zeichen dafür, dass keine Emotionsregulierung stattfindet.

Wir kennen wahrscheinlich alle jemanden, der den Ruf hat, beim kleinsten Anlass aus der Haut zu fahren. Wenn wir ehrlich sind, ist uns das allen schon passiert, besonders wenn wir müde oder gestresst sind. Wir schalten in den Pavianmodus um, wenn unsere Kinder nicht auf uns hören oder wenn sie (schon wieder) streiten und es spät ist und wir nicht mehr weiterwissen.

Im Pavianmodus reagieren wir vielleicht, indem wir unsere Kinder anschreien, auch wenn es nicht fair oder angemessen ist. Wir können alle mal überreagieren, wenn wir müde oder gestresst sind und unser Pavian das Ruder übernimmt – hoffentlich nicht mit einem Skalpell. Daher sollten wir nicht überrascht sein, wenn unsere Kinder dasselbe tun.

In solchen Fällen sollten wir als Erwachsene mit unserer klugen Eule unsere heftigen Emotionen beherrschen, einen Schritt zurücktreten, tief durchatmen und uns klarmachen, dass die Kinder nach einem langen Schultag einfach müde sind und ein bisschen Dampf ablassen müssen. Wir können uns bewusst machen, dass der Stress, den wir empfinden, eher auf die berufliche E-Mail zurückzuführen ist, die wir vor fünf Minuten erhalten haben. Es liegt gar nicht an den Kindern. In solchen Augenblicken kann ich mich inzwischen selbst beruhigen und meinen Kindern anbieten, ihnen etwas vorzulesen. Die E-Mail kann warten, bis sie schlafen.

Das ist die Kunst der Emotionsregulation und eines der wertvollsten Geschenke, die wir unseren Kindern in den ersten fünf Jahren machen können. Aber was genau ist eine Emotion?

Emotionen sind auf jemanden oder etwas bezogene flüchtige, aber oft sehr intensive Gefühle als Reaktion auf etwas, das wir in uns spüren oder das wir erleben. Emotionen haben ihre Wurzeln in der Evolution (wie immer!). Sie beeinflussen unser Verhalten so, dass wir uns besser an unsere Umgebung anpassen, um zu überleben. Wieder geht es also ums Überleben.

Wenn wir mit unseren Emotionen umgehen können und unseren Kindern zeigen, wie sie mit ihren umgehen können, dann können wir starke Gefühle auf eine angemessenere und gesündere Art ausdrücken, statt sie »auszuagieren« (wie der Chirurg mit dem Skalpell).

Schauen wir uns zunächst einmal die wichtigsten Emotionen an, die unseren Alltag und den unserer Kinder beeinflussen, damit wir besser dafür gerüstet sind, angemessen zu reagieren, wenn diese Emotionen bei ihnen eine Reaktion auslösen. Die Psychologen Dr. Paul Ekman und Dr. Robert Plutchik sprechen von Basisemotionen oder primären Emotionen, die auch die Grundlage vieler sekundärer Emotionen bilden. Aus einigen Quellen geht hervor, dass wir ca. 34 000 verschiedene Emotionen erleben können. Ich glaube nicht, dass wir sie alle durchgehen müssen – Sie kennen mich ja jetzt schon: Ich halte die Dinge gern einfach. Psychologen und Experten für Kindesentwicklung sind sich darin einig, dass unter anderem folgende Gefühle zu den Basisemotionen zählen:

Freude
Traurigkeit
Angst
Wut
Überraschung
Ekel

Das sind sozusagen die Grundfarben, von denen sich all die anderen Gefühle ableiten. Wenn Sie beobachten, wie Ihr Kind sehr aufgeregt die Verpackung eines Weihnachtsgeschenks aufreißt, ist das ein perfektes Beispiel für intensive Freude. Wenn andererseits der geliebte Hamster zum himmlischen Hamsterrad aufsteigt, erlebt Ihr Kind Traurigkeit. Ein lauter Knall außerhalb seines Spielzimmers erzeugt Überraschung und Angst, während ein Kind, das im Kindergarten den besten Legoturm, den Ihr Kind je gebaut hat, umwirft, sicherlich Wut bei ihm auslöst. Ekel ist ein Gefühl, das wir im Gesicht unserer

Kinder sehen können, wenn wir ihnen einen Teller mit »Mamas neuem Abendessen-Experiment« überreichen.

Zu den sekundären Emotionen zählen unter anderem Scham, Eifersucht, Enttäuschung, Schuld, Verlust und so weiter. Wir empfinden sie als Reaktion auf unsere primären Emotionen, und gerade wir als Eltern müssen sehr bewusst mit ihnen umgehen. Zum Beispiel wird Scham oft als Strafe eingesetzt (auf der »stillen Treppe« sitzen oder im Klassenzimmer in der Ecke stehen müssen). Sie mag das unerwünschte Verhalten unterbinden, gibt dem Kind aber ein sehr negatives Ich-Gefühl – das Gefühl, nicht gut genug zu sein. Wenn ein wütendes Kind durch Beschämen bestraft wird, wird es als Erwachsener wahrscheinlich Wut mit Scham assoziieren.

Ein weiteres Beispiel für unsere Verknüpfung: Wenn wir als Kinder von unseren Eltern dafür gescholten wurden, dass wir fröhlich waren und lachend durch das Haus rannten, kann das zur Folge haben, dass wir künftig Freude (primäre Emotion) mit Angst (sekundäre Emotion) assoziieren, was unsere Reaktion auf freudige Ereignisse einschränken kann. Und unter Geschwistern kann Eifersucht eine starke Emotion sein, die aus Angst entsteht – der Angst, dass Mama/Papa meinen Bruder/meine Schwester mehr liebt als mich.

Dr. Robert Plutchik hat ein visuelles Werkzeug, das sogenannte Gefühlsrad, entwickelt, das uns hilft, diese Emotionen sowie die Beziehungen zwischen den primären und den sekundären Emotionen klarer zu visualisieren. Ich möchte Ihnen auch noch einen anderen »Experten« in Sachen Emotionen empfehlen: In *Krieg der Sterne* hat Meister Yoda die Verkettung emotionaler Ereignisse recht gut erklärt: »Furcht führt zu Wut, Wut führt zu Hass, Hass führt zu unsäglichem Leid.«

Bevor wir uns damit beschäftigen, wie Sie Ihrem Kind helfen können, mit Gefühlen umzugehen, möchte ich noch auf etwas sehr Wichtiges im Zusammenhang mit Babys und Emotionen hinweisen: Wenn wir neben unserem wunderbaren, glucksenden Wonneproppen auf unser Handy starren, denken wir vielleicht, dass Babys noch nicht dieselben Gefühle wie ältere Kinder oder Erwachsene haben. Aber auch Babys haben Emotionen, die sehr intensiv sein können, wie die Säuglingspsychologin Dr. Suzanne Zeedyk in Ihrem Buch *Sabre Tooth Tigers and Teddy Bears* am Beispiel der Scham erläutert: »Scham entsteht aus Erfahrungen, die Kinder mit anderen Menschen machen. Wenn ein Elternteil nicht auf das Weinen des Kindes reagiert oder seine Bedürfnisse nicht erfüllt, schließt das Kind daraus, dass mit ihm etwas nicht stimmt. Warum sonst hilft man ihm nicht? Das läuft nicht unbedingt bewusst ab. Aber wenn ein Baby oder Kind lernt, dass andere Menschen es nicht beachten und ihm nicht helfen, empfindet es Scham. Die Erfahrung der Scham wird in sein Gehirn und seinen Körper eingeflochten.«

Die Forschung hat gezeigt, dass es für das zentrale Nervensystem eines Babys sehr kritisch ist, wenn die Eltern seine Gefühle nicht wahrnehmen, nicht teilen oder nicht darauf reagieren. Bei dem aussagekräftigen »Still-Face-Experiment«, über das oft berichtet wurde, ist zu beobachten, dass Babys sehr darunter leiden, wenn ein Elternteil nicht mehr mit ihnen interagiert und ihnen ein ausdrucksloses Gesicht zeigt, nachdem er zuvor mit ihnen gespielt hatte. Entwicklungspsychologen gehen davon aus, dass das zentrale Nervensystem unserer Babys noch zu »verletzlich« ist, um mit der Verwirrung und dem Unbehagen umzugehen, das sie empfinden, wenn sie von den Eltern ignoriert werden. Das sagt uns etwas über die Macht unserer Beziehung zu unseren Babys! Die Babys versuchen bei den Experimenten alles Mögliche, um die Aufmerksamkeit ihrer Eltern wieder auf sich zu lenken. Sie setzen ihre Stimme ein, fuchteln mit den Armen oder trommeln mit den Fäusten und wenden sich schließlich mit hoffnungslosem Gesichtsausdruck ab, wenn es ihnen nicht gelingt. Dann beginnen sie traurig zu weinen. Unsere Babys wachsen an der Interaktion mit uns, und ich glaube, dieses Wissen kann uns helfen, bewusster zu agieren, wenn wir in Anwesenheit unserer Kinder, und insbesondere unserer Babys, Smartphone oder Tablet nutzen oder Fernsehen. Denn neuere Studien mit Eltern, die ihrem Kind kein ausdrucksloses Gesicht zeigen, sondern sich nur auf ihr Smartphone konzentrieren, haben dieselben Ergebnisse geliefert wie das frühere Experiment.

Wenn wir uns klarmachen, dass unsere Kinder sich hilflos und verlassen fühlen können, wenn wir ihre Versuche, Kontakt zu uns aufzunehmen, ignorieren, können wir hoffentlich unsere Zeit am Smartphone und Bildschirm besser einteilen, um sicherzustellen, damit sie nie das Gefühl bekommen, dass wir unsere Telefone mehr lieben als sie!

Das heißt nicht, dass wir kein Smartphone benutzen oder dabei Schuldgefühle haben sollten. Wir leben in einer modernen Welt, wo das Homeoffice oft notwendig ist und unsere eigene Verbindung zur Außenwelt (besonders als junge Eltern) davon abhängt, dass wir unser Telefon griffbereit haben. Das ist verständlich, aber wenn unsere Babys (oder Kinder jeden Alters) uns zeigen, dass sie unsere Aufmerksamkeit brauchen, sollte unser Blick ihnen gelten. Wenn wir die Signale unseres Babys wahrnehmen und wissen, dass es sich zurückgewiesen fühlt, wenn wir statt zu ihm auf einen Bildschirm schauen, werden wir schneller reagieren, wenn es weint.

Unsere Babys profitieren von der Interaktion mit uns und sie brauchen unsere Hilfe, um mit den Gefühlen in ihrem Körper fertigzuwerden. Anders als ältere Kinder und Erwachsene sind Babys noch nicht weit genug entwickelt, um ihre Gefühlszustände zu regulieren. Indem wir sie in diesen Augenblicken hochnehmen und dicht an unserem Körper halten, können wir ihnen helfen, sich wieder zu regulieren, und unsere Verbindung mit ihnen stärken. So entsteht Vertrauen zwischen uns und unseren Kindern: »Wenn ich Mama/Papa brauche, kann ich mich darauf verlassen, dass sie/er für mich da sein wird.« All das, was wir in Kapitel 1 und 2 besprochen haben und was der kleinen Eidechse und dem Pavian ein Gefühl von Sicherheit gibt, dient der Entwicklung der Emotionsregulation unserer Kinder.

Dazu sagt Dr. Zeedyk: »Wenn uns klar wird, dass Babys Gefühle haben, verstehen wir, wie wichtig Beziehungen für ihre Entwicklung sind. Dann werden wir besser darin, Kindern die Art von Fürsorge zu geben, die uns Eltern stolz auf uns selbst macht.«

Ich glaube, das gilt nicht nur für unser Verhalten gegenüber unseren Kindern, sondern auch für das, was wir in diesen ersten Jahren für sie kaufen. Zum Beispiel Kinderwagen: Wenn wir verstehen, dass die Erfahrung unserer Kinder jeden Tag und jede Minute ihr Gehirn prägt, kaufen wir eher einen Kinderwagen, in dem sie uns zugewandt sitzen, damit wir beim Gehen besser mit ihnen sprechen können. Laut faszinierenden Studien aus Neuseeland fördert das die Sprachentwicklung der Kinder. Und wenn sie unsere Mimik lesen, trägt das zum Aufbau einer gesunden Gehirnarchitektur bei. Wir können unsere

Kleinen dann auch sofort beruhigen, wenn wir eine Straße entlanggehen, auf der Lkws vorbeifahren, oder wenn neben ihnen ein Hund laut bellt.

Hier geht es vor allem darum, dass unsere Babys und Kleinkinder Emotionen sehr intensiv fühlen. Sie haben sehr hohe Gefühlsausschläge. Die moderne Wissenschaft gibt uns heute sogar die Möglichkeit, diese Gefühle zu sehen, während sie *in* unserem Gehirn erlebt werden. Zum Beispiel können wir den »Schmerz« sehen, den ein Kind erlebt, wenn es dabei zuschaut, wie Mama den Kopf des neugeborenen Geschwisterchens küsst! Wir können auch die positiven neuronalen Verbindungen sehen, die entstehen, wenn das Neugeborene den Kuss fühlt. Die Wissenschaft zeigt uns, wie diese alltäglichen Interaktionen im Gehirn unserer Kinder (und in ihrem Körper) wahrgenommen werden.

Ohne Emotionsregulation können unsere Kinder sehr schnell von Gefühlen überwältigt werden. Lassen Sie mich Ihnen ein letztes Beispiel geben, das die kumulative Wirkung mehrerer Gefühle zeigt und deutlich macht, warum wir unseren Kindern einfach bei der Regulation helfen müssen. Stellen wir uns ein kleines Mädchen vor, das zu einer Feier eingeladen wird. Ihre beste Freundin wird vier, und alle Kinder, die sie aus dem Kindergarten kennt, gehen hin. Es soll Kuchen, Musik, Spiele und jede Menge Spaß geben!

Aber am Tag vor der Feier bekommt das Mädchen Fieber und muss deshalb zu Hause bleiben. Es erlebt eine riesige Enttäuschung. Laut Dr. Zeedyk ist das auf seine enttäuschte Hoffnung zurückzuführen. »Man freut sich auf etwas, man ist aufgeregt, und BUMM! – findet es nicht statt. Mit dieser enttäuschten Hoffnung umzugehen, ist schwer. Manchmal werden Kinder davon überwältigt und haben einen Gefühlsausbruch.

Das sehen wir oft bei Kleinkindern. Sie können mit der Mischung von Gefühlen nicht umgehen – Enttäuschung, Frustration, Verrat, Verlust. Alles gleichzeitig! Ihr Körper erlebt so viele verschiedene Emotionen, dass er einfach irgendwie ›implodiert‹. Wir neigen dazu, uns auf das Verhalten anderer Menschen zu konzentrieren, weil uns das unsere Kultur lehrt. Aber hinter dem Verhalten stehen viele schwierige, zusammenprallende Gefühle.«

Wenn wir verstehen, wie schwer es für unsere Kinder ist, ohne Unterstützung einer klugen Eule mit starken Emotionen umzugehen, können wir sehr viel einfühlsamer sein. Die Gefühle unserer Kinder zu verstehen hilft uns, mit Empathie, Ruhe und Neugier zu erziehen und verstehen zu wollen, was in diesen Situationen in unseren Kindern vor sich geht. Wo wir sie früher vielleicht einfach für »böse« gehalten haben, wissen wir es jetzt besser!

Wissen Sie noch? Kinderköpfe ticken anders.

Was können wir also als Eltern tun, damit unsere Kinder die wichtige Fähigkeit der Emotionsregulation erwerben, wenn wir jetzt wissen, wie intensiv, komplex und vielfältig Gefühle sein können? Wir wollen, dass unsere Kinder »emotionale Intelligenz« oder »emotionale Kompetenz« (wie mein geschätzter Kollege, Dr. Gabor Maté, es nennt) entwickeln. Dazu müssen wir ihnen helfen zu verstehen, was ihre Gefühle sind und wie sie sich anfühlen.

WERKZEUG-TIPP

Mit unserem Kind Gefühle benennen

Als mein Sohn noch kleiner war, hatte er eine Phase, in der er keine Filme mit trauriger Musik sehen wollte. Als ich Wilbur nach dem Grund fragte, sagte er: »Weil ich dann vielleicht weine.« Anscheinend hatte er bei einer Schulaufführung bei dem Lied »Puff the Magic Dragon« geweint. Es ist auch wirklich ein ziemlich trauriges Lied ist, in dem von Verlust und Trauer die Rede ist. Bei dem Schulfest hatte jemand etwas Abfälliges zu Wilbur gesagt, als er geweint hatte. Und jetzt dachte er, dass es falsch sei zu weinen. Er war erst vier Jahre alt.

Wenn wir spüren, dass unser Kind Probleme damit hat, dass es wütend, traurig, fröhlich, aufgeregt usw. ist, können wir das Gefühl benennen, damit das Kind weiß, dass das, was es in sich fühlt, einen Namen hat. Und dass es normal ist, so etwas zu fühlen.

Darum fragte ich meinen Sohn: »Wilbur, wie fühlst du dich, wenn du die Musik hörst?«

»Traurig.«

»Es ist okay, traurig zu sein – das ist ja auch wirklich ein trauriges Lied! Wir werden alle manchmal traurig. Und es ist in Ordnung zu zeigen, dass wir traurig sind. Das ist ganz normal.«

»Was tun wir, wenn wir froh sind?«, fragte ich Wilbur dann.

»Wir lachen«, antwortete er und sah zu mir auf.

»Und wie zeigen wir, dass wir traurig sind?«

»Wir weinen.«

Unsere Kinder durch Benennen mit ihren verschiedenen Gefühlen vertraut zu machen, kann sehr hilfreich sein. Wilbur wusste nicht so genau, warum das Lied in der Schule ihn zum Weinen gebracht hatte, aber nachdem es ihm erklärt worden war, würde er nicht mehr so überrascht sein oder sich unwohl fühlen, wenn es wieder passierte. Er kann die Reaktion seines Körpers auf Gefühle jetzt verstehen: Wir lachen, wenn wir fröhlich sind. Wir weinen, wenn wir traurig sind. Und wir zittern, wenn wir Angst haben. Wir können unseren Kindern anhand des sehr einfachen Konzepts der Eidechse, des Pavians und der klugen Eule erklären, wie die Stressreaktion des Körpers funktioniert. Einem kleinen Kind dieses Wissen zu vermitteln gibt ihm das Gefühl, seine Emotionen mehr unter Kontrolle zu haben und sich nicht dafür schämen zu müssen.

Außerdem müssen Kinder wissen, dass alle Gefühle zulässig sind – auch wenn Oma etwas anderes gesagt hat. Zum Beispiel ist es völlig in Ordnung, wütend zu sein, wenn jemand eine Grenze überschreitet, wenn uns jemand Unrecht tut, unser Vertrauen missbraucht oder uns körperlich verletzt. Wut ist ein zulässiges Gefühl, das uns zeigt, dass wir schlecht behandelt wurden. Als Reaktion darauf können wir entweder auf die Menschen in unserer Umgebung losgehen und ihnen Gewalt androhen, weil wir uns nicht anders ausdrücken können, oder wir können unsere Worte nutzen. Und genau das werden wir unseren Kindern beibringen.

Wie wir in Kapitel 2 gesehen haben, weinen unsere Kinder oder schlagen um sich, weil sie ihre Gefühle nicht artikulieren können und weil sich diese Emotionen in ihrem Körper übermächtig anfühlen und sie nicht verstehen, was sie fühlen. Aber sobald sie die Namen der Gefühle kennen und uns sagen können, dass sie traurig oder froh oder wütend sind, haben wir mit ihnen einen großen Sprung in Richtung der selbstständigen klugen Eule gemacht. Sie beginnen die Hochs und Tiefs ihrer aufkommenden Gefühle zu verstehen. Wenn unsere Kinder wissen, dass ihre Gefühle einen Namen haben, verstehen sie auch, dass es nicht falsch ist, so zu fühlen. Wenn das passiert, kommen seltener und weniger Tränen.

Indem Sie Ihrem Kind helfen, »in Kontakt« mit seinen Gefühlen zu sein und sie zu erkennen, wird es später sein Team kooperativ und erfolgreich leiten, weil Sie dazu beigetragen haben, es in diesen ersten fünf Jahren mit einer starken emotionalen Grundlage und seinem eigenen, voll funktionsfähigen Eulengehirn auszustatten.

Schauen wir uns jetzt an, wie wir mit den großen Gefühlen umgehen, die eine Pavian-Stressreaktion auslösen und die häufigsten und stärksten körperlichen Reaktionen hervorrufen können – die Gefühlsausbrüche, durch die unsere Kinder den Stress loszuwerden versuchen, den sie im Innern spüren.

Dazu brauchen wir SAB!

WERKZEUG-TIPP

SAB-Erziehung

Wenn die Eidechse unseres Kindes wild herumhüpft und der Pavian wütet, wenn die Gefühle Amok laufen und Stresshormone seinen Körper durchfluten, dann müssen wir im SAB-Stil einschreiten. Nein, ich meine nicht wie RAMBO im Camouflage-Anzug, aber schnell und gezielt sollte es schon sein.

Wir können für unsere Kinder wahre Helden sein. Nicht, indem wir ihnen große Weihnachtsgeschenke kaufen, sondern indem wir mutig genug sind, bei ihnen zu sein, wenn sie von ihren starken Gefühlen überwältigt wurden.

Das ist der Schlüssel zu ihrer Emotionsregulierung. Und dazu brauchen wir die SAB-Erziehung:

- **S**agen, was wir sehen
- **A**nerkennen
- **B**eruhigen

Lassen Sie es mich erklären: Da mein Mann Mike früher bei den Royal Marines war, ist er perfekt dafür qualifiziert, Beispiele für die **SAB-Erziehung** zu geben.

Einmal kam er genervt ins Haus. Unsere damals dreijährige Tochter Clemency hatte geweint, weil er »auf der falschen Seite« aus dem Auto gestiegen war. Er hatte noch einmal (diesmal auf ihrer Seite) aussteigen müssen.

»Verdammt nochmal, das ist ja, als ob man in Geiselhaft genommen wird!«, sagte er frustriert. Ich versuchte, ein Lächeln zu unterdrücken, und fragte ihn, wie er reagiert habe.

Er antwortete lachend: »Ich hörte deine Stimme in meinem Kopf. Du hättest gesagt: ›Wie lächerlich es auch sein mag, es muss einen Grund dafür geben‹, und darum habe ich einfach getan, worum Clemency mich gebeten hat.«

Natürlich ergab es wenig Sinn für ihn (oder einen unbeteiligten Zuschauer), dass er um das geparkte Auto herumging, wieder einstieg und anschließend wieder ausstieg. Aber mein Mann wusste, dass er STOP3N anwenden konnte, und dass es nicht persönlich gemeint war, sondern dass bei Clemency irgendetwas vor sich ging.

Später vermuteten wir, dass ihr Wunsch etwas mit Geschwisterrivalität zu tun gehabt haben könnte: Ihr Bruder Wilbur hatte während der ganzen Fahrt »hinter Papa« gesessen, und sie wollte, dass Mike jetzt etwas »auf ihrer Seite« tat.

Für uns Erwachsene mit der Perspektive der klugen Eule mag es lächerlich klingen, aber für einen kleinen, dreijährigen Pavian ist das Gefühl der Eifersucht sehr real.

In solchen Situationen können wir STOP3N und anschließend die SAB-Erziehung anwenden, was im Wesentlichen bedeutet, dass wir uns auf unsere Kinder einlassen, ihnen in ihrem Erregungszustand begegnen und sie sanft wieder »herunterholen«. Eigentlich ganz ähnlich dem, was ein Unterhändler bei einer Geiselnahme tun würde.

1. Sagen, was wir sehen

Wenn wir sagen, was wir sehen, fühlt sich unser Kind gesehen und gehört, was wiederum zur Beruhigung von Pavian und Eidechse beiträgt. Wenn unser Kind ruhig ist und sich mit uns verbunden fühlt, können wir es buchstäblich und im übertragenen Sinn bei der Hand nehmen und mit ihm weitergehen.

Wir können das Gefühl unseres Kindes auch benennen, wenn wir zu wissen glauben, was es ist. Das sollten wir allerdings nicht im negativen Sinn tun – alle Gefühle sind berechtigt.

Wir sollten eine altersgerechte Sprache und so wenige Worte wie möglich verwenden, es einfach halten und ruhig bleiben. SAB-Stil, wie gesagt. Und wenn wir nur in Hörweite sind, können wir sagen, was wir hören.

Also zum Beispiel:

»Clemency, Papa kann sehen, dass du dich ärgerst!«

Oder: »Oh, Clemency, du wirkst sehr wütend!«

Das sollte mit einer Singsang-Stimme gesagt werden, deren Lautstärke der des Kindes entspricht, nicht in einem aggressiven Tonfall. Wir wollen uns auf den Pavian einstimmen, aber sein Gefühl, geärgert und bedroht zu werden, nicht noch verstärken!

Wenn wir sagen, was wir sehen, wissen unsere Kinder, dass ihre Gefühle real sind, dass wir sie verstehen und sie in diesem Augenblick nicht abtun. Wir messen ihrem großen Gefühl eine Bedeutung bei, weil es bedeutsam ist (auch wenn es uns in diesem Moment nicht so vorkommen mag).

Dann:

2. Anerkennen

Wir erkennen das an, was unser Kind unserer Einschätzung nach braucht oder will. Das zeigt dem Pavian wieder, dass er verstanden wird, und ermutigt das flauschige Eulenbaby, sich einzumischen.

»Papa soll hier bei dir sein?«

Wir fassen uns kurz und halten Blickkontakt. Unser Gesicht sollte dabei ruhig sein, und wir sagen dem Pavian mit fürsorglichem Blick, dass wir wirklich helfen wollen. Schließlich sind wir ein Teil des Sonderkommandos SAB – hier geht es um heikle Verhandlungen.

An diesem Punkt nickt Clemency wahrscheinlich unter Tränen. Mike kann um das Auto herum zu der Seite gehen, wo sie ihn haben will. In solchen Augenblicken können wir uns auch mit Humor darüber freuen, dass wir es geschafft haben, unseren kleinen Pavian wieder »herunterzuholen«.

Als Nächstes:

3. Beruhigen

Hier »befreien« wir unser Kind. Wir fühlen uns wie Rambo, aber ohne das Gemetzel. Wir haben unser Kind aus seinen zu großen und zu heftigen Gefühlen befreit – Spezialkommando Eltern!

»Okay, Schatz, Papa ist bei dir.«

Oder vielleicht: »Ach, Kleines, komm her und lass dir von Papa helfen.«

Wenn wir unser Kind befreit und in die Arme geschlossen haben, helfen wir ihm, wieder ins Gleichgewicht zu kommen, weil durch unseren Körperkontakt und die liebe- und verständnisvollen Worte unserer klugen Eule jetzt angstlösende Botenstoffe durch den Körper unseres Kindes fluten und es beruhigen. Und all die Wohlfühlhormone, wie Oxytocin, bewirken, dass unser Kind sich wieder neu in uns verliebt.

Umarmungen dürfen nie unterschätzt werden, denn Kuscheln ist Trumpf! Dabei entstehen im Gehirn unseres Kindes starke neuronale Pfade und positive Erinnerungen, die der Pavian in seinem Gedächtnissack aufbewahrt, wenn er feststellt, dass Papa echt cool ist und ihn versteht.

In dieser Situation ist Mike unserer Tochter in ihrer Not begegnet und hat auf ihren Schmerz mit Mitgefühl reagiert. Statt ein »böses« Mädchen hat er ihr Bedürfnis gesehen – das Bedürfnis, sich innerhalb der Familie nach der Geburt des Brüderchens sicher zu fühlen. Durch die SAB-Erziehung hat Mike dafür gesorgt, dass Clemency sich mit diesen schmerzhaften Gefühlen nicht alleingelassen fühlt.

Mike sagt zu dieser Episode Folgendes:

Und das sagt Mike

»Vor ein paar Jahren habe ich einen guten Cartoon über Kindererziehung gesehen. Darin sagt eine aufgelöste, frustrierte Mutter zu ihrem Kind: ›Dein Verhalten wirkt sich nachteilig darauf aus, wie ich als Mutter sein wollte!‹. Ich zeige ihn heute noch Freunden. Er erinnert sehr schön daran, dass sich unsere Kinder nicht immer so verhalten, wie wir es gerne hätten.

Ein Kleinkind, das aus dem Buggy aussteigt, um zu Fuß zu gehen, oder einen Wutanfall hat, weil man auf der falschen Seite des Autos ausgestiegen ist, kann total nerven, aber wenn wir einen Schritt zurücktreten und uns die Sache aus der Pavianperspektive anschauen, merken wir, dass das bloß unsere Projektion auf unsere Kinder ist – wir schreiben ihnen unsere Ansichten zu. Dabei können wir doch einfach mitmachen, auf der anderen Seite aussteigen oder einen langsameren, aber fröhlichen Spaziergang nach Hause genießen.

Inzwischen sehe ich Win-win-Situationen, wo ich früher gekämpft und meine Autorität bedroht gesehen hätte. Natürlich ist es eine Verallgemeinerung, aber aus persönlicher Sicht denke ich, dass Väter fürchten, später die Kontrolle über ihre Kinder zu verlieren, wenn sie deren emotionalen Forderungen als Kleinkind nachgeben. Inzwischen ist mir dank Kates Vorbild klar, dass genau das Gegenteil der Fall ist. Ich verstehe jetzt, dass es überhaupt nicht darum geht.«

Ach, ich liebe ihn! Indem Mike mitfühlend und verständnisvoll auf Clemency reagierte, hat er ihr geholfen, emotionale Sicherheit zu erlangen. In diesem frühen Alter entstand ihre Eifersucht (wie ich in Kapitel 12 über Geschwisterrivalität noch ausführen werde) aus der unbewussten Angst, dass ihr kleiner Bruder mehr als sie geliebt werde. Diese Angst ist für Eidechse und Pavian sehr real. Sie wissen aus tausendjähriger Evolution, dass es den Tod bedeuten kann, von den Eltern im Stich gelassen zu werden. Clemency »testete« Mike gewissermaßen, wenn auch unbewusst. Sie testete, ob ihr Vater sie genauso sehr liebte wie Wilbur und sie deshalb nicht im Stich lassen würde.

Schauen wir uns ein weiteres Beispiel an, das dieses Mal mit Glücksgefühlen zu tun hat. Wie sich das anfühlt, ist ziemlich offenkundig, nicht wahr? Es sind herrliche, warme Gefühle. Glück kann sich unglaublich anfühlen, wenn wir keine Angst davor haben. Aber unseren Kindern kommt es überwältigend vor, weil es auch ein sehr starker Erregungszustand ist, der sich in ihrem Körper sehr intensiv anfühlt.

Wir wollen, dass unsere Kinder große Freude empfinden, weil sie dann das Leben in all seiner Farbenpracht erleben können. Aber wir müssen uns vor Augen führen, dass unsere kleinen Kinder, denen nur ein flauschiges Eulenbaby hilft, sich zu beruhigen, nicht nur bei Traurigkeit, Wut oder Angst, sondern auch bei Freude unsere Hilfe brauchen.

Wissenswert

»Freude ist ein körperlicher Zustand. Um intensive Freude statt bloßem Vergnügen zu empfinden, müssen wir tief in unserem Inneren bewegt werden. Freude ist das Ergebnis menschlicher Verbundenheit. Menschen, die ihr Leben in vollen Zügen genießen, wurden wahrscheinlich so erzogen, dass immer wieder intensive positive Erregungszustände in ihrem Gehirn und ihrem Körper erzeugt wurden.«

Psychotherapeutin Dr. Margot Sunderland, *The Science of Parenting*

Wir wollen, dass unsere Kinder Freude erleben, aber da es sich hierbei um eine der großen Emotionen handelt, sollten wir ihnen helfen, sich zu freuen, ohne davon überwältigt zu werden.

Stellen Sie sich vor, dass Ihre beiden kleinen Kinder in einem anderen Zimmer zusammen mit magnetischen Bausteinen Türme bauen. Zuerst hören Sie, dass sie viel Spaß miteinander haben, aber bald klingen die Geräusche aus dem Nebenraum immer aufgeregter. Das Spiel ist so toll geworden, dass die Gefahr einer »Spaßüberlastung« droht. Plötzlich hören Sie Weinen statt Gelächter. Vielleicht sind Ihre Kleinen einfach überstimuliert und brauchen jetzt Ihre beruhigende Intervention. Bei Übererregung wird alles ein bisschen zu viel, und die Begeisterung kann allzu leicht in etwas anderes umkippen.

Auch hier wenden wir wieder SAB-Erziehung an:

1. Sagen, was wir sehen

In einer ähnlichen Lautstärke und mit einem Lächeln oder vielleicht einem Freudenschrei stimmen wir uns darauf ein, was sich für unsere Kinder gut anfühlt – und sich auch für uns gut anfühlen sollte!

»Wow! Das ist unglaublich! Was für einen tollen Turm ihr zwei gebaut habt! Ich sehe, wie aufgeregt (das Gefühl) ihr deswegen seid!«

Wir wollen nicht, dass unsere Kinder keine Freude mehr empfinden, sondern wollen ihnen in ihrer Freude begegnen und sie dazu ermutigen, damit sie lernen, dass auch das ein starkes Gefühl ist, das man haben darf. Es ist ein sicheres Gefühl, auch wenn sie so aufgeregt sind, dass sie buchstäblich nicht mehr wissen, was sie mit sich anfangen sollen. Wir helfen unseren Kindern, die Freude voll auszuleben, damit sie diesen wunderbaren Erregungszustand später im Leben nicht unterdrücken.

Sobald wir ihnen in ihrem Erregungszustand begegnet sind, können wir unsere Kinder sanft wieder herunterholen, bevor sie von ihren Gefühlen überwältigt werden. Das hilft ihnen, ihre eigene Emotionsregulation zu entwickeln. Darum folgt als Nächstes:

2. Anerkennen

»Es muss sich wirklich **toll** anfühlen, so hoch gebaut zu haben! Ich sehe, dass alle so viel Spaß gehabt haben! Aber jetzt hört es sich an, als ob jemand ein bisschen aufgeregt/traurig wird. Soll ich kommen und helfen?«

Dann …

3. Beruhigen

»Soll Mama zu euch kommen, damit wir alle zusammen spielen können?«

Auch hier bedeutet Beruhigen wieder, sich in die Kinder einzufühlen, sich mit ihnen zu freuen, wenn es angebracht ist, und ihre Körpersprache und ihren Tonfall zu spiegeln, um ihnen dabei zu helfen, wieder herunterzukommen.

Hier noch ein paar Beispiele für Fragen und Formulierungen, mit denen wir unseren Kindern eine Brücke bauen können, wenn wir den Eindruck haben, dass sie gerade von ihren Gefühlen überwältigt sind, oder wenn sie schon etwas größer sind und etwas ansprechen, das sie beunruhigt:

- »Ich sehe, wie aufgeregt du bist.«
- »Kannst du mir sagen, wie es sich in dir drinnen anfühlt?«
- »Du wirkst ein bisschen traurig.«
- »Ich sehe, wie sehr du dich ärgerst.«
- »Du wirkst ziemlich wütend. Kannst du mir sagen, was vor sich geht?«
- »Das klingt schwierig.«
- »Es scheint für dich gerade ziemlich schwer zu sein.«
- »Fällt es dir vielleicht gerade schwer zu entscheiden, was zu tun ist?«

Es ist oft hilfreich, danach eine Pause zu machen, die die Kinder mit ihren Antworten füllen können. Oft genügt es schon, dass wir für unser Kind präsent sind und es das Gefühl hat, dass wir an dem, was es zu sagen hat, wirklich interessiert sind.

Und wenn Sie auf Widerstand stoßen, ist das in Ordnung – es ist nicht persönlich gemeint. Wir können dann sagen:

»Mama/Papa will dir helfen.«

Als SAB-Eltern können wir auf unsere Kinder zugehen, und wir wissen, dass wir ihnen helfen können, mit ihren großen Gefühlen umzugehen, statt uns abzuwenden und sie mit ihren Emotionen alleinzulassen. Durch SAB-Erziehung zeigen wir unserem Kind, dass wir es in seiner Aufregung sehen und dass wir es nicht nur verstehen, sondern keine Angst vor seinen Gefühlen haben. Und das wiederum hilft dem Kind, vor seinen eigenen zu großen Gefühlen keine Angst zu haben.

Als SAB-Eltern können Sie auch Leuten, die sagen, Kinder sollten sich zusammenreißen (»Hör auf, dich so aufzuspielen«), oder sich über sie lustig machen (»Oh, jetzt geht wieder das Geheule los«), entschlossen entgegentreten.

Denn Sie wissen, dass die Unterdrückung von Gefühlen bei Kindern nur eine Konsequenz haben kann: eine massive Gefühlsexplosion. Das jedoch bringt niemandem etwas, sondern ist für alle von Nachteil. Dadurch können aus unseren Kindern Erwachsene werden, die ein Leben lang emotionalen Ballast mit sich herumtragen, einen schweren Rucksack, den sie mit Gefühlssteinen vollstopfen.

Aber wir wollen unsere Kinder zu Menschen heranwachsen sehen, die zu einer gesunden Emotionsregulation fähig und somit für alles gerüstet sind, was das Leben für sie bereithält.

Und falls es noch weiterer Überzeugungsarbeit bedarf: Von wem möchten Sie lieber operiert werden – von einem Chirurgen mit einem ruhigen, ausgeglichenen Eulengehirn oder dem wütenden Pavian mit dem Skalpell in der Hand?!

Eulenweisheiten

- Gefühle haben ihre Wurzeln in der Evolution und sind Teil eines Überlebensmechanismus. Sie sind berechtigt und können beherrscht werden, wenn wir verstehen, wie und warum sie unser Verhalten steuern.
- Wir müssen unseren Kindern helfen zu verstehen, was Gefühle sind und wie sie sich im Körper anfühlen können. Das erreichen wir, indem wir mit ihnen über ihre Gefühle sprechen und sie benennen.
- Unsere Kinder wissen selbst nicht immer, warum sie gerade ein bestimmtes Verhalten zeigen. Deshalb reicht es oft schon aus, sie zu beruhigen und ihnen zu sagen, dass wir sie verstehen.

- **Mit der SAB-Erziehung** können wir unseren Kindern beibringen, ihre Gefühle zu regulieren. Wenn wir sagen, was wir sehen, ihre Aufregung anerkennen und dann ihre Not lindern, begegnen wir unseren Kindern in ihren Gefühlen und helfen ihnen sanft, wieder herunterzukommen.

Wer wollen Sie lieber sein, wenn Ihre Kinder emotional gestresst sind: der Held, der sich in den Kampf stürzt, um sie bei der Bewältigung ihrer übermächtigen Gefühle zu unterstützen, oder der Elternteil, der wegläuft und seine Kinder mit ihren Gefühlen alleinlässt?

KAPITEL 5

Weinen als Kommunikation

Unsere Kinder weinen aus einem bestimmten Grund – besonders Babys, da es ja quasi ihre einzige Möglichkeit ist, uns mitzuteilen, was sie brauchen. Da Babys nicht fliehen oder kämpfen können, müssen sie stattdessen ihre Stimme einsetzen. Mutter Natur hat die Schreie eines Babys so laut und dringlich wie die Alarmanlage eines Autos gemacht, um sicherzustellen, dass wir darauf reagieren. In einigen Studien wurde die Lautstärke von Babygeschrei mit 100 bis 120 Dezibel (dB) gemessen. Eine normale Unterhaltung liegt bei 50 dB, ein Rockkonzert bei 120 dB und ein in der Nähe vorbeifliegender Düsenjet bei 150 dB. Babys können also ziemlich laut schreien!

Wenn ein Baby schreit, sagt es uns auf seine Weise »Mama/Papa, ich brauche dich!«. Kein Säugetier wird die Rufe seines Jungtiers ignorieren, denn sie sind – ebenso wie die Schreie eines menschlichen Babys – ein Hilferuf: ein Ruf nach Nahrung, Wasser, Trost, Schutz und so weiter – alles Dinge, die es zum Überleben braucht.

Unsere Babys weinen, wenn sie uns brauchen, unsere Kleinkinder ebenfalls. Wenn wir verstehen, dass unsere Kinder ihre

Erregung im Körper spüren, wie wir in Kapitel 2 gesehen haben, können wir ihnen helfen, sich zu beruhigen, indem wir ihre Bedürfnisse befriedigen. Sei es, indem wir eine Windel wechseln oder indem wir ein aufgeschürftes Knie küssen. MRI-Scans haben gezeigt, wie durch diese Erfahrungen die wichtigen Verbindungen im Gehirn unserer Kinder entstehen.

Darum sage ich, Kuscheln ist Trumpf. Wenn wir mit unseren weinenden Kindern kuscheln, werden im Gehirn Wohlfühlhormone (Opioide und Oxytocin) freigesetzt. Davon sollten sie in den ersten Lebensjahren so viel wie möglich bekommen!

Wissenswert

»Wenn wir im Lauf der Jahre unsere aufgeregten Kinder immer beruhigen und jedes ängstliche Weinen ernst nehmen, können in ihrem Gehirn wirksame Reaktionssysteme entstehen. Das hilft ihnen später im Leben, gut mit Stress umzugehen.«

Psychotherapeutin Dr. Margot Sunderland, *The Science of Parenting*

Manchmal wird behauptet, dass Babys sich nicht an ihre frühesten Erfahrungen erinnern können, aber die Arbeit des angesehenen Psychiaters Dr. Bruce Perry und seiner Kollegen an der Child Trauma Academy in den USA sowie die Arbeit des renommierten Psychologen und führenden Gedächtnisexperten Professor Daniel Schacter hat gezeigt, dass wir uns vielleicht nicht bewusst an das in unseren ersten Lebensjahren Gelernte erinnern, aber »emotionale« Erinnerungen haben, die ein Leben lang erhalten bleiben können. In dem Buch *Splinte-*

red Reflections erläutert Dr. Perry, dass die Tatsache, dass ein Kind eine bestimmte Erinnerung nicht artikulieren kann, nicht bedeutet, dass sie nicht gespeichert wurde. Wenn wir zum Beispiel als Baby von einem großen Hund erschreckt wurden, der den Kinderwagen angesprungen und angebellt hat, kann dies einen Einfluss darauf haben, wie wir später auf bellende Hunde reagieren. Aus meinen Recherchen ging hervor, dass unsere unbewussten Erinnerungen sehr stark beeinflussen können, wie wir später im Leben die Welt wahrnehmen und auf bestimmte Situationen reagieren.

Wissenswert

»Im ersten Lebensjahr entsteht die Grundlage für unser tiefstes Ichgefühl, für die Stärke und Festigkeit unserer Identität. Im Alter zwischen sechs Monaten und drei Jahren beeinflusst die Reaktionsbereitschaft unserer Eltern und die Kontinuität ihrer Fürsorge, wie emotional sicher wir in Beziehungen sind.«

Oliver James, klinischer Kinderpsychologe und Autor von *How to Develop Emotional Health*

Schlaf und Weinen

Wir leben heute in einer Welt mit viel mehr Zeitdruck, und ich fürchte, dass das häufig dazu führt, dass wir unsere Babys und Kinder in unseren Zeitplan einfügen und sie zwingen, sich an unsere Bedürfnisse anzupassen, statt dass wir ihre erfüllen. Und das sage ich als berufstätige Mutter, die diesen Druck selbst gespürt hat. Aber wenn wir uns traditionelle Gemeinschaften anschauen, werden wir daran erinnert, wie distanziert wir inzwischen von den natürlichen Bedürfnissen unserer Kinder sind – dem Bedürfnis, uns nahe zu sein, gehalten zu werden, gesehen und gehört zu werden. Wenn unsere Babys nachts weinen, tun sie das nicht, um »schwierig« zu sein (wenn ich auch zugebe, dass es sich so anfühlen kann, wenn wir morgens um sechs Uhr aufstehen und hundert E-Mails beantworten müssen).

Natürlich gibt es hier keine schnelle Lösung. Diese ersten Jahre können schwierig sein. Hier brauchen Eltern die meiste Unterstützung. In Stammesgemeinschaften erhielten junge Mütter früher diese Unterstützung von anderen Familien in ihrem Umfeld. Heute geschieht das leider seltener, was dazu führt, dass Babys manchmal schreien gelassen und längere Zeit nicht getröstet werden.

Ich habe Leute sagen hören: »Ach, es ist schon in Ordnung, ein Baby schreien zu lassen« oder »Das Baby wickelt dich nur um den Finger« oder sogar »Es ist in Ordnung, eine Woche ohne das Baby zu verreisen; es erinnert sich hinterher nicht mehr daran«.

Aber die Wissenschaftler, die ich interviewt habe, sagen etwas anderes. Die renommierte Psychotherapeutin Dr. Margot Sunderland hat mir gesagt, dass »die Annahme, dass das sich entwickelnde Kindergehirn eine robuste Struktur sei, die jeder Art von Stress standhalten könne, war früher eines der größten Probleme. Die neurowissenschaftliche Forschung hat gezeigt, dass diese Annahme falsch war. Kinder besitzen zwar ein gewisses Maß an Resilienz (genetisch betrachtet manche etwas mehr als andere), aber das in der Entwicklung begriffene Gehirn ist in diesen wichtigen ersten Lebensjahren auch sehr stressanfällig. Es ist so sensibel, dass der durch viele übliche Erziehungspraktiken ausgelöste Stress wichtige Gehirnchemikalien beim Kind verändern kann.«

Ich habe Dr. Bruce D. Perry, einen amerikanischen Psychiater und Senior Fellow an der Child Trauma Academy in Houston, Texas, zu diesem Thema interviewt. In Bezug auf die Wirkung des Schreienlassens hat er mir Folgendes erklärt: »Aufgrund einer verbreiteten Auffassung konnten Eltern etwas praktizieren, das zwar zu weniger nächtlichem Schreien der Kinder geführt hat. Aber man hat nicht verstanden, dass es sich hier um ein Stressaktivierungsmuster handelt, das die Kinder im Laufe der Zeit weniger resilient macht und bei manchen Kindern sogar dazu führen kann, dass sie stärker sensibilisiert und dysreguliert werden. Es hat wirklich genau die gegenteilige Wirkung von dem, was langfristig erreicht werden soll.«

Generell sind unsere Kinder ruhiger und weinen seltener, wenn sie sich sicher fühlen und ihre Bedürfnisse befriedigt werden.

Wissenswert

»Ein nicht getröstetes Kind wird irgendwann aufhören zu schreien, wenn keine Reaktion kommt. Aber das hat seinen Preis. Und wir sprechen hier nicht von einer Mutter, die schon zu ihrem Baby eilt, sobald seine Unterlippe zu zittern anfängt. Längeres Weinen ist die Art von Weinen, die jeder, der für den Schmerz anderer empfänglich ist, als einen verzweifelten Hilferuf wahrnehmen wird. Es ist die Art von Weinen, die so lange anhält, bis das Kind entweder völlig erschöpft einschläft oder in seinem hoffnungslosen Zustand erkennt, dass keine Hilfe kommen wird. Durch langes Weinen und Trennungen ausgelöster Stress kann das sich entwickelnde Gehirn eines Babys für den Rest seines Lebens beinträchtigen.«

Psychotherapeutin Dr. Margot Sunderland, *The Science of Parenting*

Mir ist klar, dass es schwer sein kann, diese Informationen zu lesen, wenn Sie schon etwas ältere Kinder haben und Sie sie früher manchmal haben schreien lassen, weil das damals oft empfohlen wurde. Aber die Wissenschaft ermöglicht uns inzwischen einen anderen Blick auf diese Dinge. Früher wussten wir es nicht besser – heute schon. Wenn wir auf unsere weinenden Babys reagieren und die Tränen unserer Kleinkinder trocknen, bauen wir diese wichtigen gesunden Verbindungen in ihrem Gehirn auf und stärken die sichere Bindung, die unsere Kinder zu uns haben sollen.

Der Suchtexperte und Arzt Dr. Gabor Maté stimmt dem zu. »Wenige Eltern wollen ihre Kinder mit ihren Tränen allein lassen, und doch wird uns in dieser gestressten Gesellschaft oft gesagt, dass unser Baby unser Leben kontrollieren würde. Was für ein Baby am besten ist, ist für die Eltern oft nicht das Bequemste. Es ist ganz natürlich, dass Babys nachts weinen, und es entspricht dem mütterlichen Instinkt, einfühlsam auf ihre Bedürfnisse einzugehen, auch wenn es viele schlaflose Nächte und ständige Übermüdung mit sich bringt. Kein fürsorglicher Elternteil würde die Gesundheit seines Kindes riskieren, indem er sich Rat bei unqualifizierten ›Therapeuten‹ holt. Darum ist es ratsam, dass Eltern nicht blind dem Rat von Schlaftrainern ohne entsprechende Ausbildung folgen, durch den die geistige Gesundheit ihrer Kinder gefährdet werden würde.«

Gabor Maté erklärt das Risiko folgendermaßen: »Wenn ein Säugling nach längerem Schreien und frustrierten Hilferufen einschläft, hat er nicht die Fähigkeit erworben, ohne fremde Hilfe einzuschlafen. Tatsächlich hat sich sein Gehirn ausgeschaltet, um dem überwältigenden Schmerz der Verlassenheit zu entgehen. Das ist ein automatischer neurologischer Mechanismus. Das Baby gibt auf. Damit wird zwar das kurzfristige Ziel der erschöpften Eltern erreicht, aber um den Preis einer langfristigen emotionalen Verletzlichkeit des Kindes. In seinen Cortex wird das implizite Gefühl einer lieblosen Welt einprogrammiert.«

In der Psychotherapie lernen wir, dass wir immer reparieren können, und wenn wir uns darauf einlassen, in den ersten Lebensjahren in die Emotionsregulation unserer Kinder zu investieren, können wir ihnen enorm helfen. Und wie wir wissen, gibt es dafür sehr viele Gelegenheiten!

Wenn wir auf unsere weinenden Babys reagieren und unsere Kleinkinder trösten oder beruhigen, versichern wir ihnen, dass sie uns vertrauen können und dass wir immer da sein werden, um ihnen Sicherheit zu geben. Dadurch werden stabile Verbindungen im Gehirn unserer Kinder aufgebaut, was ihre emotionale Gesundheit fördert.

Ich kann in diesem Buch nur an Sie weitergeben, was mein Mann und ich als Eltern praktiziert haben, nachdem ich das Thema ausführlich recherchiert hatte. Das war der Weg, den wir im Umgang mit unseren Kindern für den besten hielten. Es hat bei meiner Familie funktioniert. Was bei Ihrer Familie funktioniert, müssen Sie selbst entscheiden.

Ich weiß, dass die ersten Jahre schrecklich nervenaufreibend sein können. Ich habe die erste Zeit mit meinen eigenen Kindern noch allzu gut in Erinnerung. Ich erinnere mich an schlaflose Nächte und die absolute Verwirrung, die ein schreiendes Kind hervorrufen kann, wodurch unser eigener Pavian und unsere Eidechse vor Stress ausrasten.

Kurz nach Clemencys Geburt schlug mein stets praktisch denkender Ehemann vor, eine Liste ihrer wichtigsten Bedürfnisse zu erstellen, die man dann zurate ziehen konnte, wenn man sich während ihrer Schreiphasen völlig hilflos und überfordert fühlte:

- hungrig
- durstig
- übermüdet
- muss gewickelt werden
- friert
- schwitzt
- hat Schmerzen

Ich lernte, dass noch eine Sache blieb, nachdem alle diese Dinge abgehakt waren: meine Tochter zu trösten. Ich wusste, dass sie meine Hilfe brauchte, um sich zu beruhigen. Ich fand heraus, dass sie es liebte, wenn ich sie in einem Tragetuch an meiner Brust hielt und dabei das tat, was ich jetzt die »Nilpferd-

Umarmung« nenne. Dabei ging ich in die Knie, richtete mich dann wieder auf und machte beruhigende Nilpferd-Geräusche (das müssen Sie vielleicht googeln!). Das leise Grunzen in ihrem Ohr beruhigte sie und meine Körperbewegung tat ein Übriges.

Das zugrundliegende Prinzip findet sich wiederum im Werk von Dr. Bruce Perry. Er hat mir erklärt, dass wir uns und unseren Babys und Kleinkindern mit Rhythmus helfen können, von einem Zustand höchster Erregung in einen ruhigeren Zustand überzugehen. Er sagt, dass Stammeskulturen das schon seit Tausenden von Jahren wissen. Bei ihnen sind Singen, Tanzen und Trommeln das wichtigste Mittel, um den Stamm zusammenzubringen, insbesondere als Heilungsprozess.

Dr. Perry beschreibt es als »strukturierte, repetitive rhythmische Aktivität, die sich hirnstammbezogene somatosensorische Netzwerke zunutze macht, die das Gehirn für relationale (das limbische System betreffende) Belohnungen und kortikales Denken empfänglich machen«.

Da wir es einfach halten wollen, bringt uns diese wissenschaftliche Erklärung wieder zurück zu unserer Eidechse und unserem Pavian. Im Mutterleib waren unsere Babys reguliert, als ihr Eidechsengehirn die Kontrolle hatte. Alles, was dazu beiträgt, der Eidechse ein Gefühl von Sicherheit zu geben, lässt wieder das aus dem Mutterleib bekannte Gefühl der inneren Ausgeglichenheit und des Wohlbefindens entstehen, als für alles gesorgt war: Das Baby hatte genug Nahrung, sein Körper hatte die richtige Temperatur, es konnte den beruhigenden Herzschlag der Mutter spüren und so weiter. Darum reagieren unsere Babys oft gut darauf, wenn wir mit ihnen spazieren gehen. (Im Kinderwagen, aber besser in einem Tragetuch oder -beutel an unserem Körper. Und noch besser ist es, wenn wir dabei singen oder summen!)

Was bei Ihnen und Ihrem Baby funktioniert, können Sie durch Ausprobieren herausfinden. Zu den Elementen, die meistens funktionieren, zählen das Dimmen des Lichts, Sicherstellen, dass es dem Baby weder zu heiß noch zu kalt ist, körperliche Nähe (Haut an Haut, wenn sie noch sehr klein sind), sanfte Bewegung, Wiegen – alles, was die Umgebung des Mutterleibs nachahmt und dem Baby hilft, sich sicher zu fühlen. Darauf kommt es an. Wenn sich die Eidechse sicher fühlt, ist Ihr Baby/Kleinkind ruhig. Nachts fühlen sich unsere Kinder (besonders, wenn sie in ihrem eigenen Zimmer schlafen) weniger sicher, weil ihr Reptiliengehirn nicht wahrnimmt, dass wir direkt nebenan schlafen. Sie wissen nur, dass es dunkel ist und dass sie allein sind. In manchen Nächten sagte mein Mann, dass er sich wie ein Bombenräumexperte fühle, wenn er auf Zehenspitzen aus dem Kinderzimmer schleiche und dabei fürchte, auf die eine knarrende Bodendiele zu treten, durch die Clemency wieder aufgeschreckt werden könne. Deswegen schliefen wir am Ende mit unseren Kindern im selben Bett. Auch Sie müssen das anhand der medizinischen und professionellen Empfehlungen, die Sie bekommen, selbst entscheiden.

Ich weiß, dass manche Eltern befürchten, ihr Bett nie wieder für sich zu haben, wenn sie ihre Kinder erst einmal zu sich ins Bett lassen.

Dazu kann ich nur sagen, dass meine Kinder eine ganz natürliche Entwicklung durchliefen und irgendwann wieder in ihrem eigenen Zimmer schliefen. Clemency war etwa drei Jahre alt, als sie die ganze Nacht in ihrem eigenen Zimmer schlief, und Wilbur war vier. Vielleicht spucken Sie Ihren Tee aus, wenn Sie das lesen (VIER?!), aber im selben Bett zu schlafen war für uns einfacher, als in der Nacht immer wieder auf-

zustehen. Sie schlafen jetzt beide in ihrem eigenen Zimmer die ganze Nacht durch.

Wenn wir auf die Bedürfnisse unserer Kinder eingehen, helfen wir ihnen, sich zu regulieren und zu beruhigen. Dann schlafen sie tiefer, und wir selbst haben auch unsere Ruhe. Aber wenn unsere Kinder aufgewühlt sind – und damit meine ich ein Weinen, das uns sagt, dass sie emotional oder körperlich leiden –, sollten wir immer sofort reagieren. Denken wir wieder an die Eidechse: Wenn das Baby nachts im Dunkeln allein ist und ein lautes Geräusch hört, kann die kleine Eidechse in Panik geraten, weil sie befürchtet, dass ein Raubtier in der Nähe ist, von dem sie aufgefressen wird. Wie ich in Kapitel 2 erläutert habe, krabbelt die metaphorische Eidechse am Stamm des Baobabs hoch und bittet den Pavian um Hilfe. Der Pavian drückt den »Feueralarm« (die Amygdala), um eine Warnung auszugeben. In Wirklichkeit löst Angst die Freisetzung von Stresshormonen aus – der Körper unserer Babys wird mit Cortisol überschwemmt. Dann brauchen sie unsere Hilfe, um sich wieder beruhigen zu können.

Wenn wir bei unseren Kindern die Rolle der klugen Eule übernehmen und sie dabei unterstützen, ihre Gefühle zu regulieren, helfen wir ihnen, ihre Eidechse und ihren Pavian zu beruhigen und eine eigene kluge Eule zu entwickeln, sodass sie sich selbst beruhigen können und in Zukunft weniger weinen.

Ich muss nochmals betonen, dass Sie wirklich das tun müssen, was sich für Sie richtig anfühlt. Vielleicht lautet deshalb die wichtigste Botschaft, dass Sie immer die Ursache der Aufregung Ihres Kindes herausfinden sollten, denn wenn unsere Kinder weinen, haben sie ein Bedürfnis. Das gilt für unsere

Fünfjährigen ebenso wie für unsere fünf Monate alten Babys. Ich bin kürzlich auf ein altes Sprichwort gestoßen, das lautet: »Was die Seife für den Körper ist, sind Tränen für die Seele.« Und aus meiner Perspektive sollten Tränen bei Kindern in den ersten fünf Lebensjahren einfach als eine Form der Kommunikation gesehen werden. Tränen sagen uns, dass unsere Kinder gestresst und unter Druck sind, und ich sehe in Tränen Stress, der den Körper verlässt. Und nachdem Sie Kapitel 2 gelesen haben, verstehen Sie sicher, warum es eine gute Sache ist, wenn Stress den Körper verlässt! Unsere älteren Kinder können wir mit liebevollen Worten, mit ruhiger, sanfter Stimme und einer einfachen Sprache beruhigen. Aber auch bei Kleinkindern können wir Rhythmus einsetzen, indem wir sie wiegen, etwas für sie singen, mit ihnen spazieren gehen – alles Dinge, die die kleine Eidechse und den Pavian beruhigen können.

Wenn Ihre Kinder sehr aufgeregt sind, wissen Sie, dass Sie die SAB-Erziehung anwenden können:

Sie sagen, was Sie sehen, erkennen die Aufregung an und beruhigen das Kind.

- **Sagen**: »Oh, Schatz, ich sehe, dass du sehr aufgeregt bist.«
- **Anerkennen**: »Du musst wirklich starke Gefühle haben.«
- **Beruhigen**: »Komm, kann Mama/Papa dir helfen?«

Sie müssen nicht viel mehr sagen oder sich genauer ausdrücken, wenn Ihre Kinder gestresst sind, weil sie Sie vielleicht ohnehin nicht sehr gut hören können, wenn ihr Eidechsengehirn sie emotional »erstarren« lässt (das ist oft die einzige Reaktion, die ihnen bleibt, wenn Kampf oder Flucht nicht möglich ist). In diesen Situationen genügt Ihre Empathie, was manchmal dazu führt, dass Ihr Kind zunächst sogar noch heftiger weint. Aber das ist ein gutes Zeichen, weil es bedeutet, dass es viel Stress zu lösen gibt und Sie ihm einen sicheren Ort dafür anbieten.

Wie wir schon im Zusammenhang mit STOP3N erwähnt haben, sollten Sie auf Ihre eigene Körpersprache achten, sich herunterbeugen, Ihre Arme ausbreiten und wirklich mitfühlend aussehen (auch wenn die Tränen manchmal durch etwas Komisches – zum Beispiel durch Brot, das die »falsche Farbe« hat – ausgelöst worden zu sein scheinen). Vielleicht geht es gar nicht um das Brot, da kann man nicht immer sicher sein. Wovon Sie aber mit Sicherheit ausgehen können, ist, dass Sie in diesen Situationen für Ihre Kinder die Rolle der klugen Eule übernehmen können; und wenn Sie sie mit Ihren »Flügeln« umfangen, lindern Sie nicht nur ihren Schmerz, sondern bauen auch eine Bindung fürs Leben auf.

Besonders für Alleinerziehende sind diese ersten Jahre hart. Zu Mike hat einmal jemand gesagt, dass das Alleinerziehen so stressig wie der Kriegseinsatz eines Kampfpiloten sei. (Es ist deshalb so wichtig, dass Sie sich nicht allein fühlen, und das werden wir uns in Kapitel 14 genauer anschauen.)

Und das sagt Mike

»Wenn die Kinder noch klein sind und man will, dass sie einschlafen, singt man vielleicht Schlaflieder und kriecht dann wie ein Mitglied des Sondereinsatzkommandos 6 aus dem Schlafzimmer. Jetzt, wo sie etwas älter sind, lässt sich mein Erziehungsstil mit dem Motto der Marines SBS (Special Boat Service) zusammenfassen: ›Mit Stärke und List‹. Denn wohlüberlegte Überzeugungsarbeit ist normalerweise das wirksamere Werkzeug, auch wenn man dazu manchmal ein Gehirn wie die Schachlegende Garry Kasparov braucht.‹

Es fühlt sich vielleicht wie eine undankbare Aufgabe an, aber ich gebe Ihnen mein Ehrenwort, dass es die beste Investition sein wird, die Sie je tätigen werden.

Eulenweisheiten

- Weinen ist Kommunikation.
- Wie wir jetzt auf das Weinen unserer Kinder reagieren, hat einen Einfluss darauf, wie sie später die Welt sehen.
- Ein Kind zu beruhigen, macht es nicht zum Schreibaby. Ganz im Gegenteil.

KAPITEL 6

Sternsprünge, Stress und »Salsa Shimmy«

Wie wir in Kapitel 2 gesehen haben, erleben wir alle in unterschiedlichem Maß Stress. Aber stellen Sie sich für einen Augenblick den Stress vor, den eine Impala-Antilope in der riesigen, trockenen Savanne – einer weiten Landschaft mit wenigen Verstecken und allzu vielen Raubtieren – spürt. Der amerikanische Kinderpsychologe Peter Levine hat beobachtet, dass die Stressreaktion einer von einem Löwen gejagten Impala (dieser Bedrohung ist sie fast ständig ausgesetzt) natürlich auf Hochtouren läuft. Wie bei Menschen werden dabei bei ihr massive Cortisol-Dosen freigesetzt, um dem Körper der Impala zu helfen, den Stress zu bewältigen und den Blutzuckerspiegel zu erhöhen, um bei der Flucht die Muskeln mit Kraftstoff zu versorgen.

Manchmal läuft die Impala dem Löwen davon. Bei anderen Gelegenheiten tut sie dasselbe wie die Eidechse im ersten Teil dieses Buchs: Sie lässt sich einfach zu Boden fallen in einer Erstarrungs- oder Ohnmachtsreaktion, die ihr Leben retten kann, da wenige Raubtiere etwas fressen wollen, das sie schon für tot halten.

Unabhängig von der Art der Reaktion beobachtete Levine, dass die Impala, wenn die Gefahr vorüber war, erst einmal aufstand und einige Minuten lang unkontrolliert zitterte, als ob sie den Stress der letzten Minuten buchstäblich »abschütteln« wolle. Anschließend ging sie dann einfach wieder zum Grasen über. Auch andere Beutetiere wie Rehe oder Gazellen durchlaufen nach der erfolgreichen Flucht diesen Prozess des Zitterns. Daraus schloss Levine, dass das Zittern die Methode des Tieres ist, Stress oder körperliche Energie abzubauen und die Stressreaktion zu beenden. Er ging davon aus, dass diese Tiere instinktiv das Trauma des gejagt Werdens aus ihrem Körper freisetzen. Außerdem beobachtete Levine, dass Tiere in der Natur keinen posttraumatischen Stress erleben.

Levines multidisziplinäres Lebenswerk führte zur Entwicklung eines Therapieverfahrens namens »Somatic Experiencing« (Somatisches Erleben), was dem »Freisetzen dieser gespeicherten Energie und dem Ausschalten des Alarms, der schwere Dysregulation und Dissoziation verursacht« entspricht. Das ist im Wesentlichen das, was die Impala nach dem Ende der Bedrohung tut: Sie löst den Stress, der in ihrem Körper erzeugt worden war, auf kontrollierte und sichere Art.

Einigen ähnlichen Studien zufolge sind Menschen (bis auf einige traditionelle Kulturen) und Zootiere die einzigen Säugetierarten, die das nicht tun. Anscheinend haben wir irgendwann dieses heilende Verhalten verlernt.

Was gut funktioniert hat, als wir noch in Höhlen lebten, auf der Jagd nach Nahrung waren oder vor Säbelzahntigern flohen, ist jedoch für unsere Kinder heute nicht besonders gut. Ihnen wird oft gesagt, dass sie sich »zusammenreißen« oder »mit dem Heulen aufhören« sollen. Das ist ein ernstes Problem. Denn wenn sie die unwillkürliche evolutionsbedingte Reaktion unterdrücken, bleiben im Körper unserer Kinder unter fünf Jahre (und aller anderen Kinder) große Mengen an Stresshormonen zurück, die mit dem Blutkreislauf zirkulieren und nirgends hinkönnen. Anhaltender oder häufiger Stress ist bei unseren Kindern sicher nicht wünschenswert und kann ihre verletzlichen, noch in der Entwicklung begriffenen körperlichen und geistigen Systeme schädigen. Lassen wir die wissenschaftlichen Studien einmal beiseite und denken wir darüber nach, wie unsere Kinder Stress auf natürliche Weise auflösen können.

Unsere Kinder können den Stress wie die Impala loswerden, auch wenn es auf den ersten Blick nicht naheliegend erscheint:

Jamilia ist drei Jahre alt und will auf dem Weg zum Kindergarten auf einer niedrigen Mauer entlangbalancieren. Mama muss rechtzeitig wieder zurück sein, um einen Anruf ihres Chefs entgegenzunehmen. Jamilia zerrt an der Hand ihrer Mutter und sträubt sich weiterzugehen.

Spannung baut sich auf, und irgendwann entfährt es der Mutter: »Nein! Komm jetzt, Jamilia, wir sind spät dran! Wir müssen zum Kindergarten.«

Jamilia bricht in Tränen aus.

Die Mutter ist hin- und hergerissen. Sie fühlt mit ihrer Tochter, will aber vielleicht nicht schwach wirken, indem sie nachgibt.

»Du willst auf der Mauer entlanggehen?«

Jamilia weint immer noch, nickt aber dabei.

»Okay, du kannst auf der Mauer laufen, aber erst musst du aufhören zu weinen.«

Vielleicht meinen wir, mit unseren Kindern verhandeln zu müssen, damit wir sie nicht verwöhnen; dass sie erst aufhören müssen zu weinen, damit sie nicht denken, dass sie so immer ihren Willen bekommen.

Das verstehe ich. Mike würde diese Sorge nach seinen »Geiselnahme-Verhandlungen« mit Clemency im Auto sicher auch verstehen. Aber unsere sehr kleinen Kinder sind dafür einfach noch nicht weit genug entwickelt. Ihre Aufregung kommt von einem sehr viel primitiveren Ort und tritt auf, wenn sich Stresshormone aufgestaut haben und dann auf die für sie einzig mögliche Art freigesetzt werden.

Tränen auf dem Weg zum Kindergarten können ein Zeichen von Stress sein. In der oben beschriebenen Situation fühlte sich Jamilia vielleicht schon vorher überwältigt (es war erst ihr zweiter Tag), und ihr aktiver Pavian hat eine Möglichkeit gesehen, den in ihrem Körper angestauten Stress durch das Entlanglaufen auf einer Mauer natürlich abzubauen. Denn auch durch physische Bewegung und eine leicht beängstigende Aktivität lässt sich die Anspannung bekämpfen.

Hier haben wir also ein Kind, das auf etwas Primitives, nämlich Angst, instinktiv reagiert. Aber ihre Mutter will verhandeln. Mama will, dass ihre Tochter erst einmal aufhört zu weinen, wenn ihr Wunsch erfüllt werden soll. Mama will, das Jamilia versteht, dass sie nicht immer weinen kann, um ihren Willen durchzusetzen. Wir sollten uns nicht auf einen Kampf einlassen.

Setzen Sie Ihren Sherlock-Holmes-Hut auf und überlegen Sie: Die Mauer scheint Jamilia gerade wirklich wichtig zu sein. Ich verstehe vielleicht nicht, weshalb, aber warum sollte sie nicht darauf gehen dürfen, wenn es ihr so wichtig ist? Lassen Sie sich auf Jamilias Reaktion ein: Erkennen Sie, dass ihre Tränen eine Art von Kommunikation sind und dass hier und jetzt diese Mauer dem kleinen Mädchen, das sie vielleicht für eine Art von Stressabbau braucht, wichtig ist. Und wenn es ihr ein wenig Freude macht, wer würde ihr das verweigern wollen?

»Aha«, höre ich Sie sagen, »aber ihre Mutter wird dadurch ihren Anruf aus dem Büro verpassen!«

Ja, das sogenannte moderne Leben greift mal wieder in die Beziehungen zu unseren Kindern ein. Aber das hier ist zu wichtig, um es zu versäumen.

Wissen Sie was? Lassen Sie sie auf der Mauer laufen – Ihre Tochter wird bald zu weinen aufhören, vor allem, wenn Sie beide fröhlich darüber lachen können, wie toll sie es macht! Könnte es besser laufen, als wenn Sie sie mit einem breiten Lächeln auf die Mauer stellen und sagen: »Ah, du willst also auf der Mauer laufen! Okay, Mama versteht das.«

Das war's.

Dann genießen Sie die warme Bindung zu Ihrer Tochter, während sie auf der Mauer entlangläuft und mit dem Gefühl, verstanden und geliebt zu werden, in den Kindergarten geht.

Keine Kämpfe, keine Sorge.

Okay, jetzt höre ich manche Leute sagen: »Ist ja alles schön und gut, aber was ist, wenn mein Chef mich feuert, weil ich zu spät komme?« Das ist nicht von der Hand zu weisen. In diesem Fall (wenn wir öfter zu spät kommen, weil unsere Kinder aufgeregt sind) sollten wir vielleicht unsere Morgenroutine überprüfen und mehr zeitlichen Puffer einplanen, um es auch dann noch pünktlich zur Arbeit zu schaffen. Wenn die Arbeit jeden Tag zur selben Zeit beginnt, ist es ja ziemlich einfach, etwas mehr Zeit für den Weg zum Kindergarten vorzusehen. Und fairerweise muss man sagen, dass die Episode mit der Mauer wahrscheinlich nicht länger als ein paar Minuten gedauert hat.

Wenn Ihr Kind erlebt, dass Sie seinen Stress verstehen und ihm helfen können, ihn abzubauen, lernt es im Lauf der Zeit auch, die Anlässe zu erkennen, bei denen die Dinge wirklich nach Ihrem Willen laufen müssen. Ihr Kind willigt dann viel schneller ein zu kooperieren, weil es viele Erinnerungen an Situationen gespeichert hat, in denen Sie seine Wünsche und Bedürfnisse erfüllt haben, statt ihm etwas vorzuschreiben oder aufzuzwingen.

Es kooperiert mit Ihnen, weil es Sie als Elternteil sieht, der normalerweise Ja sagt. Das heißt, wenn Sie wirklich einmal Nein sagen, spürt Ihr Kind bereitwilliger, dass zusammengearbeitet werden muss. Das prägt und verfeinert sein Eulengehirn.

Meine Kinder haben mir letzte Woche das größte Kompliment gemacht, als ich sie sagen hörte: »Unsere Mama ist die Beste, sie sagt immer Ja!« (Das tue ich sicher nicht! Aber ich finde es toll, dass sie es so wahrnehmen und dass es sich für sie so anfühlt.)

Körperlicher Stress sitzt im Körper unserer Kinder, wenn sie einen Wutanfall hatten, wirklich Angst haben oder aus irgendeinem Grund Alarmstufe Rot erleben. Wie wir gerade gesehen haben, kann Weinen mit dem Bedürfnis einhergehen, diesen Stress körperlich aufzulösen. Dann sehen wir die Ganzkörperreaktion. Wir haben sie bei Wilbur gesehen – sein ganzer Körper reagierte, als er den Stress seines Tages im Waldkindergarten löste, indem er sich auf dem Boden wälzte. Und wir haben sie auch bei uns beiden gesehen, als er und ich den natürlichen Drang verspürten, im Laub herumzutoben. Womit ich zu meinem nächsten Werkzeug komme, das bei der Stresskontrolle helfen wird. Und um das zu erklären, muss ich von der am Anfang dieses Kapitels erwähnten Impala lernen.

WERKZEUG-TIPP

Sternsprünge und der »Salsa Shimmy«

Einmal beschlossen wir, im Urlaub Skifahren zu gehen – zum ersten Mal mit unseren Kindern. Die Kinder fanden einen natürlichen Zugang dazu. Am Anfang sah es vielleicht ein bisschen giraffenartig aus, aber dann machten sie wirklich schnell Fortschritte. Ich blieb an den ersten beiden Vormittagen beim Skikurs dabei, um sicherzugehen, dass für sie alles in Ordnung war. Ich beobachtete, dass viele der kleinen Kinder weinten, nicht während des Skiunterrichts, sondern als sie von ihren Eltern abgeholt wurden. Durch das Weinen lösten sie wahrscheinlich den Stress, der sich den Vormittag über – während sie etwas Neues lernten – aufgestaut hatte. Wie Wilbur im Waldkindergarten hatten sie ihre Gefühle unterdrückt, um sie dann herauszulassen, als ihr Sicherheitsnetz in Gestalt ihrer Eltern auftauchte. Es fiel mir schwer mitanzusehen, dass manche Eltern sich dabei unwohl fühlten, dass ihr Kind weinte.

Das soll kein Vorwurf sein, denn warum sollten wir es anders empfinden, wenn wir selbst so erzogen wurden? Aber wenn wir jetzt verstehen, dass das Weinen eine natürliche Art des Stressabbaus ist, können wir unsere Kinder trösten und sicher sein, dass das Weinen dadurch seltener, nicht häufiger, vorkommen wird.

Einige Tage später hatten unsere Kinder so gute Fortschritte gemacht, dass Clemency schon auf einer anderen Piste fahren durfte. Ich hatte sie ganz stolz den Hang hinunterflitzen sehen. Dann hatte sie den Skilift genommen und war aus meinem Blickfeld verschwunden. Aber einige Stunden später zog ein Schneesturm auf, und dann brach die Hölle los. Wir konnten kaum über unsere eigenen Hände hinaus etwas sehen. Ich fuhr hinunter zu der Stelle, wo Wilbur von meinem Mann abgeholt worden war, und dann war ich wieder auf den Pisten unterwegs, um nach meinem kleinen Mädchen zu suchen.

Ich fand sie bei der Gruppe. Sie stand unter Schock und weinte. Ich legte meine Arme um sie und führte sie durchs Schneegestöber, die Hänge hinunter zurück in die Sicherheit. Aber jetzt ging es nicht mehr nur um Tränen – sie stand offensichtlich unter Schock.

»Clemency!«, sagte ich und versuchte, dabei so fröhlich zu klingen, wie es mir unter diesen Umständen möglich war. »Ich sehe, wie viel Angst dir das gemacht haben muss.«

SAB anwenden: Sagen, was man sieht, die Aufregung anerkennen, die großen Gefühle lindern, beruhigende Präsenz zeigen.

Aber in dieser Situation sah ich, dass ich mehr tun musste, als sie nur beruhigen. Clemency stand unter Schock; ihr System war mit Cortisol und Adrenalin vollkommen überflutet.

Ich hatte kurz davor an *Strictly Come Dancing* teilgenommen, und als ich an meine dortigen Erfahrungen, an meine Lektüre der Texte von Experten wie Peter Levine und an die Impala-Geschichte dachte, kam mir eine Idee: Bei meiner Berater-Ausbildung hatte meine Lehrerin Georgia immer gesagt, dass wir es »ausschütteln« sollten, wenn wir eine besonders schwierige Sitzung beendet hatten. Und das tue ich manchmal zwischen zwei Nachrichtensendungen: Ich stehe einfach auf und schüttle Arme und Beine und meinen ganzen Körper. Inzwischen nenne ich es den »**Salsa Shimmy**«. Oder, wenn mir danach ist, mache ich einfach ein paar Sternsprünge oder nutze nach einem besonders langen Tag mein kleines Trampolin.

Ich versuchte es nun auch mit Clemency: »Sollen wir versuchen, alles auszuschütteln, Schatz? Wir probieren es einfach. Wir tanzen einen ›Salsa Shimmy‹!« Während der nächsten 30 Sekunden standen meine Tochter und ich in unseren Skianzügen da, wackelten mit dem Hintern und wedelten mit den Armen wie zwei rote Bären (stellen Sie sich Balu in Das *Dschungelbuch* vor, wenn er seinen Rücken an einem Baumstamm reibt).

Wir lachten innerhalb von Sekunden – Clemency über mich und ich aus Erleichterung darüber, dass ich meine Tochter gefunden und wieder vom Berg heruntergebracht hatte.

Seither haben wir diese Idee schon viele Male umgesetzt. Manchmal sprechen wir davon, »Wackelpudding auf einem Teller« zu sein. Manchmal nennen wir es auch den Pfefferstreuertanz. Und manchmal machen wir einfach Sternsprünge. Bei alldem bringe ich immer möglichst viel Spaß und Humor ins Spiel.

Es muss auch kein Salsa sein! Man kann rennen, gehen, trommeln oder sogar stricken! Das führt mich wieder zu meinem Gespräch mit Dr. Bruce Perry zurück. Unser Körper weiß instinktiv, was zu tun ist. Wir müssen einfach nur eine physische Möglichkeit finden, die Stresshormone aufzulösen. Dann folgen wir den natürlichen Instinkten unserer Ahnen.

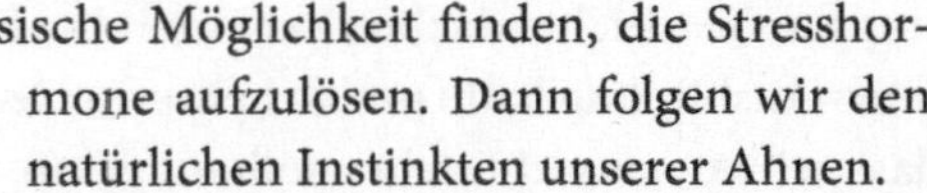

Es ist egal, wie man es nennt oder wie man es gestaltet. Man muss einfach nur wissen, dass Kinder den Stress buchstäblich aus ihrem Körper heraustanzen können. Ich muss betonen, dass diese Methode allerdings nur für Kinder geeignet ist, die schon selbstständig stehen und ohne Hilfe mit den Füßen stampfen können.

Wichtig: Wir dürfen niemals Babys oder sehr kleine Kinder schütteln! Sehr kleine Kinder können wir dicht an unserem Körper halten und dann mit ihnen den langsamen, einfachen Nilpferdtanz aufführen zum Stressabbau.

Kuscheln

Kuscheln ist eine sehr gute Möglichkeit, mit Kindern jeden Alters Stress abzubauen. Wenn unsere Kinder eine stressige Erfahrung hinter sich haben, können wir ihre Selbstregulierung unterstützen, indem wir sie unter unsere großen Eulenfittiche nehmen und noch vorhandenen Stress lindern.

Durch dieses natürliche Verhalten wird ihre Eidechse beruhigt, und es wird sichergestellt, dass die stressreiche Erfahrung nicht hängen bleibt, sondern in unseren Armen sanft herausgewiegt wird. Wenn wir zu unseren Instinkten und unserer elterlichen Intuition zurückfinden, stellen wir vielleicht fest, dass wir beim Kuscheln ganz natürlich eine rhythmische Bewegung machen, zum Beispiel wenn wir unsere Kinder nach dem Baden in ein Handtuch wickeln und sanft hin- und herwiegen. Das sind Zeiten, in denen eine echte Heilung stattfindet.

Manchmal wehren sich Ihre Kinder vielleicht dagegen, wenn sie es nicht gewohnt sind; dann sollten Sie es nicht erzwingen! Bieten Sie an, sie in Ihre Arme, diese großen Eulenflügel, zu schließen, wenn Sie das Gefühl haben, dass es sie tröstet. Wenn meine Kinder gestresst und überlastet sind, flüstere ich ihnen manchmal einfach immer wieder »Es ist okay, es ist okay, es ist okay« ins Ohr, weil es sie zu beruhigen scheint. Vielleicht passt es zu dem sicheren Gefühl von Wiederholung und Mustern, von dem Dr. Perry gesprochen hatte. Was immer sich natürlich und beruhigend anfühlt, funktioniert.

Wenn Kinder sehr verängstigt sind, sind sie manchmal so überwältigt, dass sie uns anscheinend nicht in ihrer Nähe haben wollen. Das ist völlig in Ordnung. Wir sollten dann ruhig bleiben, an **STOP3N** denken und es nicht persönlich nehmen. Es ist ihnen gerade einfach alles zu viel. Wir sollten dann bei ihnen sitzen und sie niemals in ihrer Not sich selbst überlassen. Sie schaffen das nicht allein. Wenn möglich, sitzen wir mit dem Rücken zur Wand und widerstehen unserem Bedürfnis einzugreifen. Wir lassen unsere Kinder einfach wissen, dass wir für sie da sind, und fühlen in diesem Augenblick mit ihnen. Vielleicht treten sie gegen das Bett, rufen oder schreien. Wir machen uns klar, dass sie im Eidechsen-/Pavianmodus sind, und in solchen Augenblicken ist es in Ordnung, nicht zu versuchen, den Grund dafür herauszufinden. Wir gehen in den SAB-Modus – sagen unseren Kindern, was wir sehen, erkennen an, dass sie etwas sehr schwierig finden, und beruhigen sie dann. Und dabei halten wir uns die ganze Zeit körperlich zurück, damit wir nicht hoch über ihnen aufragen. Wir sprechen mit ruhiger Stimme und lassen sie wissen, dass wir nicht weggehen und dass wir ihnen helfen.

Unsere Kinder sind in den ersten fünf Lebensjahren mit Hunderten neuer Erfahrungen konfrontiert. Wenn wir von ihnen erwarten, mit belastenden Situationen allein umzugehen, und ihnen nicht helfen, den Stress körperlich abzubauen, kann dies zur Folge haben, dass sie sich zu nervösen, ängstlichen Menschen entwickeln. Darum schicke ich meine Kinder nie in ihr Zimmer, wenn sie aufgeregt sind, worauf ich in Kapitel 8 noch näher eingehen werde.

Und das sagt Mike

»Im Zusammenhang mit diesem Kapitel und insbesondere dem Zwischenfall beim Skifahren kam mir der Gedanke, dass sich Männer (wenn ich das sagen darf) manchmal nur darauf konzentrieren, das Problem zu lösen, statt die Gefühlsreaktionen von Kindern zu berücksichtigen. Wenn etwas schiefläuft (was mit Kindern unweigerlich passieren wird), wenn wir es mit einem Notfall zu tun haben, wie damals mit den Kindern im Schneesturm, lohnt es sich, daran zu denken, dass Menschen unterschiedlich mit Gefühlsreaktionen umgehen. Ich erinnere mich, dass ich Wilbur abgeholt habe, der auch vom Schneegestöber verängstigt war, aber mir erstmal Vorwürfe gemacht habe, weil ich ihm keine besseren Handschuhe gekauft hatte, und dann wütend auf die Skischule war, die mit den Kindern rausgegangen war! Kate hingegen dachte sofort an die Gefühlsreaktion der Kinder, während ich mit den praktischen Dingen beschäftigt war. Das heißt nicht, dass mir die Gefühle der Kinder egal waren, aber ich glaube, dass wir manchmal unsere eigene Aufregung verdrängen, das eigentliche Ereignis beschönigen und vielleicht sogar die Situation herunterspielen. Wir sagen: ›Ach, jetzt ist alles wieder in Ordnung‹, weil wir so tun wollen, als ob es schon vorbei sei. Aber das ist nicht wirklich hilfreich!«

Eulenweisheiten

- Stress lebt im Körper.
- In der Natur bauen Tiere die durch ein stressauslösendes Ereignis aufgestaute Energie instinktiv ab.
- Mit Sternsprüngen und »Salsa Shimmy« können wir unseren Kindern helfen, dasselbe zu tun.

- Bei ganz kleinen Kindern können wir die Nilpferdumarmung einsetzen.

Meine letzte Eulenweisheit lautet:

- Wenn unsere Kinder (aus welchem Grund auch immer) von ihren Gefühlen überwältigt sind, ist es immer gut, einfach bei ihnen zu bleiben, während sie ihren Stress »verarbeiten«.

KAPITEL 7

Der Weihnachtsmann und Alarmstufe Rot

Es war der Abend vor Weihnachten (klingt wie der erste Satz eines Buches). Plötzlich hörte ich einen schrecklichen Aufruhr im oberen Stockwerk. Ich hörte ein Kind schreien und meinen Mann brüllen, was ungewöhnlich für Mike ist, der eigentlich selten seine Stimme erhebt. Ich rannte die Treppe hoch und stieß vor der Badezimmertür mit meinem Mann zusammen.

»Mein Gott, es ist einfach unmöglich!«, rief er.

Ich konnte ihn kaum verstehen, weil Wilbur in der Badewanne um sich schlug und brüllte: »Ich will nicht aus dem Bad raus!«

Alles war nass und Vater und Sohn total gestresst. Ich nahm meinem Mann den Bademantel aus der Hand und ging zu Wilbur.

»Schatz, was ist denn los?«

Mein Mann sagte hinter mir: »Er will nicht aus der Wanne steigen!«

Seit dem Zwischenfall beim Waldkindergarten waren 18 Monate vergangen, und seither hatte es sehr viel weniger Gefühlsausbrüche bei Wilbur gegeben. Daher wusste ich, dass etwas Gravierendes passiert sein musste, konnte aber auf den ersten Blick nicht erkennen, um was es hier eigentlich ging. Ich sah bloß die Entsprechung eines großen Steinzeitmenschen in Gestalt meines Mannes über der kalten, nassen, schaumbedeckten Entsprechung eines kleinen Affen aufragen.

Ich fragte mich als Erstes, wie ich die Situation etwas entschärfen konnte.

Ich kniete mich neben die Badewanne, schaute Wilbur in die Augen und breitete meine Arme aus.

Aber er warf sich nach hinten und heulte: »Papa ist gemein!«

Ich spürte »Papas« Ärger hinter mir.

»Okay, Wilbur! Du willst in der Badewanne bleiben?«

Mike schaute mich an, als ob ich keinen Durchblick mehr hätte. Ich hatte nicht die Absicht, Wilbur in der Badewanne zu lassen, sondern wollte einfach nur Verbindung zu ihm aufnehmen, bevor er noch hinfiel und sich wehtat. Ich versuchte, fröhlich zu klingen, aber in meinem eigenen Gehirn herrschte bei all dem Lärm und dem Chaos um mich herum Alarmstufe Rot. Nach dem Zwischenfall beim Waldkindergarten war ich jedoch zuversichtlicher, dass Wilbur sich beruhigen würde, wenn es mir gelang, eine Verbindung zu ihm herzustellen. Wir hatten in diesen 18 Monaten genug Fortschritte gemacht, um zu wissen, dass es nicht wirklich um das Baden ging. Es musste (wie immer) noch etwas anderes sein. Ich wusste einfach noch nicht, was.

»Okay, Mama versteht das.« (Das tat ich nicht wirklich.)

»Ich möchte dich herausholen, weil das Wasser inzwischen kalt ist.« (Ich konnte fast sehen, wie Wilburs flauschiges Eulenbaby darüber nachdachte: *Hmm, es ist wirklich ziemlich kalt hier drin*!)

»Lass mich dir helfen.«

Normalerweise hätte Wilbur jetzt seine Arme ausgebreitet und sie um meinen Hals gelegt, aber an diesem Abend war es anders. Er sah mich mit großen Augen an, konnte sich aber noch nicht beruhigen.

»Okay«, sagte ich mit etwas mehr Nachdruck, »Mama holt dich raus, damit du dir nicht wehtust.«

»Nein!«, rief er, »Papa ist gemein!«

Und damit stieß er mich weg.

Er fühlte sich offenbar missverstanden – oder irgendwas …

Er hielt eine Faust hoch, als ob er mich schlagen wolle, und ich zuckte zurück.

»Wilbur, das ist nicht okay.« Meine Stimme war immer noch sanft, aber auch fest. Ich setzte eine Grenze. »Wir schlagen nicht, Schatz, auch wenn wir sehr wütend sind.«

Ich schüttelte den Kopf und nahm Blickkontakt auf. Er hatte meine Worte gehört, war aber immer noch aufgeregt. Sein Körper war angespannt, seine Fäuste waren geballt. Da überall auf dem Badezimmerboden Wasser stand, war ich immer noch in Sorge, dass er ausrutschen könnte. Darum versuchte ich es schnell noch einmal.

»Wilbur, lass dir von Mama helfen. Sag mir, was nicht in Ordnung ist.«

Etwas machte klick.

Er entspannte sich, und ich nutzte meine Chance. Ich hob ihn aus der Badewanne und wickelte ihn in einen weißen Bademantel. Dann hatte ich Wilbur sicher und zum ersten Mal entspannt. Ich zog ihn an mich und setzte mich mit ihm auf den Badezimmerboden, den Rücken gegen die Tür gelehnt. Ich hielt ihn und flüsterte immer wieder: »Es ist okay, es ist okay.« Dabei wiegte ich ihn.

Dann kam das Schluchzen. Sein ganzer Körper wurde davon geschüttelt. Wir blieben eine gefühlte Ewigkeit in dieser Haltung. Ich wiegte uns beide hin und her und flüsterte sanft: »Es ist okay, Mama hält dich, es ist okay.«

Als das Schluchzen unseres Sohnes nachgelassen hatte, konnte ich ihn fragen: »Was ist denn los, mein Kleiner? Sag es Mama.« Und dann sagte die kleine Stimme unter dem Bademantel hervor:

»Der Weihnachtsmann hat mir gesagt, dass ich nur ein einziges Geschenk bekommen kann. Er hat gesagt, dass er mir stattdessen ein rosa Kleid bringt, weil ich so viele Wünsche gehabt habe.«

Und damit fing das Heulen wieder an, wie bei einem kleinen verwundeten Tier. Sein ganzer Körper zitterte.

Die Erkenntnis traf mich mit voller Wucht: Wir hatten an diesem Tag zusammen mit einer befreundeten Familie in der Stadt den »Weihnachtsmann« besucht, und unsere vier Kinder waren zusammen zu ihm gegangen. Als der Weihnachtsmann Wilbur gefragt hatte, was er sich wünsche, hatte mein Kleiner aufgeregt und mit breitem Lächeln geantwortet, dass er »ganz viele Geschenke« haben wolle. Dabei hatte er seine Arme ausgestreckt, um den Geschenkeberg anzudeuten, den er sich vorstellte.

Der Weihnachtsmann hatte darauf geantwortet: »Junger Mann, wenn du so gierig bist, bekommst du stattdessen von mir ein rosa Mädchenkleid.«

Ich hatte es ihn sagen hören und dabei schon gedacht, was das für ein seltsamer Kommentar sei. Ich hatte Mitleid mit Wilbur gehabt, der einfach nur aufgeregt gewesen war. Und ehrlich gesagt hatte mir die Sache nicht gefallen. Aber ich war mit vier Kindern und zwei anderen Eltern da, und ich muss gestehen, dass ich nicht sicher war, ob ich mich deswegen beklagen sollte. Also tat ich es nicht. Aber später bereute ich, dass ich nichts zu diesem merkwürdigen Weihnachtsmann gesagt hatte, denn etwas, das Erwachsenen höchstens seltsam oder trivial erscheint, kann für Kinder absolut niederschmetternd sein. Wenn Sie also jemals bei Ihrem Kind dieses Gefühl haben, sollten Sie nicht davor zurückschrecken, sich zu äußern, wenn Sie dadurch Ihr Kind beschützen und ihm helfen können, mit Aufregung umzugehen.

Zurück zum Badezimmer. Als Erstes wandte ich **STOP3N** an.

- **STOP**: Mein Eulenhirn einschalten, den größeren Zusammenhang sehen, es mit den Augen des Kindes betrachten.
- **N**imm es nicht persönlich: Es geht hier nicht um mich, sondern um etwas anderes.
- **N**imm es unter die Lupe: Irgendetwas anderes steckt dahinter – was ist es?
- **N**imm die Perspektive des Kindes ein: Ich versetze mich an Wilburs Stelle.

Wie muss es sich für einen noch nicht mal fünfjährigen Jungen anfühlen, nicht von irgendjemandem, sondern vom Weihnachtsmann getadelt zu werden? Sicher unerträglich.

Wilbur hatte sich vom Weihnachtsmann gedemütigt und beschämt gefühlt und hatte das den ganzen Tag mit sich herumgetragen.

Wie wir gesehen haben, ist Scham für Kinder eines der schädlichsten Gefühle. Kindern fällt es schwer, dieses Gefühl mit jemandem zu teilen, und fairerweise muss man sagen, dass wir Erwachsenen ja auch nicht gern über Dinge reden, für die wir uns schämen. Wilbur hatte sich zweifellos vom einzig wahren Weihnachtsmann beschämt gefühlt.

Das Problem ist, dass Gefühle nicht dauerhaft unter Verschluss gehalten werden können. Bei einem unter Fünfjährigen werden sie früher oder später durch etwas ausgelöst und ausgeschüttet – in unserem Fall über den ganzen Badezimmerboden.

Ich war mir nicht sicher, was genau bei meinem Sohn der Auslöser im Badezimmer gewesen war – der Bademantel mit Kapuze oder vielleicht Mike, der ihn wie der Weihnachtsmann getadelt hatte. Aber das war auch gar nicht so wichtig. Wenn wir das Warum kennen, können wir auch das Was verstehen.

Ich muss zugeben, dass mich die Heftigkeit von Wilburs Reaktion schockierte. Auch wenn mir der bösartige und unangemessene Kommentar des Weihnachtsmanns seltsam vorgekommen war, hätte ich nicht erwartet, dass er Wilbur so sehr aufregen würde. Aber das lag daran, dass ich die Situation aus meiner Perspektive betrachtet und bewertet hatte: Für mich war es nur eine blöde Bemerkung von einem alten Idioten im Weihnachtsmannkostüm. Blöd und ärgerlich – aber kein Grund für einen derartigen Ausbruch.

Aber als ich nochmal darüber nachdachte und die Sache aus der Perspektive eines Vierjährigen betrachtete, ärgerte ich mich wirklich sehr über den Mann und seine gemeine Äußerung.

»Dieser stinkende alte Weihnachtsmann!«, sagte ich.

Wilbur schaute zur mir auf.

»Wie kann er es wagen!«, sagte ich jetzt lachend und mit gespielter Empörung.

Auch Wilbur lachte, auch wenn die Tränen auf seinen Wangen noch nicht getrocknet waren.

Er schaute mich wieder an, und ich spürte, wie die Bindung zwischen uns wieder stärker wurde, und dass mein Junge sich danach sehnte, dass Mama seinen Schmerz linderte.

Ich kuschelte mich an ihn und machte weiter. Ich kam jetzt richtig in Fahrt.

»Dieser fette alte Dummkopf!«, rief ich. »Ich geh nochmal zurück in die Grotte und reiß ihm die Mütze runter!«

Und dann die Krönung: »Ich wette, er riecht nach Pipi!«

Da lachte Wilbur schallend und griff das Thema auf.

Wilbur: »Der Weihnachtsmann ist ein großer Pupskopf!«

Und so ging es weiter. Innerhalb von zehn Minuten wurde aus bitteren Tränen fröhliches Gelächter. Als das Gewitter vorbei war, steckte Mike den Kopf zur Tür herein – offenkundig erleichtert, aber auch erstaunt.

»Wow. Was war das denn jetzt gerade?«

Ich sagte, dass ich es ihm später erklären würde, aber dass jetzt alles in Ordnung sei. Mit ein paar Geschichten von anderen »Pupsköpfen«, mit denen Mama und Papa schon hatten umgehen müssen, konnten wir Wilburs Laune noch weiter verbessern. (Und schließlich kennen wir doch alle ein paar Pupsköpfe, oder?)

Als ich Wilbur eine halbe Stunde später zu Bett brachte, schlief er sofort ein. Der Gefühlsausbruch hatte ihn erschöpft. Während er auf unseren schlafenden Sohn blickte, flüsterte Mike: »Das war unglaublich. Ich war voll im Kampfmodus mit einem Vierjährigen. Ich habe es so persönlich genommen, dass er nicht auf mich gehört hat. Ich habe ihn einfach als ›böse‹ gesehen und gedacht, dass ich die Kontrolle verlieren würde, wenn ich ›nachgeben würde‹. Und ja, ich muss zugeben, dass ich in diesem Augenblick gedacht habe, dass er dann zu einem

Teenager heranwachsen würde, der sich nichts mehr von mir sagen lässt.«

Mike malte sich aus, dass er – wenn ich nicht da gewesen wäre – Wilbur mit Gewalt aus der Badewanne geholt und dann weitergekämpft hätte, um ihn ins Bett zu bringen, dass dann beide total außer sich gewesen wären und Mike sich dann den Rest des Abends dafür gehasst hätte, so ausgerastet zu sein.

»Kate, du hast in zehn Minuten geschafft, wofür ich zwei Stunden gebraucht hätte.«

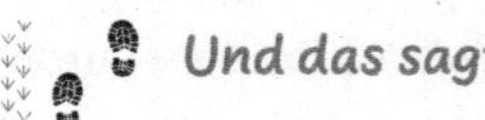

Und das sagt Mike

»Mein eigener Stresspegel schießt nach oben, wenn ich das Verhalten von Kindern als gefährlich einstufe. In diesem Fall befürchtete ich, dass Wilbur ausrutschen und sich den Kopf an der Badewanne anschlagen könne. Ich kann manchmal sehr emotional reagieren, und es löst tief drinnen in meinem Eidechsen- und Paviangehirn etwas aus, wie Kate es ausdrücken würde, weil es meine Hauptaufgabe ist, meine Kinder zu beschützen. Ich glaubte, wenn sie nicht auf mich hören, würde ich meinen Job nicht richtig machen; ich wäre schwach und kein guter Vater. Hier musste ich lernen, die STOP3N-Technik anzuwenden. Wenn wir weiterkämpfen, gewinnt niemand. Nach ein paar Minuten wäre es für einen Außenstehenden schwer zu unterscheiden, wer bei diesem Kampf der Erwachsene und wer das Kind ist. STOP3N hilft mir in dieser Hinsicht wirklich. Ich dachte, es gehe darum, dass Wilbur ungezogen ist und nicht tun will, was man ihm sagt. Dabei ging es um einen schrecklichen Weihnachtsmann! Das ist ein gutes Beispiel dafür, dass ich sofort zum ›Kampf‹ übergegangen bin, weil ich es für einen Kampf hielt, den ich gewinnen konnte, aber welche Kollateralschäden hätte mein Sieg verursacht?«

Wenn wir die Vorstellung akzeptieren, dass Kinder nicht »böse« sind, können wir unseren eigenen Pavian außer Kraft setzen und einen Kampf mit unseren Kindern vermeiden. Und dann passiert etwas, das an Magie grenzt.

Das kann durch die Kommunikation mit unseren Kindern entstehen: Wir bauen eine dauerhafte Bindung zu ihnen auf.

Und sie wird jedes Mal stärker, wenn wir die Kunst der Kommunikation praktizieren. Dabei versuchen wir, hinter das Verhalten zu schauen und es zu verstehen, und fragen uns als Eltern, wie wir helfen können.

Es geht nicht darum, dass Kinder »überreagieren«, sondern darum, dass wir Eltern die Welt mit ihren Augen sehen. Was uns unwichtig erscheinen mag, kann für einen jungen Pavian niederschmetternd sein. In diesem Alter haben sie einfach noch nicht die Erfahrung, das Wissen oder die nötigen Fähigkeiten, um Situationen rational zu betrachten. Wilbur war vom Weihnachtsmann beschämt worden, und für ein Kind in diesem Alter fühlt sich das wirklich wie das Schlimmste auf der Welt an.

Wir alle (und Kleinkinder vielleicht noch mehr) sind jeden Tag mit Herausforderungen und Schwierigkeiten konfrontiert. Uns ist vielleicht nicht immer bewusst, was an einem bestimmten Tag passiert ist, und unser Kind ist noch zu klein, um es uns zu erklären. Aber wenn es einen scheinbar völlig irrationalen Gefühlsausbruch hat, können wir sicher sein, dass es dafür eine Ursache gibt.

Das Verhalten unserer Kinder ist eine Art von Kommunikation, und wenn wir ihnen zeigen, dass wir sie verstehen wollen, tun wir etwas sehr Wertvolles.

Wir sagen ihnen, dass sie darauf vertrauen können, dass wir sie immer beschützen werden. Sogar vor dem allmächtigen Weihnachtsmann. Und so entsteht eine Liebesbeziehung zwischen Ihnen und Ihrem Kind für das ganze Leben.

WERKZEUG-TIPP

Alarmstufe Rot

Die Erfahrung im Badezimmer ließ mich ein Werkzeug entwickeln, das ich bei beiden Kindern einsetzen konnte, wenn im Lauf des Tages etwas passiert war, das sie aus dem Gleichgewicht gebracht oder ihre Gefühle verletzt hatte, von dem sie mir aber nicht hatten erzählen können, weil ich nicht da war oder nicht bemerkt hatte, dass es passiert war.

Ich entwarf dieses Werkzeug, um meinen Kindern die Möglichkeit zu geben, zu kommunizieren und sich auszudrücken, wenn ein Ereignis oder eine Interaktion sie aufgewühlt hat. Es sollte helfen, wenn sie noch nicht die Worte dafür hatten, um es direkt zu erklären. Zum Beispiel bei einer Erfahrung, wie Wilbur sie mit Max im Waldkindergarten oder mit dem Weihnachtsmann gemacht hat.

In Kapitel 6 habe ich Ihnen Möglichkeiten gezeigt, Ihren Kindern zu helfen, Stress körperlich abzubauen. Hier möchte ich Ihnen nun ein Werkzeug vorstellen, mit dem die Kinder sich mithilfe von Worten Erleichterung verschaffen können.

Als Wilbur mit dem schrecklichen »Weihnachtsmann« (hier haben die Anführungszeichen ihre Berechtigung) zusammentraf, war er noch keine fünf Jahre alt. Von einem so kleinen Kind zu erwarten, dass es ruhig und klar ausdrücken kann, worüber es sich aufregt, ist wirklich ein bisschen viel verlangt. Und auch unfair. In diesem Alter haben sie noch nicht das nötige Vokabular, und ihr Gehirn ist dafür einfach noch nicht weit genug entwickelt. Das kann dazu führen, dass unsere Kinder schweigen, weil sie nicht über ihre Worte stolpern wollen und sich befangen fühlen.

Ich musste Wilbur vor dem nächsten Anlass dieser Art die Sache erleichtern und dachte, dass es auch für Clemency nützlich sein könne, wenn ich sie mal mit einem mürrischen Gesicht statt mit ihrem üblichen fröhlichen Lächeln antreffen würde.

Darum entwickelte ich ein System, das uns die wichtige Kunst der Kommunikation erleichtern soll, eine Methode, die ich auch heute noch mit beiden Kindern anwende.

Ich nenne sie »Alarmstufe Rot«. Das ergab sich, als ich meine beiden aufforderte, ein Spiel zu spielen.

»Kinder, stellt euch vor, ihr seid in der Schule und müsst dringend zur Toilette, aber ihr denkt, dass ihr es nicht rechtzeitig dorthin schafft. Was für eine Farbe hätte die Alarmstufe dann?«

Blitzschnell riefen beide Kinder: »Gelb!«

»Und wenn ihr ganz doll frieren würdet, welcher Farbcode wäre das dann?«

»Weiß!«

»Und wenn ihr Hunger hättet?«

»Lila!«

»Und wenn ihr einen wunderschönen Tag, den besten überhaupt, erlebt hättet?«

»Gold!«

Sie kicherten und waren jetzt ganz bei der Sache.

»Und wenn etwas passieren würde, das euch Angst macht?«

Einstimmig: »ROT!«

Ich schlug meinen Kindern Folgendes vor: Wenn im Kindergarten oder in der Schule etwas passiert war, das sie mir (oder Papa) schlecht erklären konnten –, sollten sie einfach sagen, dass es »Alarmstufe Rot« (oder Gelb/Weiß/Lila etc.) gegeben hat. Das würde uns dann die Gelegenheit geben, dass wir es direkt beim Abholen oder später zu Hause besprechen.

Wir setzten Alarmstufe Rot direkt in die Tat um. Wenn ich am Schultor einen bestimmten Gesichtsausdruck bei meinen Kindern sah, der mir sagte, dass etwas nicht in Ordnung war, wartete ich einfach. Manchmal fragte ich: »Wie war es heute? Irgendein Alarm, von dem ihr erzählen wollt?« Es dauerte nicht lange, bis sie einfach zu mir kamen und sagten: »Ich hatte heute eine Alarmstufe Rot (oder eine andere Farbe).« Anfangs gab es ein paar Mal Gelb oder Lila. Bei Wilbur gab es in den ersten Schultagen (verständlicherweise) öfter mal Weiß und Lila, aber das ließ sich leicht beheben.

Manchmal kam er aus der Schule und sagte: »Ich hatte Alarmstufe Gelb!«

»Oh!«, sagte ich dann lächelnd – und ohne ihn zu beschämen. »Und was ist passiert?«

»Ich musste wirklich dringend pinkeln, aber das Klo war besetzt.«

Manchmal brauchen unsere Kinder einfach nur unsere Bestätigung – besonders wenn es um Dinge geht, die mit Scham- oder Schuldgefühlen einhergehen. In diesem Fall würde ich wahrscheinlich sagen: »Ah, okay, das klingt etwas schwierig. Was ist dann passiert?«

»Es war okay, ich habe ein anderes, freies Klo gefunden.«

Vielleicht frage ich dann noch: »Könnte dir nächstes Mal eine Lehrerin helfen?«

Oder wenn die Kinder ein bisschen älter sind oder es um andere Situationen geht:

»Was könntest du anders machen, damit so etwas nicht wieder passiert?«

Das hilft einem Kind vielleicht, um Hilfe zu bitten oder, wenn es etwas älter ist, selbstständig darüber nachzudenken, wie es einige der Probleme, die im Lauf eines Schultags auftreten, lösen kann.

Stufe Gold ist natürlich immer schön, weil man damit sicherstellt, dass auch wichtige und besondere Dinge gewürdigt werden! »Mama, heute habe ich wirklich gut aufgeräumt!« (Hurra!)

Aber bald wurde nur noch Alarmstufe Rot erwähnt.

Meine Kinder gewöhnten sich daran, mir zu sagen, dass es eine Alarmstufe Rot gegeben habe, und ich fragte sie dann, ob sie jetzt direkt (auf dem Heimweg) oder lieber später darüber sprechen wollten. Für vielbeschäftigte Eltern ist das eine gute Möglichkeit sicherzustellen, dass die Kommunikation mit den Kindern offen und frei fließt. Man kann mit ihnen auch ein Lesezeichen oder ein Ticket gestalten, das sie für uns irgendwo hinterlegen können. Wenn wir Eltern es finden, können wir die Sache abends beim Zubettbringen mit unserem Kind besprechen. Oder das Kind hält es beim Abholen von der Schule oder wenn wir von der Arbeit nach Hause kommen wie die rote Karte eines Schiedsrichters hoch. Das ist eine ganz einfache Möglichkeit, ein Gespräch anzustoßen, das Eltern und Kindern hilft, sich miteinander verbunden zu fühlen. Dadurch können die anstehenden Probleme gemeinsam gelöst werden.

Vielleicht stellen Sie fest, dass Ihre Kinder abends oder auf dem Rücksitz des Autos leichter reden, wenn nicht alle Blicke auf sie gerichtet sind.

Meine Erfahrung hat mir gezeigt, dass zwar alle Farbcodes nützlich sind, aber dass Alarmstufe Rot am hilfreichsten ist, wenn die Kinder wirklich beunruhigt sind.

Bei Clemency sah das manchmal so aus:

Clemency: »Mama, ich hatte heute eine Alarmstufe Rot.«

Ich: »Oh, Clemency, was ist passiert?«

»Jemima hat mich nicht zu ihrer Geburtstagsfeier eingeladen.«

Ich: »Oh, Schatz, das muss wirklich doof für dich sein.«

Das Zugehörigkeitsgefühl ist eines der grundlegenden Elemente des Menschseins. Wir sind Herdentiere, und für unsere kleinen Kinder ist das Gefühl dazuzugehören extrem wichtig. Alle diese Gefühle haben ihre Wurzeln in unserem Überlebenstrieb. Für ein Kind kann es sich schlimm anfühlen, nicht dazuzugehören. Was auf den ersten Blick trivial erscheinen mag (nicht zu einem Geburtstag eingeladen zu werden), kann eine viel tiefere, atavistische Reaktion auslösen – das Gefühl, von der Herde ausgeschlossen zu werden. Wir dürfen die Gefühle unserer Kinder niemals abtun, sondern sollten versuchen, dahinter zu schauen und sie aus ihrer Perspektive zu verstehen.

Ich lasse es einen Augenblick sacken. Dann sage ich: »Weißt du, dass mir das vor Kurzem auch passiert ist?«

Clemency setzt sich kerzengerade auf.

»Mama, was ist passiert?«

Ich denke fieberhaft nach: »Na ja, meine Kollegin Sarah hat alle Kollegen zu ihrer Party eingeladen, nur mich nicht.«

C: »Was hast du gemacht?«

Ich: »Ich bin zum Klo gegangen und war ein bisschen aufgeregt und traurig, aber dann habe ich gedacht, dass andere Kollegen vielleicht auch nicht eingeladen waren, und dass es okay war, weil ich ja andere Freunde habe, mit denen ich etwas unternehmen kann. Und außerdem kann ich zu euch nach Hause kommen und mit euch feiern!«

Clemencys zerfurchte Stirn glättete sich wieder. Sie legte sich im Bett zurück, dachte offensichtlich über unsere Unterhaltung nach und bat mich dann, ihr von weiteren Anlässen zu erzählen, bei denen mir das passiert sei. Ich spürte, wie sich ihr Körper entspannte, und innerhalb von wenigen Minuten war sie eingeschlafen. Sie konnte sicher sein, dass mit ihr alles in Ordnung war und dass sie mit ihren Sorgen oder Ängsten jederzeit zu mir kommen konnte, weil sie immer ihre eigene Herde haben würde.

Ein »Alarmstufe-Rot«-System schafft eine Form der Kommunikation zwischen uns und unseren Kindern, wenn sie nicht die richtigen Worte finden, um uns zu erklären, wie sie sich gerade fühlen. Wenn sie »Alarmstufe Rot« sagen oder am Ende des Tages eine Rote Karte hochhalten, wissen wir genug.

Dann können wir ein paar offene Fragen stellen und für unsere Kinder da sein, wenn sie uns vielleicht am meisten brauchen –, ohne dass sie sich gezwungen fühlen, um Hilfe zu bitten (denn wer ist darin schon gut?).

Jedes Mal, wenn ich meinen Kindern zuhöre, mit ihnen fühle (wie unbedeutend das betreffende Ereignis auch scheinen mag) und ihnen das Gefühl gebe, dass sie diese Dinge mit mir teilen können, entstehen neuronale Pfade in ihrem Gehirn (ich stelle mir dabei vor, dass Punkte miteinander verbunden werden wie auf einer Landkarte). Wenn wir Alarmstufe Rot

anwenden, unterstützen wir ihre Gehirnentwicklung. Darum geht es bei der Erziehung.

Eulenweisheiten

- Verhalten ist Kommunikation.
- Unsere Kinder haben vielleicht nicht immer die richtigen Worte, um ihre Gefühle auszudrücken. »Alarmstufe Rot« hilft ihnen dabei.
- Sie können sich darauf verlassen, dass Ihre Kinder den richtigen Zeitpunkt finden, um mit Ihnen darüber zu reden.

KAPITEL 8

Verträge, Grenzen und Konsequenzen

»Wird Wilbur in sein Zimmer geschickt, wenn er böse ist?«

Diese Frage kam von einem vierjährigen Mädchen.

»Nein, Schätzchen, das wird er nicht.«

»Was passiert dann?«

Eine gute Frage. Wenn unsere kleinen Paviane mit Gehirnen, die immer noch wachsen und die viele Dinge zum ersten Mal tun und erleben, erstmal loslegen, machen sie unweigerlich Fehler. Unsere Aufgabe als Eltern ist es, im Hinblick auf das erwünschte Verhalten Vorbild zu sein und ihnen zu zeigen, was akzeptabel ist und was nicht.

Das erreichen wir nicht durch Strafen, sondern indem wir sie auf ihrer Reise begleiten.

Wenn wir ein Kind in sein Zimmer schicken, senden wir ihm dadurch zwei klare Botschaften:

1. Ich kann/will dir bei deinem Problem nicht helfen.
2. Allein zu sein, ist eine Strafe.

Ein Kind mit seinen zu starken Gefühlen in einem Zimmer alleinzulassen, hilft ihm nicht, seine Gefühle zu regulieren. Es wird wahrscheinlich wüten und rebellieren (was vermutlich später zu sogenanntem »bösem« Verhalten führt) oder still dasitzen und diese wichtigen Gefühle herunterschlucken und unterdrücken. Wenn unsere Emotionen und unsere großen Gefühle unterdrückt werden, setzen sie sich im Körper fest und leben dort buchstäblich weiter. Wir erinnern uns an die Stressreaktion, die auftritt, wenn wir Gefühle wie Wut, Angst oder Verlust erleben. Wenn wir diese unterdrücken und wegschieben, haben wir keine Chance, die ausgeschütteten Stresshormone »auszutreiben«. Dr. Gabor Maté erklärt, dass in der Kindheit unterdrückte Emotionen später zu Erkrankungen und Depressionen führen. Er sagte mir: »Man kann es sich so vorstellen: Wenn wir etwas unterdrücken, drücken wir es nach unten wie das Kupplungspedal im Auto. Nach unten drücken heißt ›deprimieren‹ … und deprimiert werden wir, wenn wir nicht auf unsere Gefühle achten.«

Wie wir schon gesehen haben, werden nicht aufgelöste negative Gefühle in den Gedächtnissack des Pavians gestopft. Ich stelle sie mir wie Gesteinsbrocken vor, die er ewig mit sich herumschleppen muss und die ihn später nach unten zu ziehen drohen. Der Psychiater und Psychologe John Bowlby drückte es 1951 so aus: »Kinder sind keine Tafeln, von denen wir die Vergangenheit mit einem Schwamm abwischen können, sondern menschliche Wesen, die ihre früheren Erfahrungen mit sich herumtragen und deren gegenwärtiges Verhalten maßgeblich vom früher Erlebten beeinflusst wird.«

Wissenswert

»Wenn wir unsere Kinder in ihr Zimmer schicken, werden aus ihnen Erwachsene, die im Alleinsein etwas Schlechtes sehen. Deshalb sind viele Erwachsene heutzutage unfähig, mit sich allein zu sein. Sie brauchen Fernsehen, Videospiele, Essen, Alkohol, Zigaretten oder was auch immer, um dieses Gefühl nicht mehr zu spüren.«

Psychotherapeutin Liza Elle

Dasselbe gilt für die »stille Treppe«.

Verbannen wir doch lieber die »stille Treppe«, als unser Kind auf die »stille Treppe« zu verbannen.

Auf die Treppen oder ins Zimmer geschickt zu werden, löst Schamgefühle beim Kind aus, was wir ja auf jeden Fall vermeiden wollen.

Menschen reagieren auf Ermutigung und Unterstützung bei erwünschtem Verhalten; dann fühlen sie sich gestärkt und wollen alles richtig machen, um zum Rudel dazuzugehören. Auch der Pavian will dazugehören, Teil der Herde sein. Unsere Kinder zu verbannen, um sie für Fehler oder für ein Verhalten zu bestrafen, das sie zu diesem Zeitpunkt noch nicht unter Kontrolle haben, bringt nur Ärger und Angst hervor und schadet unserer Beziehung zu ihnen.

Um es klarzustellen: Ich befürworte keine völlig regelfreie »antiautoritäre« Erziehung. Ganz und gar nicht. Wir wollen nicht völlig nachgiebige Eltern sein, die ihre Kinder und deren Paviane Amok laufen lassen (zum Beispiel in einem Restaurant). Permissive Erziehung ist nicht nur eine negative Erfahrung für Erwachsene, sondern auch verunsichernd für Kinder, weil sie nicht wissen, wo ihre Grenzen sind. Die Psychotherapeutin Liza Elle hat mir erklärt, dass Kinder das Gefühl haben können, dass sie »vom Rand der Welt herabstürzen« könnten, weil sie die Grenzen nicht erkennen. Und durch Sitzen auf der Treppe oder in ihrem Zimmer finden sie nicht heraus, wo die Grenzen sind.

Meiner Meinung nach funktionieren weder eine auf Strafen basierende noch eine völlig nachgiebige Erziehung.

Wenn wir unsere Kinder also weder durch Strafen oder Beschämen zu besseren Menschen machen noch ohne jede Anleitung Amok laufen lassen wollen, was tun wir dann? Es ist unsere Aufgabe, unsere Kinder zu motivieren und zu uns an Bord zu holen – und das schaffen wir nur als Team!

WERKZEUG-TIPPS

Verträge, Grenzen und natürliche Konsequenzen

Wir haben drei Werkzeuge in unserem Koffer, die uns dabei helfen. Es sind Konzepte, die unsere Erfahrung als Eltern und dadurch auch unser Leben und das unserer Kinder verändern werden:

1. Verträge
2. Grenzen
3. natürliche Konsequenzen

Einzeln und miteinander kombiniert helfen diese Werkzeuge unseren Kindern zu verstehen, was akzeptables Verhalten ist und was nicht.

1. Vertrag

Wenn wir im Beratungskontext mit Kindern arbeiten, beginnen wir unsere Therapiereise mit einem Vertrag. Bei der ersten Sitzung entscheiden wir gemeinsam, was in den Vertrag aufgenommen werden soll, also was uns beiden wichtig ist. Zum Beispiel:

- Pünktlichkeit
- Nicht schlagen
- Geschützt im Zimmer bleiben
- Nach dem Spielen aufräumen

Die Liste kann so lang oder so kurz sein, wie das Kind es wünscht.

Durch einen Vertrag wird der Beziehung eine Grenze gesetzt. Wenn eine Seite die Linie übertritt (wenn ich vielleicht einmal zu spät komme oder das Kind nicht aufräumen will), können wir auf den Vertrag zurückkommen und uns daran erinnern, was vereinbart wurde.

Auch im familiären Rahmen können Verträge sehr wertvoll und hilfreich sein. Es ist eine schöne, kreative und unterhaltsame Möglichkeit, einander mitzuteilen, was einem am wichtigsten ist. Wenn eine Familie einen Vertrag geschlossen hat, den alle unterschrieben haben, kann das die Erziehung sehr erleichtern, weil es keine Unklarheiten gibt. Akzeptables Verhalten ist klar definiert, und vor allem hatten alle ein Mitspracherecht. Das heißt, die Kinder (und die Erwachsenen!) sind eher bereit, sich an das zu halten, was vereinbart wurde.

Für einen Vertrag braucht man:

- eine große Papierrolle
- Stifte und Farbe
- Glitter, Klebstoff, Sticker
- andere Dinge, die Ihr Kind in die Vertragsgestaltung einbeziehen möchte

Sie können es nennen, wie Sie wollen: eine Vereinbarung, einen Vertrag, eine Absprache. Wichtig ist, dass Sie und Ihre Kinder (und Ihr Partner oder Ihre Partnerin) gemeinsam daran beteiligt sind.

Verträge sind nicht nur eine großartige Möglichkeit herauszufinden, was bei Ihren Kindern gerade im Vordergrund steht. Dasselbe gilt auch für Ihre Beziehung. Sie können jede Woche nachfragen, ob jemand etwas ergänzen möchte, oder einfach über Themen sprechen, die im Lauf der Woche aufgekommen sind.

Wir haben den ersten Familienvertrag geschlossen, als die Kinder alt genug waren, um ihn zu verstehen. Wenn Sie ein Baby oder ein Kleinkind und ein älteres Kind haben, können Sie einen Vertrag aufsetzen und dabei das Baby »vertreten«, indem Sie mit seiner Stimme sprechen.

Mike und ich setzten uns mit Wilbur und Clemency hin und sagten ihnen, dass wir einander fragen wollten, was uns allen als Familie wichtig sei, das heißt, welches Verhalten wir sehen wollten und welches nicht. Dabei verwendeten wir eine kindgerechte Sprache: »Okay, wir machen jetzt zusammen etwas Lustiges. Wir sagen uns abwechselnd, was wir wirklich gern tun und wie wir es in der Familie tun wollen.«

Wir sagten der Reihe nach, was uns wichtig war.

Für Mike war es Pünktlichkeit (einmal beim Militär …). Er erklärte den Kindern, dass er nicht »zum Pavian werden« wolle, wenn sie zu spät zum Kindergarten oder zur Schule kamen. Er wolle wie die kluge Eule gehen und sich unterwegs unterhalten und Spaß haben. Die Kinder stimmten freudig zu, weil sie wussten, wie viel angenehmer es war, mit Spaß-Papa als mit Griesgram-Papa unterwegs zu sein. Mike zeichnete eine Uhr auf das Papier und die Kinder malten die Zeiger aus und schrieben darunter: »Schule acht Uhr!«

Mir ging es hauptsächlich um das Aufräumen und darum, dass keine klebrigen Hände gegen die Wand gedrückt wurden. Darum klebte ich ein paar Sticker mit Händen auf das Papier, die dieses Thema darstellten.

Für Clemency war es wichtig, dass Wilbur nicht in ihr Zimmer kam und Unordnung machte. Zur Illustration malte sie ein großes Gekrakel und strich es dann durch.

Für Wilbur war das Thema, wenig überraschend, Krieg der Sterne. Er wollte mehr »Kämpfe« mit mir vor dem Kindergarten, woraus ich schloss, dass er ein bisschen mehr »Mama-Zeit« brauchte. Darum willigte ich sehr gern ein. Es war wirklich eine schöne Erfahrung als Familie.

Wir hängten den Vertrag einige Monate lang an den Kühlschrank, wo er als optische Erinnerung diente und leicht herangezogen werden konnte, um etwas darin nachzuschauen. Aber nach einiger Zeit wurden alle oben genannten Punkte für uns zur zweiten Natur.

Vielleicht dauert es bei Ihnen eine Weile, oder vielleicht wollen Sie den Vertrag in einer Schublade aufbewahren – tun Sie, was immer für Ihre Familie funktioniert. Der Vertrag kann nach Bedarf geändert und ergänzt werden; es muss einfach Spaß machen und kooperativ ablaufen. Es geht nicht darum, den Kindern Regeln aufzuzwingen, sondern eine Absprache in der Familie zu treffen.

Einen Familienvertrag aufzusetzen, ist eine schöne gemeinsame Aktivität, aber der Vertrag ist auch ein großartiges Werkzeug. Wenn die Dinge verhaltenstechnisch ein wenig aus dem Ruder laufen, können Sie Ihre kluge Eule einsetzen und die Kinder ruhig und freundlich daran erinnern, was vereinbart wurde, statt den inneren Pavian von der Leine zu lassen, das Handtuch hinzuwerfen und die Treppe hochzuschreien: »Hört auf zu schreien!«

Gemeinsam einen Vertrag aufzusetzen und ihn dann als optische Erinnerung irgendwo aufzuhängen verleiht der Sache Bedeutung und stärkt die Bindung innerhalb der Familie. Und natürlich können auch andere Angehörige, wie Großeltern, Tanten und Onkel, oder auch andere Betreuungspersonen einbezogen werden, sodass alle Menschen, die Ihre Familie unterstützen, eingeweiht sind.

Noch ein abschließendes Wort zu Verträgen: Stammesgemeinschaften leben schon seit Tausenden von Jahren nach diesem Prinzip. Natürlich nicht mit einem Stück Papier und Glitter, sondern einer stillschweigenden Übereinkunft darüber, was akzeptabel ist – also einem verbalen Verhaltenskodex. Wir können den Vertrag innerhalb unserer eigenen Familie altersgerecht formulieren, aber er bleibt auch mit älteren Kindern ein wirksames Hilfsmittel.

2. Grenzen

Grenzen sind bei der Erziehung sehr wichtig, wenn es darum geht zu demonstrieren, was angemessenes Verhalten ist und was wir innerhalb des familiären Umfelds akzeptieren. Und was nicht. Auch die Gesellschaft funktioniert gut, wenn wir uns an bestimmte Regeln halten, einem Moralkodex folgen. Wir können unseren Kindern helfen zu verstehen, was wir von ihnen erwarten, und ihnen das erwünschte Verhalten demonstrieren –, aber auch dass wir in unserer Familieneinheit bestimmte Grenzen setzen.

Grenzen sind wie ein unsichtbares Kraftfeld, das wir um uns und um die Familie herum installieren und das erwünschtes Verhalten zulässt, aber eben auch Grenzen setzt.

Klingt das alles ein bisschen wie Yoda?! Na ja, irgendwie schon.

Es sind dieselben Grenzen, die unseren Kindern helfen, uns zu respektieren, und ihnen deutlich machen, welches Verhalten akzeptabel ist. Der Respekt muss gegenseitig sein.

Je früher wir gemeinsam als Familie Grenzen definieren, desto besser ist das Verhalten, das wir von unseren Kindern erwarten können. Unsere Kinder wollen sich gut benehmen und uns zufriedenstellen, weil sie wissen, dass es besser und sicherer ist und viel mehr Spaß macht, im Rudel als draußen zu sein.

Wenn alle Familienmitglieder eine Liste der Dinge erstellen, die ihnen wichtig sind, stärkt das auch die Bindung innerhalb der Familie. Dieses Konzept liefert den Klebstoff, der die kleine Gemeinschaft zusammenhält. Vielleicht wünschen sich unsere Kinder mehr Spielzeit mit uns oder mehr Zeit auf dem Spielplatz. Oder unser Partner nutzt es als Gelegenheit, etwas anzusprechen, das ihn schon länger belastet (vielleicht dass wir immer so spät nach Hause kommen, oder dass er auch mehr Zeit mit uns verbringen möchte …). Es geht darum, für alle Familienmitglieder einen sicheren Kommunikationskanal zu öffnen.

3. Natürliche Konsequenzen

Es ist wichtig, unseren Kindern zu zeigen, dass Verhalten Konsequenzen hat.

Beispiele:

- Wenn ich meinen Bruder schlage, könnte ich ihn verletzen.
- Wenn ich ihn in der Nähe der Treppe schubse, muss er vielleicht ins Krankenhaus.
- Wenn ich mein Spielzeug herumliegen lasse, stolpert vielleicht jemand darüber.

All das trägt dazu bei, die Entwicklung des Eulengehirns zu fördern, das unsere Kinder dazu befähigt, über die Konsequenzen ihres Handelns nachzudenken. Von sehr kleinen Kindern können wir noch nicht erwarten, dass sie dieses Konzept wirklich verstehen, aber mit kleinen Grenzen, die die möglichen natürlichen Konsequenzen ihrer Handlungen verdeutlichen, können wir erste Grundlagen schaffen.

So könnte auf dem Heimweg von der Schule folgende Unterhaltung stattfinden:

»Okay, besprechen wir mal, was passiert, wenn wir nach Hause kommen. Wilbur, was kommt zuerst?«

»Wir ziehen unsere Schuhe aus und räumen sie weg!«

»Sehr gut! Clemency, was kommt als Nächstes?«

»Wir räumen auf und bereiten uns aufs Baden vor!«

»Wunderbar. Und wenn wir das tun, wovon bekommen wir dann mehr?«

Beide: »Mama-Zeit!«

Das können wir unsere Kinder altersgerecht lehren. Es geht hier nicht um eine Art Strafe, sondern darum, ihnen zu zeigen, dass unser Verhalten Konsequenzen hat. Das fördert das Eulendenken. Und wenn alle anderen Grundlagen geschaffen wurden, steigt die Wahrscheinlichkeit, dass unsere Kinder mit uns zusammen- statt gegen uns arbeiten, wenn sie die Konsequenzen ihres Handelns abwägen.

Wenn Verträge nicht eingehalten werden

Natürlich ist im Familienleben nichts perfekt. Auch nach dem »Vertragsabschluss« wird nicht über Nacht alles rosig sein. Was tun wir dann, wenn sich unser Kind nicht an die Absprachen hält?

Es ist verdammt frustrierend, wenn unsere Kinder nicht auf uns hören! Das weiß ich, weil es auch in unserem Haushalt noch vorkommt. Was tue ich also, wenn meine Kinder nicht hören, wenn ich sie auffordere,

- ihre Zähne zu putzen
- aufzuräumen
- nicht mehr so wild herumzurennen?

Zuerst einmal halte ich inne und betrachte die Sache aus ihrem Blickwinkel: Junge Paviane sehen in uns Eltern einfach nur eine Ablenkung, wenn sie gerade darauf konzentriert sind, Spaß zu haben. Wenn der Pavian überdreht ist, können ihn keine Verträge oder Grenzen oder klugen Erziehungsmaßnahmen von der »aufregendsten Sache der Welt« abbringen.

In solchen Situationen müssen wir eine Möglichkeit finden, eine Verbindung zu unseren Kindern herzustellen, damit sie uns wirklich sehen und hören können, wenn ihr Pavian herumtobt und nur schwer aufzuhalten ist. Dafür möchte ich nun das nächste Werkzeug vorstellen:

WERKZEUG-TIPP

Win-win-Situationen

Gehen wir ein ziemlich typisches Szenario durch:

Es ist 18.30. Das Abendessen ist vorbei, und nun beginnt diese verhexte Stunde bis zur Schlafenszeit. Ich bade meine Kinder meistens nach dem Abendessen, und dann läuft es ruhig, bis wir uns zum Vorlesen ins Bett kuscheln.

Das ist der ideale Ablauf. Aber das Leben ist oft nicht ideal. Daher kann es auch so ablaufen:

Ich bin erschöpft, die Kinder nicht. Sie (und besonders mein Sohn) scheinen zu dieser Zeit einen Energieschub zu haben. Die Kinder rennen durch das Haus, und ein Pavian jagt den anderen. Ich bitte sie zuerst in normaler Lautstärke, damit aufzuhören, und brülle dann irgendwann: »Hört sofort auf rumzurennen!«. Dann fühle ich mich deswegen schlecht, weil sie ja einfach nur Spaß haben. Ich hasse Gebrüll, weil mir klar ist, dass ich dann selbst wie ein großer, zorniger Pavian aussehe.

Also hole ich erst einmal tief Luft, begebe mich auf ihre Ebene und erkläre es ihnen ruhig und mit einem Lächeln, damit sie wissen, dass ich nicht böse auf sie bin.

»Kinder, schaut mich mal an«, sage ich mit einer Singsang-Stimme, so gut es eben geht.

Damit unsere Kinder uns anschauen können, müssen sie mit dem aufhören, was sie gerade tun.

Ich knie mich vor sie hin, schaue sie an und bitte sie, mir in die Augen zu sehen, während ich es erkläre.

Jetzt sind wir verbunden!

Plötzlich bin ich keine körperlose, kreischende Stimme mehr, die von unten heraufruft, sondern Mama, mit der man normalerweise ziemlich viel Spaß hat und die auch verständnisvoll ist.

»Okay, ich sehe, wie viel Spaß ihr habt! Aber (natürliche Konsequenz) Mama bekommt Angst, wenn ihr bei der Treppe herumrennt, weil ihr runterfallen und euch wehtun könntet. Ich sag euch was: Warum machen wir keinen Deal?«

Das klingt für ihren Pavian interessant, und mit etwas Glück fängt auch das Eulenbaby an zuzuhören.

»Wollen wir fünf Minuten lang zusammen Spaß haben, bevor wir ins Bad gehen?«

Aus Erfahrung wissen meine Kinder, dass hier gerade eine Absprache stattfindet, und wenn sie nicht zustimmen, bekommen sie vielleicht gar nichts. Darum stimmen sie zu. Vielleicht ist es ihnen noch nicht klar, aber das ist die Win-win-Situation.

»Sollen wir nach draußen gehen und so laut brüllen, wie wir können? Oder eine Runde im Park laufen oder schauen, wer 20 Sternsprünge hinbekommt?« (Hier ist jede Aktivität geeignet, von der wir wissen, dass die Kinder sie lieben und es aufregend finden, sie direkt vor dem Zubettgehen machen zu dürfen.)

Da sie dadurch nicht übererregt werden sollen, muss es ein Zeitlimit geben. Ich habe früher eine Eieruhr als Zeitgeber benutzt, heute nehme ich das Handy. Wichtig ist nur, die Zeit nicht aus den Augen zu verlieren. Wir müssen den Kindern klarmachen, dass es hier nicht um eine lange Spielsession auf der Schaukel geht, sondern nur um fünf Minuten Spaß vor dem Zubettgehen. Das heißt, wenn der Park zu weit weg ist, sollte man die 20 Sternsprünge im Garten machen oder einen Spaziergang um den Block vorziehen. Der Deal ist: Wir gehen nach draußen und rennen ein paar Runden oder brüllen, aber nur fünf Minuten lang; dann gehen wir wieder rein, baden und putzen unsere Zähne.

Es geht also darum, etwas zu finden, bei dem unsere Kinder Dampf ablassen, eine Verbindung zu uns herstellen und eine Absprache zu treffen, dank derer wir uns entspannen können, weil wir wissen, dass die Kinder auch wirklich reingehen, wenn wir dazu auffordern. Weil wir es so vereinbart haben.

Und wer weiß, vielleicht haben wir ja selbst Spaß daran, fünf Minuten lang herumzutoben (man denke an die Stressreaktion). Das ist für uns genauso gut wie für unsere Kinder!

Meinen Kindern gefällt es sehr, dass Mama mit ihnen gespielt hat, und sie sind dann bereit, hinauf ins Bad zu gehen, weil sie wissen, dass es dort noch mehr Spielzeit gibt.

Auch mir tut es gut, da ich auf diese Weise eine Verbindung zu meinen Kindern herstellen kann, nachdem ich vorher damit beschäftigt war, zu arbeiten, das Abendessen zuzubereiten und so weiter. Es zwingt mich, all das andere Zeug, das mir durch den Kopf geht, eine Weile loszulassen.

So sollte es also funktionieren.

Aber was ist, wenn sich unser Kind nicht an die Absprache hält und nach fünf Minuten noch weitermachen will? Dann haben wir das Recht, uns wieder zu ihm hinunter zu begeben und ruhig zu wiederholen, dass es eine Grenze gibt.

»Okay, schau mal auf die Uhr – wir haben unsere fünf Minuten gehabt, und du warst einverstanden, dass wir dann ein Bad nehmen.«

Man kann ja als Zugabe noch fragen: »Sollen wir rennen und sehen, wer als Erster oben ist?« Ein bisschen Wettbewerb wirkt oft Wunder und lenkt den Pavian von dem ab, womit er gerade eben noch so viel Spaß hatte. Wenn Spaß oder Humor nicht funktioniert, müssen wir einfach hartnäckig bleiben. Nicht schreien. Nicht über den Kindern aufragen. Einfach mit Nachdruck und ruhig sagen:

»Wir haben es abgesprochen, und wenn du dich nicht daran halten kannst, dann können wir vor dem Baden nicht mehr spielen und Spaß haben.«

Was wir den Kindern hier beibringen, sind Grenzen und natürliche Konsequenzen – und auch, dass es Verhandlungen und Win-win-Situationen geben kann, wenn alle zuhören. Wenn Kinder einem Win-win-Deal zustimmen, fällt es ihnen schwerer, dagegen zu verstoßen.

Das letzte Werkzeug, das Sie einsetzen können, wenn sich Ihr Kind nicht an die Regeln hält oder überwältigt ist:

WERKZEUG-TIPP

Die beruhigende Treppe

Das ist ein Werkzeug für Tage, an denen Sie mit Ihrem Latein am Ende sind und die Kinder einfach nicht kooperieren. Sie haben alle oben genannten Tipps ausprobiert, aber es funktioniert einfach gar nichts …

Kommt Ihnen das bekannt vor?

Wenden Sie die »beruhigende Treppe« an.

Nicht die »stille Treppe für böse Kinder«. (Stecken Sie die in den Mülleimer, wo sie hingehört.)

Der Unterschied zur »stillen Treppe« besteht darin, dass Sie sich zusammen mit Ihrem Kind auf die Treppe setzen, wenn es von seinen Gefühlen überwältigt und völlig außer Rand und Band ist und nicht das tut, worum Sie es bitten.

Ich betone: Sie müssen bei Ihrem Kind bleiben. Zerren Sie es nicht zur Treppe. Fragen Sie es, ob es eine Zeitlang neben Ihnen dort sitzen will. Legen Sie den Arm um Ihr Kind oder sagen Sie einfach, dass Sie mit ihm dort sitzen werden, damit Sie sich beide beruhigen können.

Setzen Sie sich gemeinsam hin. Verbinden Sie sich mit Ihrem Eulengehirn und sagen Sie beruhigend zu Ihrem Kind:

»Es ist okay«, immer wieder.

»Mama/Papa versteht es« (auch wenn das in diesem Stadium nicht der Fall ist).

»Mama/Papa kann dir helfen« (auch wenn Sie in diesem Stadium noch nicht genau wissen, wie).

Und: »Es ist okay, lass alles heraus.«

Wie wir schon gesehen haben, kann es für das Gehirn unseres Kindes (besonders für die Eidechse) beruhigend sein, hin und her gewiegt zu werden und immer wieder dieselben Worte zu hören.

Ich muss noch einmal klarstellen: Die »beruhigende Treppe« ist keine Strafe.

Setzen Sie sie in folgenden Situationen ein:

- Andere Kinder sind zum Spielen da, und Ihr Kind ist überwältigt und hört nicht auf Sie.

- Sie sind selbst im Pavianmodus und wissen nicht, was Sie sonst tun können.
- Sie spüren, dass Sie Ihr Kind aus einer Situation herausnehmen müssen, damit sich alle beruhigen.

Diese Methode braucht Zeit, aber wenn sie immer wieder mit Liebe und Empathie geübt wird, vertraut Ihr Kind bald darauf, dass Mama/Papa es wirklich versteht und weiß, was es »durchmacht«. Und dass es sich darauf verlassen kann, dass sie/er ihm hilft, sich wieder besser zu fühlen. Das holt Ihr Kind viel schneller vom Rand eines Zusammenbruchs zurück als körperlicher Zwang, Schimpfen oder Strafen. Es bedeutet auch, dass Ihr Kind künftig bereitwilliger kooperieren wird und Ihren Bitten nachkommen will.

Und das sagt Mike

»Früher habe ich gedacht, dass man nicht nur an Autorität einbüßt und als Vater Schwäche zeigt, wenn man einem weinenden Kind nachgibt, sondern dass die Kinder deswegen dann später im Leben auch weniger resilient sind. Als ich in den Siebzigerjahren im Nordosten von England aufwuchs, waren es die beiden schlimmstmöglichen Beleidigungen, dass ein Kind ›verzogen‹ oder ›schwach‹ war. Und durch Nachgeben erzeuge man genau das, so glaubten die Eltern damals. Heute denke ich, dass das absolut nicht zutrifft.

Als Eltern stark zu sein, heißt nicht, dem Kind seine Meinung aufzuzwingen, sondern die Motive hinter seinem Verhalten zu verstehen und mit ihm zusammenzuarbeiten. Sah man es früher als falsch an, wenn ein Kind ›seinen Willen bekommt‹, so weiß man heute, dass es das Kind ermutigt, mit Worten (oder der klugen Eule, wie Kate es aus-

drücken würde) seine Wünsche zu äußern. Und das hilft einem Kind, selbstsicherer und regulierter zu werden und bessere Entscheidungen zu treffen.«

Schlagen

Noch ein Wort zum Schlagen als Disziplinierungsmaßnahme: Ich lehne es ab. Ich halte nichts von körperlichen Züchtigungen, weil sie eine dreifach negative Wirkung haben:

1. Sie zerstören die Bindung zu unseren Kindern und schaden unserer Beziehung zu ihnen.
2. Sie zeigen, dass wir selbst nicht emotional reguliert sind und somit unseren Kindern kein Vorbild im Hinblick auf das erwünschte Verhalten sind.
3. Sie zeigen unseren Kindern, dass es in Ordnung ist zu schlagen, sodass sie dann vielleicht auch andere Kinder schlagen.

Ich weiß, dass es schwer sein kann. Wir können als Eltern an unsere Grenzen gebracht werden, und ich verstehe es. Ich war einmal bei einer Erziehungskonferenz, und nach meinem Vortrag kam ein Vater zu mir und sagte: »Ich wurde früher auch geschlagen, und es hat mir nicht geschadet!«

Ich fragte ihn sanft: »Aber wenn Sie zurückdenken – wie haben Sie sich dabei gefühlt?«

Seine Worte purzelten aus ihm heraus, bevor er auch nur die Chance hatte, darüber nachzudenken: »Ich habe mich geschämt.«

Wenn wir gegenüber unseren Kindern Gewalt anwenden, verletzen wir sie nicht nur körperlich, sondern auch seelisch. Das heißt, wir können diese schädlichen Gefühle der Scham und der Schuld erzeugen. Wenn wir unsere Kinder regelmäßig schlagen, kann das einen Zyklus der Scham entstehen lassen, der bis ins Erwachsenenalter anhält. Wenn Sie leicht die Fassung verlieren, lohnt es sich, Kapitel 14 anzuschauen, wo Sie Möglichkeiten finden, Ihren eigenen »Gefühlsbecher« zu füllen und besser reguliert zu sein. (Am Ende des Buches finden Sie noch viele weitere Quellen.) Mir ist klar, dass wir oft so erziehen, wie wir selbst erzogen worden sind. Aber wenn wir jetzt schon so weit in diesem Buch gekommen sind, wäre es schön, wenn die Erkenntnisse, die wir miteinander geteilt haben, Ihnen die Möglichkeit zur Veränderung in diesem einen Punkt geben würden. Das kann für Sie und Ihre Kinder nur von Vorteil sein.

Ich habe auch die Säuglingspsychologin Dr. Suzanne Zeedyk zu diesem Thema interviewt. Sie lebt in Dundee, und Schottland hat als erste Region in Großbritannien das Schlagen von Kindern verboten. »In unserer Kultur wurde es lange Zeit für akzeptabel gehalten, Kinder zu schlagen. Wir haben darin eine Möglichkeit gesehen, ihr Verhalten zu steuern, und glaubten, dass sie aus dem Schmerz etwas lernen. Aber die Wissenschaft hat festgestellt, dass Kinder durch das Schlagen nicht nur etwas über Grenzen lernen. Sie lernen auch etwas über Vertrauen. Sie lernen nämlich, dass die Menschen, die sie lieben, nicht vertrauenswürdig sind. Sie lernen, dass diese Menschen ihnen wehtun. Sie lernen, dass diese Menschen emotional nicht verlässlich sind. Das macht die Welt zu einem beängstigenden Ort, und es verändert die gesamte Biologie eines Kindes, weil es permanent mehr Stress mit sich herumträgt.« Es kann für Eltern schwer sein, über diese Erkenntnisse nachzudenken. Und es erfordert oft Mut, besonders wenn die Gedanken im Widerspruch zu dem stehen, was in unserer Kultur als normal gilt. Das Wertvollste, was Eltern einem Kind geben können, ist das Wissen, dass sie – auch in schwierigen Zeiten – emotional verlässlich sind. Wir vergessen zu oft, dass unsere Kinder uns zufriedenstellen wollen, dass sie Dinge mit uns zusammen tun wollen und nur selten gegen uns kämpfen wollen.

Weil wir Stress nun verstehen und wissen, wie er kleine Kinder dazu zwingt »auszuagieren«, können wir sicher sein, dass sie nicht »böse« sind. Und das heißt, dass wir ihr Verhalten nicht persönlich nehmen dürfen. Warum sollte ein kleiner Pavian bewusst gegen einen wütenden erwachsenen Pavian antreten?

Eulenweisheiten

- Unsere Kinder müssen verstehen, wo die Grenzen sind.
- Kreative Verträge können dazu beitragen, in der Familie Regeln aufzustellen.
- Wenn Kinder verstehen, dass ihr Verhalten Konsequenzen hat, fördert das ihre kluge Eule.
- Die »beruhigende Treppe« und das Erkennen von Win-win-Situationen wirken sich positiver auf das Verhalten aus als jede Strafe.
- Indem wir mit unseren Kindern und ihren Gefühlen arbeiten, fördern wir das wichtige Eulengehirn, sodass unsere Kinder lernen, ihre Gefühle in Zukunft selbst zu regulieren – und ohne Tränen über ihre Wünsche zu verhandeln.
- Durch sanfte Grenzen und Zusammenarbeit werden wir zu einem Team. Unsere Kinder fühlen sich gesehen und gehört, und ihre Bedürfnisse werden erfüllt, aber sie ver-

stehen auch, dass sie zuhören müssen, wenn Mama oder Papa etwas Wichtiges sagt.

Wenn das funktioniert, haben Sie in Ihrer Familie einen großen Sieg errungen!

KAPITEL 9

Warum Etiketten »böse« sind

Kommunikation und Wohlverhalten beruhen auf Gegenseitigkeit. Wir können von unseren Kindern nicht erwarten, dass sie mit uns zusammenarbeiten und unseren Wünschen entsprechen wollen, wenn wir sie ständig ausbremsen oder beschimpfen.

Beschimpfen … ich?! Wie meinen Sie das?!

Ich meine, dass wir manchmal zu unseren Kindern Dinge sagen, die wir niemals zu unseren Freunden sagen würden:

»Du bist verrückt!«

»Sei nicht so eine Heulsuse.«

»Du bist so schwierig!«

»Du bist so komisch.«

Und natürlich: »Du bist ein böses Kind!«.

Die Kommentare, die wir über unsere Kinder oder ihnen gegenüber abgeben, bleiben haften. Sie können bei ihnen Scham, Verlegenheit und Schuldgefühle auslösen. Diese Gefühle treffen sie im Innersten. Oft ist uns nicht einmal bewusst, dass wir es tun, aber ihrem Pavian ist es bewusst, und er verstaut diese Demütigungen und Verletzungen in seinem Gedächtnissack, an dem er ziemlich schwer zu tragen haben kann. Wir haben es bei Wilbur und dem müffelnden Weihnachtsmann gesehen: Wilbur hatte die Beschämung, die durch die Kommentare des Weihnachtsmanns bei ihm ausgelöst worden war, den ganzen Tag mit sich herumgetragen, bis sich dann abends all diese Gefühle und die Stressreaktion über den Badezimmerboden ergossen haben.

Wir haben einen angeborenen sogenannten »Negativitätsbias«, das heißt eine Tendenz, negative Informationen stärker wahrzunehmen als positive. Das erklärt, warum wir uns oft eher an Beleidigungen als an Komplimente erinnern und mehr darüber nachdenken.

Wir tun gut daran, das in der Erziehung zu berücksichtigen. Stellen Sie sich vor, wie es sich anfühlen würde, wenn Ihr Partner oder Ihre beste Freundin Sie den ganzen Tag »verrückt« oder »schwierig« nennen oder jeden Ihrer Vorschläge ablehnen und als »albern« bezeichnen würde. Und fragen Sie sich auch, was Sie von Ihrer eigenen Erziehung stärker in Erinnerung haben – die positiven Dinge, die Ihre Eltern zu Ihnen gesagt haben, oder die negativen?

Negative Etiketten bleiben länger haften und tun weh. Während meiner Beraterausbildung nahm meine Gruppe an einer Übung teil, bei der uns Papieretiketten an die Brust geheftet wurden. Wir konnten nicht sehen, was auf unserem eigenen Etikett stand, aber es waren Begriffe wie »Bienenkönigin«, »Witzbold«, »Klassenclown«, »Hypochonder«, »Fiesling«, »Genie« und »freundlich«.

Auf meinem Etikett stand »Hypochonder«. Uns wurde gesagt, dass wir Partygäste seien und mit den anderen Teilnehmern entsprechend den Etiketten auf ihrer Brust interagieren sollten. Wenn meine Kollegen mich ansprachen, hatten sie alle denselben besorgten Blick und eine leicht gerunzelte Stirn, und jeder fragte, wie es mir gehe und ob alles okay sei. Wenn ich sagte, dass es mir gut gehe, wurde noch einmal nachgefragt: »Bist du sicher?«

Anfangs fand ich es leicht irritierend, dass mich alle irgendwie beurteilten und davon ausgingen, dass etwas mit mir nicht stimmte. Ich war ein bisschen verunsichert und verärgert. Ich wollte sagen: »Hört auf, mich zu fragen, ob alles okay ist!« Ich wollte rebellieren und nicht dem Typ entsprechen. Ich zwang mich, fröhlicher und optimistischer zu sein, und sagte mit immer lauterer Stimme: »Mir geht es gut!« Ich versuchte, das Thema zu wechseln, aber meine Kollegen schienen entschlossen zu sein, mich auf diese Art zu sehen.

Ich hasste es, ein Etikett verpasst zu bekommen.

Aber nach nur fünf Minuten hatte ich mich schon ein wenig mit der Situation abgefunden und dachte: Was hat es für einen Sinn, sich die ganze Zeit dagegen zu wehren? Ich ließ mich auf die besorgte Haltung der anderen Partygäste ein und antwortete immer extremer: »Ach, mir geht es so schlecht!« Es bereitete mir fast eine gewisse Befriedigung, da ich sehen konnte, dass das ihrer Erwartung entsprach. Ich schlüpfte buchstäblich in die mir zugewiesene Rolle. Und all das innerhalb von zehn Minuten.

Und auch ich behandelte meine Kollegen anders. Bei einer stand »Fiesling« auf dem Etikett, und sie wurde im Lauf der »Party« immer mehr isoliert. Wir wollten gar nichts mehr mit ihr zu tun haben. Die arme Frau sagte hinterher, dass es ihr ähnlich wie mir ergangen sei: Sie sei erst verwirrt gewesen und habe sich gegen diese Behandlung wehren wollen, habe dann aber resigniert und sich traurig und ärgerlich gefühlt, weil sie von der Gruppe ausgeschlossen wurde.

Für uns als Berater in Ausbildung war diese Erfahrung eine sehr wirksame Übung, die uns dazu anregte, über die Kinder nachzudenken, mit denen wir arbeiten würden, und ihnen gegenüber nicht voreingenommen zu sein. Wir sollten darüber nachdenken, wie wir andere sehen, keine Etiketten verwenden und die uns anvertrauten Kinder nicht so sehen, wie andere sie »etikettiert« haben mochten, sondern so, wie sie waren.

Negative Wörter führen zu negativen Gedanken, und negative Gedanken führen zu negativem Verhalten. Wenn wir gegenüber unserem Kind oft genug ein negatives Etikett aufkleben, wird daraus wahrscheinlich eine sich selbst erfüllende Prophezeiung. Wir prägen damit auch das Selbstbild des Kindes, wie Dr. Suzanne Zeedyk im Zusammenhang mit Scham erläutert: »Eines der faszinierenden Dinge, die wir im Zusammenhang mit der kindlichen Entwicklung herausgefunden haben, ist, dass sich das Selbstbild von Kindern davon ableitet, wie sie von anderen Menschen behandelt werden. Wenn andere auf ihre Gefühle bestätigend reagieren, entwickeln Kinder die Überzeugung, wertvoll zu sein. Sie glauben, wichtig und etwas wert zu sein, weil andere sie so behandelt haben. Diese Überzeugung ist nicht einfach nur ein Gedanke. Sie beeinflusst die neuronalen Pfade im Gehirn und das Stresssystem in ihrem Körper. Darum fühlt sich Scham wie ein Tritt in die Magengrube an. Unser Wert als Mensch wird infrage gestellt, und diese Art von Zweifel löst eine physiologische Reaktion aus. Wenn wir also nicht wollen, dass Kinder mit einer von Scham geprägten Physiologie aufwachsen, tun wir gut daran, ihre Gefühle anzuerkennen und sie so zu behandeln, dass sie sich wertgeschätzt fühlen.«

Wie wir mit unseren Kindern und über unsere Kinder sprechen, hat einen großen Einfluss.

Positive Sprache

Wir sind gegenüber unseren Kindern nicht herablassend, wenn wir sie ernsthaft für ihr gutes Benehmen loben. Und je mehr Lob sie für ihr erwünschtes Verhalten bekommen, desto höher ist die Wahrscheinlichkeit, dass sie es wiederholen. Wenn wir unseren Kindern erklären, was sie richtig gemacht haben, und es unterstützen, wollen sie uns beeindrucken. Schließlich sind wir der Rudelführer, und in dieser Umgebung fühlen sie sich sicher. Es entsteht eine positive Feedback-Schleife, die wir in der Erziehung wirkungsvoll einsetzen können!

»Ach, Clemency, das war so nett von dir. Es ist schön, wenn du mit deinem Bruder teilst! Was für ein tolles Verhalten!«

An dieser Stelle muss ich betonen: Immer das Verhalten mit einem Etikett versehen, nicht das Kind. Egal, ob etwas Positives oder Negatives draufsteht.

Wir etikettieren das Verhalten, zum Beispiel als freundlich oder unfreundlich. Wir wollen nicht, dass sich unsere Kinder durch ihr Verhalten definiert fühlen. Wir wollen, dass sie ein starkes Selbstwertgefühl haben. Darum kann ich es nicht oft genug betonen: Das Verhalten etikettieren, nicht das Kind. Nicht das Kind ist unfreundlich, aber vielleicht sein Verhalten.

Wir können hier SAB einsetzen:

- Sagen, was wir sehen: »Ich sehe, dass du deinen Bruder geschlagen hast. Das ist kein nettes Verhalten.«
- Anerkennen: »Ich kann sehen, dass es gerade schwierig für dich ist. Du bist sehr verärgert!«
- Beruhigen: »Ich verstehe, dass es schwierig ist, wenn dein Bruder dein Spielzeug nimmt, aber wir schlagen nicht. Das ist kein freundliches und kein akzeptables Verhalten.«

Oder vielleicht:

- »Ava, du bist so ein tolles kleines Mädchen, aber das war gerade kein tolles Verhalten!«
- Und daran würde ich anschließen: »Du wirkst richtig wütend.« Das würde ich dann so stehen lassen, damit Ava weiß, dass ihre Wut ihr Verhalten angetrieben hat.

Wir müssen uns immer vor Augen führen, dass dem Verhalten unserer Kinder ihre Gefühle und die durch Stress ausgelöste Ganzkörperreaktion zugrunde liegen. Darum sollten wir versuchen zu erkennen, was unter der Oberfläche passiert, bevor wir bewerten und etikettieren. Unsere Kinder brauchen in diesen Situationen vor allem auch unser Verständnis. Wenn wir unser Kind beobachten und neugierig auf die Hintergründe sind, sagt uns das viel mehr als irgendein Etikett.

Als Nächstes können wir unseren Kindern eine Frage stellen, die ihr kleines Eulengehirn dazu anregt, auf ein positiveres und proaktiveres Verhalten umzuschalten.

»Sollen wir mal darüber nachdenken, was wir gegenüber deinem Bruder anders machen können?«

Unser Mitgefühl hilft dem Pavian zurückzutreten, weil er sich beruhigt. Dann fordern wir unser Kind zum Nachdenken auf. Das Eulenbaby mischt sich ein, und so wird mehr Fortschritt erzielt, als wenn wir unser Kind durch ein negatives Etikett beschämt oder eine andere Strafmaßnahme eingesetzt hätten.

Also keine negativen Etiketten.

Wissenswert

»Eltern können die Chemie im Gehirn eines Kindes dahingehend beeinflussen, dass sein innerer Gedankenfluss selbstermutigend statt voller Selbstkritik ist.«

Psychotherapeutin Dr. Margot Sunderland, *The Science of Parenting*

Und hier noch ein Gedanke zu Etiketten: Unsere Sprache sollte altersgerecht sein. Ein guter Freund von mir schrie vor Schmerz auf, als er auf den berüchtigten Legostein trat (einer der häufigsten Arbeitsunfälle von Eltern!), und fuhr seinen dreijährigen Sohn an: »Warum kannst du nicht besser auf deine Spielsachen achtgeben?!«

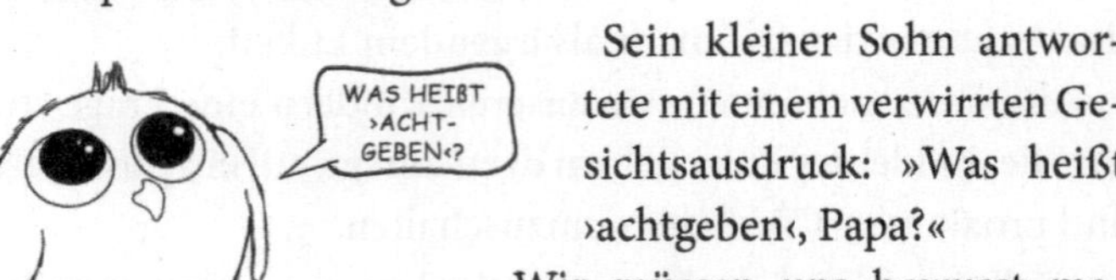

Sein kleiner Sohn antwortete mit einem verwirrten Gesichtsausdruck: »Was heißt ›achtgeben‹, Papa?«

Wir müssen uns bewusst machen, dass Kinder die Dinge anders sehen als wir, weil ihr Gehirn anders funktioniert. Der kleine Junge sah sein Zimmer nicht so wie sein Vater – dass es unordentlich war oder warum das ein Problem sein sollte, wenn Legosteine auf dem Teppich liegen. Für den Jungen war sein Zimmer schön, so wie es war – voller Spielsachen und Spaß. Darum ergab das Wort »achtgeben« für ihn keinen Sinn.

Wir müssen auf eine altersgerechte Sprache achten. Unsere kleinen Kinder mit ihrem Eulenbaby-Gehirn verstehen Zusammenhänge oder Wörter, die für uns selbstverständlich sind, nicht immer.

Und noch ein letztes Wort zu Etiketten und Sprache: Wir sollten vielleicht auch das Wort »Nein!« aus unserem Repertoire streichen. Dieser Gedanke wurde durch eine Übung inspiriert, die mir der Neuropsychiater und Autor Dr. Dan Siegel vorschlug, um mir deutlich zu machen, wie unterschiedlich es sich im Körper anfühlt, aggressiv oder freundlich angesprochen zu werden.

Sie könnten etwas Ähnliches auch selbst ausprobieren: Stellen Sie sich vor einen Spiegel und sagen Sie zu sich »Nein!«, als ob Sie sich tadeln wollten. »Nein!« »NEIN!« »NEIN!«

Wie fühlt sich das in Ihrem Körper an? Schauen Sie auch in Ihr Gesicht – es ist eine gute Übung, das Gesicht zu sehen, in das Ihre Kinder schauen, wenn Sie im Pavianmodus sind!

Halten Sie jetzt inne und sagen Sie stattdessen mit sanfter, beruhigender Stimme »Ja« zu sich. »Ja.« »Ja.« »Ja.«

Wahrscheinlich fühlt sich das in Ihrem Körper ganz anders an.

Stellen Sie sich vor, wie sich unsere Kinder fühlen, wenn wir laut werden. Und sie sind nicht mal so groß wie wir!

Es erzeugt in unserem Körper ein Gefühl des Unbehagens. Denken Sie also immer daran, dass sich die Art, wie wir mit unseren Kindern und über sie sprechen, in ihrem Körper niederschlägt.

Wenn wir öfter »Nein!« als »Ja« sagen, sagen wir unseren Kindern nicht, was wir WOLLEN, sondern wiederholen nur immer wieder, was sie falsch machen und was wir nicht wollen. Das kann von Ihren Kindern so verstanden werden, dass an ihnen etwas falsch ist. Es ist schwierig, ein Kind auf unsere Seite zu ziehen, wenn es ständig das Gefühl hat, etwas falsch zu machen. Es bekommt dadurch den Eindruck, immer das Ziel zu verfehlen.

Statt unserem Kind immer nur zu sagen, was es falsch macht, sollten wir uns darauf konzentrieren, was es richtig macht – oder welches Verhalten wir stattdessen von ihm sehen wollen. Wenn das Kind noch sehr klein ist und die Wand vollgemalt hat, können wir ihm zeigen, wo es malen darf. Vielleicht können wir ihm einen besonderen Ort schaffen, an dem es sich künstlerisch betätigen kann, eine Kiste mit dem dafür erforderlichen Zubehör füllen und ihm (mit Humor!) helfen zu verstehen, dass die Wände nicht mehr schön aussehen, wenn sie voller Kritzeleien sind. Dabei können wir witzig gestikulieren und sprechen.

Wenn unser Kind uns nicht als einen großen, bedrohlichen Pavian sieht, der es anschreit, sondern als die/den lustige(n) Mama/Papa, die/der ihm freundlich sagt, was es tun darf, dann ist die Aufgabe schon fast erledigt! Statt unserem kleinen Menschen mit seiner ohnehin schon ängstlichen Eidechse »Nein!« entgegenzubrüllen, können wir sein Eulenbaby aufbauen, indem wir es in unsere Überlegungen über Papier, und was man darauf malen kann, einbeziehen. Wir zeigen ihm leeres Papier und sagen lächelnd: »Darauf können wir malen, aber nicht an den Wänden.«

Ich wiederhole: Wir konzentrieren uns auf das, was wir sehen wollen, und schimpfen nicht wegen dem, was wir nicht sehen wollen.

Mit Humor und Freundlichkeit können wir unsere Kinder so viel leichter auf unsere Seite bringen. Das ist möglich, wenn gegenseitiges Vertrauen und gegenseitiger Respekt vorhanden sind, und ja, Respekt beginnt bei der Geburt. Wir müssen uns klarmachen, was Etiketten bedeuten und wie wir am besten mit unseren Kindern sprechen. Wenn wir freundlich mit ihnen sprechen und ihnen das Verhalten, das wir sehen wollen, demonstrieren, spiegeln sie es zurück.

Eulenweisheiten

- Dem Kind keine »Etiketten« anheften.
- Das Verhalten benennen und erwünschtes Verhalten bekräftigen und loben.
- Positive und altersgerechte Sprache ist immer ein Plus.

Wenn wir unser Kind anders sehen, sehen wir ein anderes Kind. Wenn wir unsere Kinder anders behandeln, verändern sie sich auch. Wenn wir sie nicht ständig kritisieren, bekommen wir viel mehr Kooperation, denn sie wollen mit uns zusammenarbeiten.

KAPITEL 10

Zehn Bonusminuten und Heldenstunden

Oktober 2020. Ich bin auf dem Weg ins Krankenhaus. Es ist sechs Uhr morgens. Mike bringt mich hin wegen einer OP am Fußballen (ausgerechnet), und eine Freundin passt ein paar Stunden auf die Kinder auf, bis er wieder zu Hause ist.

Aber schließlich dauerte das alles viel länger als erwartet, und wir waren erst am späten Nachmittag wieder zu Hause. Ich war von der Vollnarkose immer noch etwas benommen, und nachdem ich unsere Kinder mit einer Umarmung begrüßt hatte, ging ich zu Bett, um mich auszuruhen. Wie die meisten Eltern in der heutigen Zeit mussten auch wir jonglieren. Mein Mann musste zur Arbeit, nachdem er die Kinder gebadet und das Abendessen zubereitet hatte. Darum baten wir eine Freundin, mir beim Zubettbringen der Kinder zu helfen. Sie sagte mir, ich solle mich unten ausruhen, während sie die Kinder bettfertig machte.

Aber gegen 19.30 war zu hören, wie Wilbur den Flur entlangstürmte, in Clemencys Zimmer rannte und ihre Kissen durchs Zimmer warf. Ich zuckte zusammen, fühlte mich hilflos, konnte nicht gehen und war frustriert, weil die Kinder nicht das taten, was sie sollten. Ein Außenstehender hätte meinen Sohn vermutlich als »ungezogen« beschrieben. Ich vermutete, dass auch meine Freundin das so sah.

Mir kam die Analogie eines flatternden Segels in den Sinn. Wenn beim Segeln die Person am Ruder die Hand vom Steuerrad nimmt, wenn sie das am Segel befestigte Seil loslässt, flattert es wild, der Baum schwingt gefährlich herum, und das Boot droht zu kentern. Ich hatte an diesem Tag sozusagen »meine Hand vom Steuerrad genommen«. Es war nicht mein Fehler, dass unser Tagesablauf etwas durcheinandergeraten war, aber es war sicher auch nicht Wilburs Fehler. Der arme Wilbur. In seinem jungen Gehirn geht es immer noch sehr ums Überleben, und nachdem Mike und ich so lange weg gewesen waren und ich dann auch noch mit einem dicken Verband an meinem Fuß zurückgekommen war, nicht gehen konnte und offensichtlich Schmerzen hatte, war das für ihn wahrscheinlich doch beängstigender, als ich erwartet hatte. Wie wir wissen, sind unsere Kinder darauf programmiert, sich in den ersten Jahren ganz auf ihre Eltern zu verlassen. Die beängstigenden Gefühle, die Wilbur den ganzen Tag über in sich aufgestaut hatte, kamen jetzt an die Oberfläche. Gab es eine bessere Möglichkeit, alles Aufgestaute herauszulassen, als durch Herumrennen und Kissenwerfen?

Im Bruchteil einer Sekunde sah ich meinen kleinen Sohn nicht mehr als »bösen« Jungen, der sich weigerte, ins Bett zu gehen, sondern als flatterndes Segel, das die Verbindung verloren hatte und verängstigt war, weil seine Mama krank war.

»Wilbur, du musst jetzt ins Bett gehen. Bitte geh in dein Zimmer, es ist Schlafenszeit. Wo sind deine Ohren, die zuhören!? Entscheide dich bitte für das Richtige.«

Aber um eine Verbindung zum Gehirn meines Sohnes herzustellen, nachdem seine Eidechse und sein Pavian den ganzen Tag lang Alarmstufe Rot gemeldet hatten, genügte es nicht, die Treppe hinauf zu rufen. Mir wurde klar, dass ich mit langen Sätzen und Vernunft nichts erreichen würde.

Wilbur drehte sich um und lief in Clemencys Zimmer. Ich hörte sie vor Ärger kreischen. Toll! Jetzt hatte ich ein zweifaches Problem! Ich rief ihn noch einmal.

»Wilbur!«

Ich war verärgert und verlegen, weil er sich in Gegenwart meiner Freundin so verhielt. Ich hatte ihr erzählt, dass ich dieses Buch schrieb, und da stand ich nun, und meine eigenen Kinder weigerten sich, zu Bett zu gehen! Ich fühlte mich verletzlich, weil ich nur mit Mühe gehen konnte. Aber ich wusste, dass es keine Gewinner geben würde, wenn ich laut wurde.

Ich kämpfte mich die Treppe hinauf. Wilbur rannte in sein Zimmer. Als ich hineinhumpelte, lag er kichernd im Bett, was ich als eine Art Stressabbau interpretierte. Ich lächelte im Dunkeln, klopfte auf die Bettdecke und sagte: »Komm, Mama legt sich zu dir. Ich glaube, du brauchst ein bisschen Mama-Zeit. Du hast mich ja den ganzen Tag nicht gesehen.«

Ich spürte die Erleichterung in seinem Körper, als er sich entspannt zurücklegte. Er wurde nicht nur nicht getadelt, sondern bekam auch noch das, was er vermutlich den ganzen Tag vermisst hatte. In meiner Nähe zu sein. Er kuschelte sich unter meinen Arm, und ich fuhr fort:

»Ich kann sehen, dass es ein bisschen schwierig für dich ist, wenn Mama einen kranken Fuß hat!«

Er drehte den Kopf und schaute mich an. »Warum musst du diesen Schuh anhaben, Mama?«

Dann noch eine zweite Frage schnell hinterher:

»Was haben die mit dir gemacht?«

Und:

»Tut es weh?«

In diesem Augenblick wurde ich wieder einmal daran erinnert, dass das »wilde« Verhalten unserer Kinder oft einfach nur der äußere Ausdruck ihres inneren Unbehagens ist. In diesem Moment war ich dankbar für all die Lektionen, die ich schon gelernt hatte. Ich konnte den Spieß umdrehen und mich daran erinnern, die Situation aus seinem Blickwinkel zu betrachten. Er hatte nicht die Perspektive eines Erwachsenen. Als ich durch die Tür gehumpelt kam, dachte er nicht: »Oh, Mama wurde anscheinend am Zehenballen operiert – kein Grund zur Sorge. Bei großen Frauen in ihrem Alter kommt das relativ häufig vor. Die Prognose ist wahrscheinlich sehr gut.«

Nein, Wilbur hat die Perspektive eines kleinen Jungen, der erst seit knapp sechs Jahren auf dieser Welt ist. Millionen Jahre Evolution haben ihn gelehrt, dass Erwachsene für ihn überlebenswichtig sind. Als ich mit Verband und offenkundig eingeschränkt durch die Tür gehumpelt kam, sah sein Reptiliengehirn, dass eine Hälfte seines Überlebensnetzwerks ausgefallen war, nicht mehr jagen und sicher auch nur noch mit großer Mühe sammeln konnte.

Für unsere Kinder können Dinge oft den Unterschied zwischen Leben und Tod ausmachen. Das ist keine Frage des bewussten Nachdenkens, es liegt tiefer. Wir leben zwar in einer modernen Welt, aber das Gehirn unserer Kinder hat uralte Überlebensmechanismen.

Ich erklärte Wilbur, dass ein Knochen in meinem Fuß falsch gewachsen war, sehr wehgetan hatte und von den Ärzten geheilt werden musste. Darum hatten sie meinen Fuß aufgeschnitten und verbunden. Ich musste mich jetzt ausruhen und konnte nicht sehr weit gehen.

Ich rief nach Clemency. Sie ist zwar älter, und ich weiß, dass sie mehr versteht, aber ich habe immer das Gefühl, dass man am besten beide Kinder gleichzeitig anspricht, damit sich keines ausgeschlossen fühlt oder sich allein Sorgen macht.

Ich hörte sie den Flur entlangkommen, und dann zog sie sich einen kleinen Stuhl neben das Bett. Auch sie hatte eine Frage: »Was haben sie gemacht? Sag es uns, aber denk dran, dass ich zimperlich bin!« Sie lächelte.

»Was ist zimperlich?«, fragte Wilbur.

Und so führten wir drei im Dunkeln ein Gespräch, ich im Bett mit meinem kleinen Jungen, der den Kopf an meine Schulter lehnte, und meine schon reifere Tochter neben dem Bett sitzend und meine Hand haltend. Ich erklärte ihnen, dass es mir leidtat, nicht voll einsatzfähig zu sein, aber dass es mir bald wieder besser gehen würde. Ich fragte sie, welche Spiele wir spielen konnten, während ich mich ausruhen musste.

Clemency stimmte ein Lied an und fragte, ob ich es mit ihr singen würde, sodass sie den Text lernen könne. Wilbur stimmte mit ein. Wir sangen im Dunkeln, in schöner (und etwas überraschender) Harmonie.

Ich dachte lächelnd an unsere urzeitlichen Vorfahren, an die Lieder, die am Ende des Tages gesungen wurden, wenn der Stamm zusammenkam, um nach Tod, Krankheit oder der anstrengenden Jagd Heilung und Ruhe zu finden. Und daran, wie heilend auch unser Zusammensein im Dunkeln war. Darum werde ich ewig dafür dankbar sein, dass ich Menschen wie Dr. Bruce Perry, Liza Elle und all die anderen, die zu diesem Buch beigetragen haben, interviewt habe. Sie haben mir die Augen für eine intuitive Erziehung nach atavistischen Weisheiten geöffnet: Ich kann meine Kinder und ihr Verhalten verstehen – nicht durch das Prisma eines Etiketts oder die Augen einer Erwachsenen, sondern einfach durch meine Kinder. Dieser Abend hätte ganz anders ausgehen können. Wenn ich meine Kinder als »böse« gesehen hätte, hätte ich diesen Augenblick so dringend benötigter Verbundenheit versäumt, und meine Kinder wären im Dunkeln, allein mit ihrem Unbehagen, zu Bett gegangen.

Es dauert nur ein paar Sekunden, um zu sich fragen, was bei einem Kind gerade vor sich geht und wie man helfen kann (statt sich zu fragen, was bei ihm »nicht stimmt«). Es dauert Sekunden zu fragen, Minuten, um den Schmerz zu lindern, und dann passiert etwas Magisches. Man erzielt eine unschätzbare Dividende. Die Investition zahlt sich ein Leben lang aus und gibt uns Eltern die Möglichkeit, unsere Kinder friedlich und harmonisch aufzuziehen.

Jedes Kind braucht Liebe, um zu gedeihen. Diese Liebe ist nur in der Verbindung zu unseren Kindern spürbar. Und diese Verbindung kann nur entstehen, wenn wir Zeit mit ihnen verbringen. Ich weiß, wie schwierig es sein kann, intensive Zeit mit unseren Kindern zu verbringen, wenn unsere Tage so vollgepackt sind. Mit »intensiver« Zeit meine ich Zeit, in der wir ruhig mit ihnen zusammensitzen, Blickkontakt haben, unbeschwert miteinander lachen und aufeinander konzentriert sind.

Intensive Zeit ist nicht die Zeit, die wir damit verbringen, unseren Kindern hastig die Schuhe anzuziehen oder die Zähne zu putzen oder das Abendessen zuzubereiten. Intensive Zeit bedeutet, ruhig dasitzen zu können, ohne Smartphone, Bildschirme oder andere Ablenkungen. Einfach nur da zu sein, zu atmen, die Wärme ihres Körpers neben uns zu spüren, den Duft ihres Haares zu riechen und daran erinnert zu werden, wie unglaublich es ist, Eltern zu sein.

Intensive Zeit mit unseren Kindern ist etwas, dem wir vor allem anderen Vorrang geben müssen. Wenn wir keine intensive Zeit mit unseren Kindern verbringen, bekommen wir das »Flatternde-Segel-Syndrom«, wie ich es nach meiner Fuß-OP bei Wilbur erlebt habe. Dann fangen meine Kinder an, herumzurennen und um sich zu schlagen, wie das gefährlich flatternde Segel auf dem Boot, wo der Baum hin und her schwankt und die Gefahr besteht, dass unser kleines Familienboot kentert. Und all das nur, weil ich meine Hand von der Pinne genommen habe. Ich weiß, wann meine Kinder nicht genug von mir bekommen haben, weil dann ihr Verhalten von dem beherrschter, ruhiger und mitfühlender Kinder zum Verhalten zankender, tobender und ungehorsamer Kinder wechselt.

All das sind Zeichen dafür, dass sich meine Kinder besser »verankert« fühlen müssen, um bei der Segel-Analogie zu bleiben. Und sie fühlen sich besser verankert, wenn sie meine Aufmerksamkeit haben und genug Liebe von mir bekommen.

Bei der Beratung sprechen wir von uns selbst als »Behältnis« und davon, dass wir seelisch und körperlich gesund sind, wenn wir uns »voll« fühlen. Wenn uns etwas fehlt, wenn wir eine innere Leere spüren, neigen wir oft dazu, sie mit etwas anderem »auszufüllen«: Essen, Trinken, Onlineshopping, was auch immer uns ein besseres Gefühl gibt, und sei es auch nur vorübergehend.

Wenn wir »voll« sind, können wir durch das Leben gehen, ohne mit Dingen oder externer Bestätigung künstlich »nachzufüllen«. Bei kleinen Kindern entsteht das Gefühl, seelisch »voll« zu sein aus unserer Fürsorge, unserer Liebe und Aufmerksamkeit. Dann können sie alle Herausforderungen bewältigen, mit denen das Leben sie konfrontiert. Ich nenne das gern »das Auffüllen ihres Gefühlsbechers«.

WERKZEUG-TIPPS

Zehn Bonusminuten und Heldenstunden

Wir können den Gefühlsbecher unserer Kinder auffüllen, indem wir zunächst einmal zehn Minuten pro Tag und eine Stunde pro Woche als intensive Zeit mit ihnen festlegen.

Zehn Bonusminuten

Wir sollten jeden Tag zehn Minuten pro Kind finden, um wirklich intensive Zeit mit ihm zu verbringen. Zehn Minuten, in denen unsere Kinder das bekommen, was sie sich am meisten von uns wünschen – unsere ungeteilte Aufmerksamkeit. Ich weiß, dass das in unserer heutigen Zeit manchmal schwierig sein kann. Ich spreche immer wieder mit Psychotherapeuten, die aufgebracht darüber sind, dass – wie sie es ausdrücken – »die Wirtschaft über das Familienleben triumphiert«. Aber wir müssen uns um ein Gleichgewicht bemühen, denn am Ende leiden unsere Kinder (und wir) darunter. Wenn wir von unserem Telefon oder von der Arbeit abgelenkt sind, wenn wir bei unseren Kindern nicht ganz präsent sind, weil eine Zillion andere Dinge zu erledigen sind, zeigt sich diese fehlende Verbindung im Verhalten der Kinder.

Wenn wir körperlich anwesend, aber geistig emotional nicht verfügbar sind, kann sich das für unsere Kinder wie eine schmerzliche Zurückweisung anfühlen. Therapeuten wie Dr. Gabor Maté sind der Meinung, dass es vielleicht eines der emotional schädlichsten Dinge ist, die wir unseren Kindern antun können: anwesend, aber nicht wirklich bei ihnen zu sein. Das führt uns wieder zu den Schamgefühlen zurück, dem Gefühl, dass etwas mit mir nicht in Ordnung sein muss, wenn meine Eltern keine Zeit mit mir verbringen wollen. Wir haben gegenüber unseren Kindern eine Verpflichtung, denn wir haben als Eltern eine Zusage gemacht.

»Aber Kate, ich habe nicht die Zeit dafür!«

Ernsthaft?

600 Sekunden?

Zehn Minuten, um vor oder nach einem langen Tag eine Verbindung zu Ihrem Kind herzustellen?

Zehn Minuten, um es zu sehen, zu hören und ihm nahe zu sein? Wirklich?

Wir können zehn Minuten finden, denn das ist vielleicht eines der wichtigsten Dinge, die wir je für unser Kind tun können.

Schauen wir uns unseren Tag an: Welche Aktivität, die zehn Minuten dauert, könnten wir tauschen?

Soziale Medien? Ich weiß, dass die meisten von uns dafür sicher zehn Minuten pro Tag aufwenden; durchblättern, Foto für Foto, Seite für Seite … Oder vielleicht könnten zehn Minuten Fernsehen getauscht werden?

Wir müssen nachdenken, und es wird persönlich, aber wenn wir diese zehn Minuten finden können, wird sich die Bindung zu unseren Kindern verändern. Ich kann nur wiederholen: Die Belohnung, die wir als Eltern später im Leben dafür bekommen, ist unermesslich.

Zehn Minuten.

600 Sekunden.

Das ist alles.

Zehn Bonusminuten oder »Zehn Minuten besondere Zeit« – wie auch immer wir es nennen wollen. In diesen magischen zehn Minuten, die wir mit unseren Kindern verbringen, tun wir etwas Grundlegendes für unsere Beziehung: Wir füllen diesen kleinen Becher randvoll mit Liebe, Zeit und Aufmerksamkeit. Und das hilft unserem Kind, sicher durch den Tag zu kommen oder am Ende des Tages wieder ein Gleichgewicht zu finden. Indem wir mit regelmäßigen zehn Bonusminuten in unsere Kinder investieren, werten wir alles, was wir mit den zuvor beschriebenen Werkzeugen erreicht haben, zusätzlich auf.

Und diese zusätzliche Aufwertung bedeutet Folgendes:

- Wenn wir mit unseren Kindern verbunden sind, ist die Wahrscheinlichkeit höher, dass sie Blickkontakt mit uns halten.
- Wenn wir ihnen eine Frage stellen, ist die Wahrscheinlichkeit höher, dass sie zuhören.
- Sie sind eher bereit, Aufforderungen wie »Aufräumzeit!« nachzukommen.
- Sie reagieren bereitwilliger auf die Bitte, im Haushalt zu helfen.
- Ihr Verhalten bessert sich, denn sie wollen uns zufriedenstellen, weil wir ihnen das beste Geschenk von allen machen: unsere Präsenz!

Nicht nur unsere Kinder, sondern auch wir selbst werden süchtig nach den zehn Bonusminuten, weil etwas Magisches geschieht, wenn wir ohne Terminplan und ohne vom Smartphone oder dem Piepsen einer ankommenden E-Mail gestört zu werden, bei ihnen sitzen. Wir werden daran erinnert, was für ein Glück wir haben, Eltern zu sein.

Wir würden uns keinen Hund zulegen, wenn wir nicht der Meinung wären, dass wir die Zeit haben, mit ihm rauszugehen. Für unsere Kinder sollten wir nicht weniger voraussetzen. Sie haben das gleiche Säugetiergehirn, das erforschen, beschäftigt sein, lernen und Spaß haben will. Welpen, die allein gelassen werden, sind gelangweilt, schlecht gelaunt und machen irgendwas kaputt. Und unsere Kinder?

Wir müssen in den ersten fünf Jahren für sie da sein, damit sie lernen können, wie sie sicher und konstruktiv spielen und neue Erfahrungen sammeln können. Warum wollten wir Kinder bekommen, wenn wir nicht unsere Zeit in die Beziehung investieren könnten, die wir zu ihnen haben möchten?

Meine Kinder lieben es, wenn wir jeden Morgen oder abends zehn Bonusminuten, wertvolle zusätzliche Mama-Zeit, miteinander verbringen.

Vielleicht fragen Sie sich jetzt: Was genau passiert in den zehn Bonusminuten?

Antwort: Alles, was unsere Kinder wollen! Und was der Tageszeit angemessen ist. Morgens könnte das heißen: Mit einem Buch oder Puzzle auf dem Boden sitzen. Oder Wilbur demonstriert seine Schwertkampffähigkeiten, während ich tapfer versuche, ihn mit einem Lichtschwert abzuwehren (fragen Sie nichts Näheres dazu …); ich ringe mit ihm auf seinem Bett; ich krabble auf allen vieren herum und spiele »Welpe« oder wir liegen auf dem Boden und schauen in die Wolken. Abends lesen wir vielleicht einfach eine Geschichte oder kuscheln uns zusammen in sein Bett und sprechen über den Tag.

In den zehn Bonusminuten sind wir der Flaschengeist, und die Wünsche unseres Kindes sind uns Befehl, so einfach ist das. Der Zauber liegt in diesen Augenblicken in unserer Konzentration auf unser Kind. Ohne Ablenkung. Ohne Unterbrechung. Nur wir und unsere Kinder, jeden Tag zehn Minuten.

Mit einem Becher voller Liebe von uns bleiben unsere Kinder im Gleichgewicht, auch wenn ihr Becher tagsüber (im

Kindergarten oder in der Schule oder durch einen kleinen Bruder, der ihnen das Lieblingsspielzeug wegnimmt, oder eine ältere Schwester, die nicht mit ihnen spielen will) ein bisschen durchgeschüttelt wird.

Jeden Tag zehn Minuten, um sicherzugehen, dass der emotionale Becher unseres Kindes immer wieder aufgefüllt wird. Das bedeutet, dass die für die Stressreaktion zuständigen »Tiere« (die Eidechse und der Pavian) ein Überschwappen des Bechers im Laufe eines turbulenten Tages durchstehen können, bis wir den Becher abends wieder auffüllen. Weniger Gefühlsausbrüche und Wutanfälle – sind Sie immer noch nicht sicher, ob Sie Zeit dafür haben?

Vielleicht wollen Sie die zehn Minuten jeden Tag zu einer bestimmten Zeit einplanen. Ich persönlich finde, dass die beste Zeit am Morgen vor der Schule (in unserem Fall zwischen 7.45 und 8.15) oder noch früher ist, wenn mein Sohn schon um sechs Uhr aufgewacht ist. Jeder muss selbst herausfinden, was zu seinen persönlichen Umständen passt.

Vielleicht finden Sie einen guten Signalton, der die besondere Zeit einläutet – vielleicht ein Lied, das Ihr Kind mag, oder ein Geräusch, das es beruhigend findet. Sie müssen aber keinen Wecker stellen, das ist nur ein Tipp zum Einleiten dieser Morgen- oder Abendroutine. Ich verwende kein Signalsystem mehr, und wir sind nicht auf eine bestimmte Uhrzeit fixiert. Ich sage einfach: »Ein bisschen besondere Mama-Zeit?«, und schon geht's los!

Ich versuche auch, nicht die Zeit zu stoppen, da es ablenkt (und auch ein bisschen kränkend für das Kind ist), wenn

Mama ständig auf die Uhr schaut. Sie werden vielleicht feststellen, dass Sie selbst beim Spielen auch die Zeit vergessen (und unbemerkt Ihren eigenen Gefühlsbecher auffüllen). Vertrauen Sie auf Ihre Intuition und lassen Sie sich mitreißen. Wenn Sie das Gefühl haben, dass die Zeit fast vorbei ist, können Sie sagen: »Okay, Schatz, wir haben noch ein paar Minuten.« Wenn der Becher Ihres Kindes voll ist, wird es das bereitwillig akzeptieren – und es weiß ja auch, dass es am nächsten Tag mehr davon bekommt!

Es ist völlig in Ordnung, Grenzen zu setzen, wenn wir einen engen Terminplan haben oder das Kind zur Schule bringen müssen, aber zehn Minuten müssen es sein. Wir folgen einfach dem Kind – es zeigt uns, was es tun will.

Wenn unser Kind nicht aufhören will oder unruhig wird, wenn die zehn Minuten vorbei sind, zeigt uns das, dass sein »Becher ziemlich leer ist«, und dass es ihm schwerfällt, uns loszulassen. Wenn Sie das spüren, versuchen Sie bitte (falls möglich), so lange wie möglich mit ihm zu spielen, um seinen Becher bis zum Rand aufzufüllen!

Heldenstunden

Denselben Zweck wie die zehn Bonusminuten erfüllen unsere »Heldenstunden«. Idealerweise sollten wir zusätzlich zu den täglichen zehn Minuten jede Woche mit jedem Kind eine ganze Stunde intensive Zeit verbringen. Das ist eine Stunde, in der unser Kind uns ganz für sich hat! Es darf wieder entscheiden, was es mit uns in dieser Zeit tun will. Vielleicht will es Kegeln gehen, auf Bäume klettern, spazieren gehen, malen, ein bestimmtes Spiel spielen – Ihr Kind darf einfach frei wählen. Es gibt nur die offenkundigen Grenzen: Es darf nicht die Welt kosten und muss kindgerecht sein (also keine Casinobesuche!).

Ganz im Ernst: Da wir als Eltern oft so wenig Zeit haben, vor allem als Alleinerziehende mit mehreren Kindern, mangelt es vielleicht an der Verbundenheit, die wir uns wünschen. Indem wir Heldenstunden mit jedem Kind einplanen, können wir zumindest etwas Zeit zu zweit zusagen, was oft schon reicht, um die Brüche und Herausforderungen einer mit Aktivitäten vollgestopften Woche auszugleichen.

Dabei ist zu beachten, dass wir nur so viel tun müssen, wie uns möglich ist. Vielleicht können wir für die Heldenstunde mit einem unserer Kinder Verabredungen für die anderen Kinder mit ihren Freunden organisieren oder die Zeiten nutzen, wenn die anderen Kinder festen Aktivitäten nachgehen. Wir müssen einfach erfinderisch sein, wenn es darum geht, die Zeit zu finden, in der uns ein Kind mal ganz für sich allein hat.

Es darf dann frei wählen, was es tun will. Bei meinen Kindern überrascht es mich immer wieder, wie einfach ihre Wünsche sind: ein Kartenspiel, etwas backen, ausmalen, was auch immer – es muss nicht teuer oder aufwendig sein.

Eine goldene Regel gilt jedoch: keine Computerbildschirme! Idealerweise sollte das auch für den Fernseher gelten, denn wenn man zusammen einen Film schaut, interagiert man nicht wirklich ohne Ablenkung miteinander. Aber es kann eine sehr schöne Aktivität mit einem Kind oder für die ganze Familie sein, zusammen einen Film anzuschauen – zusätzlich zur Heldenstunde.

Bildschirmzeit für die Kinder – Bildschirmzeit für uns selbst

Unsere Welt hat sich im Hinblick auf unseren Zugang zu Medien und das, was inzwischen online verfügbar ist, sehr verändert – schon im Vergleich zu dem, was den meisten Eltern in ihrer Jugend zur Verfügung gestanden hat. Es gab schon oft die Forderung nach klaren Vorgaben dazu, was für Kinder unter fünf Jahren an Medienkonsum und Bildschirmzeit angemessen ist.

In einem Interview erklärte mir der Kinderpsychiater Dr. Dickon Bevington, dass wir in den ersten Jahren, wenn sich unser Gehirn am schnellsten entwickelt, »das verlieren, was wir nicht nutzen«. Das wird als »Pruning« bezeichnet. Bevington hat das schöne Beispiel gebracht, dass Babys zwischen verschiedenen Meerschweinchengesichtern unterscheiden können, weil wir mit der Fähigkeit geboren werden, auf so viele winzige Details zu achten! Da wir in unserem Leben jedoch nicht allzu vielen Meerschweinchen begegnen, verlieren wir diese Fähigkeit ziemlich schnell.

Aber Babys und Kleinkinder müssen in der Lage sein, menschliche Gesichter zu lesen, wenn sie mit anderen Menschen interagieren sollen. Und das Leben hilft uns, das zu üben, wenn wir unsere Eltern und andere Menschen um uns herum beobachten – ihre Mimik, eine überrascht hochgezogene Augenbraue, eine angewidert gerümpfte Nase, eine defensive Haltung oder ein sich beim Lachen schüttelnder Körper (oder ist das nur bei mir so?).

Alle diese Dinge helfen dem Gehirn unserer Kinder, sich zu entwickeln. Da drängt sich die Frage auf: Was ist, wenn unsere Kinder die soziale Interaktion nicht so viel wie möglich üben?

Der Psychologe und Kinderexperte Dr. Aric Sigman äußert sich schon lange besorgt über die zunehmende Bildschirmzeit und ihre Auswirkungen auf die Gehirnentwicklung unserer Kinder. Seine Forschung hat ein verstärktes Auftreten bildschirmbezogenen Suchtverhaltens belegt, was auf eine beeinträchtigte Verarbeitung von Belohnungen und eine mangelhafte Impulskontrolle hindeutet.

Kurz gesagt: Das sich entwickelnde Gehirn unserer Kinder kann (zum Nachteil) geprägt werden, wenn sie intensiv bestimmten Bildschirmaktivitäten ausgesetzt sind. Daraus ergibt sich wiederum die Frage: Was gilt als »intensiv« und von welchen Aktivitäten ist hier die Rede?

Es hat eine Reihe von Empfehlungen, unter anderem von Organisationen wie der American Academy of Pediatrics, gegeben, die Bildschirmzeit für Kinder unter fünf Jahren einzuschränken, aber das soll noch gründlicher untersucht werden.

Auch mich stimmt die zunehmende Nutzung von Smartphones, Tablets und Laptops durch Kinder besorgt, da sie sich nachteilig auf den Schlaf, die Fitness (bei längerem Sitzen) sowie die zukünftige Fähigkeit zur Interaktion mit anderen auswirken kann.

Ich weiß aber auch, dass uns Fernseher und Handy-Bildschirme zur Ruhe bringen können, wenn wir völlig durch den Wind sind. Sie bieten uns eine Stunde Auszeit, sind ein »kostenloser Babysitter«, und wir wissen, dass unsere Kinder beim Fernsehen oder Spielen am Handy oder Tablet sicher und still sind und wir uns dem widmen können, was zu Hause gerade ansteht.

Also geht es darum, ein Gleichgewicht zu finden. Wir sollten auf der Grundlage dessen, was wir jetzt über die Gehirnentwicklung von Kindern wissen, entscheiden, was angemessen ist und was nicht. Wir wissen alle instinktiv, wann unsere Kinder zu viel Bildschirmzeit hatten und nicht genug draußen gespielt oder mit uns interagiert haben.

Aufgrund meiner Recherchen entschieden mein Mann und ich, dass unsere Kinder in den ersten Jahren keinen Zugang zu Smartphones oder Bildschirmen haben sollten. Und wir entschieden, dass wir selbst auch Verantwortung für unsere Bildschirmzeit zu Hause übernehmen mussten. Wir wissen ja, dass kleine Paviane sich unwohl fühlen, wenn wir in ihrer Nähe sind, aber nicht auf ihre Signale reagieren. Das ist sowohl bei Babys als auch bei Kleinkindern und Fünfjährigen so. Stellen wir uns einfach vor, wie wir uns fühlen, wenn ein Partner oder Freund mitten in einer Unterhaltung zum Smartphone greift und anfängt, darauf herumzutippen. Wenn wir so etwas schon als Zurückweisung empfinden, können wir uns vorstellen, wie es sich für unsere Kinder anfühlt, wenn wir uns so verhalten! Wir wollen doch sicher nicht, dass unsere Kinder glauben, dass wir uns lieber mit unseren Smartphones beschäftigen als mit ihnen.

So sehr, wie sich unsere Kinder nach unserer Umarmung sehnen, sehnen sie sich auch nach unserer mentalen Präsenz. Und die bekommen sie nicht, wenn wir auf unser Smartphone starren.

Wir haben alles, was nötig ist, um das zukünftige seelische Wohlbefinden unserer Kinder zu sichern. Mit unseren Umarmungen, unserer Liebe und unserer Aufmerksamkeit können wir als Eltern unseren Kindern die größten Geschenke ihres Lebens machen.

Vielleicht müssen wir im Homeoffice arbeiten und wollen mit unseren Online-Communitys verbunden sein, aber wir wissen (und mein Mann und ich sind sicherlich nicht dagegen

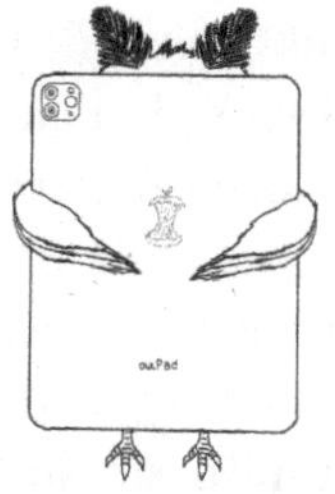

immun), wie abhängig Smartphones und die sozialen Medien machen können. Wenn wir uns unserer eigenen Gewohnheiten bewusst sind, können wir sie leichter ändern. Dafür ist es nie zu spät – nicht für uns und nicht für unsere Kinder.

Folgende Änderungen wären denkbar:

- Mit dem Partner oder anderen Betreuungspersonen absprechen, wie viel Bildschirmzeit wir für unsere Kinder angemessen finden.
- Vielleicht den Familienvertrag nutzen, um das Thema (in altersgerechter Sprache) zu besprechen und den Kindern zu erklären, warum wir unsere Entscheidung getroffen haben. Kleinen Kindern können Sie erklären, dass der Pavian und das Eulenbaby lieber draußen herumtollen, als zu lange auf einen Bildschirm zu schauen.
- Entscheiden Sie, ob Bildschirme und Smartphones in den Kinderzimmern zulässig sind oder nur in einem Raum (z. B. im Wohnzimmer) genutzt werden sollen.
- Für die eigene Bildschirmnutzung Grenzen setzen. Wir versuchen (!) inzwischen, unsere Smartphones um 19 Uhr auszuschalten und unseren Kindern zu demonstrieren, dass wir keine Sklaven des Bildschirms sind.
- Wenn wir arbeiten oder etwas auf dem Smartphone nachschauen müssen, können wir es vielleicht tun, wenn die Kinder nicht in der Nähe sind.
- Beim Spielen lege ich mein Smartphone in ein anderes Zimmer, um nicht von ankommenden E-Mails oder Nachrich-

ten abgelenkt zu werden. Ich weiß, dass ich dann während der zehn Bonusminuten und der Heldenstunden eine lustigere und konzentriertere Mama bin!

Kommen wir wieder zu den Bonusminuten und Heldenstunden zurück: Je häufiger wir sie praktizieren, desto magischer werden sie, und desto sichtbarer wird der Zusammenhang zwischen der Zeit, die wir in einer Woche mit unseren Kindern verbracht haben, und ihrem Verhalten. Sobald ich sehe, dass meine Kinder gereizter miteinander umgehen (Sie wissen schon, diese kleinen Sticheleien und Rempeleien), merke ich mir vor, dass sie mehr Zeit mit mir brauchen, um friedlicher miteinander umgehen zu können.

Bei zehn Minuten am Tag plus 60 Minuten pro Woche werden Sie innerhalb von Wochen feststellen, dass sich das Verhalten Ihres Kindes deutlich zum Positiven verändert – und dass sich vielleicht auch bei Ihnen etwas verändert.

Eulenweisheiten

- Je mehr Zeit wir in unsere Kinder investieren, desto besser wird ihr Verhalten.
- Täglich zehn Bonusminuten und eine Heldenstunde pro Woche tragen dazu bei, dass ihr »Gefühlsbecher« immer voll ist.
- Es ist für unsere Kinder besser, Zeit mit uns als mit Flachbildschirmen zu verbringen.

Im nächsten Kapitel finden Sie noch mehr Ideen und Vorschläge dazu, was Sie in den Bonusminuten und Heldenstunden mit Ihren Kindern machen können. Aber fürs Erste können Sie sich einfach bewusst machen, wie wichtig es ist, Zeit mit Ihren Kleinen zu verbringen. Dieses regelmäßige Zusammensein ist die größt- und bestmögliche Investition für Ihre Kinder. Das gibt es umsonst – inmitten von Magie und Chaos.

KAPITEL 11

Warum wir zum Spielen immer »Ja« sagen sollten

Wir müssen mit dem Spielen nicht warten, bis unsere Kinder im Kleinkindalter sind. In den ersten Lebensjahren stellt das Gehirn in jeder einzelnen Sekunde eine Million neuronale Verbindungen her. Die NSPCC (National Society for the Prevention of Cruelty to Children) sagt dazu: »Wissenschaftliche Studien haben gezeigt, dass neuronale Verbindungen im Gehirn eines Säuglings entstehen und gestärkt werden, wenn es brabbelt, gestikuliert oder weint und ein Erwachsener mit Blickkontakt, Worten oder Körperkontakt positiv darauf reagiert. Diese Interaktionen können ganz einfach sein: ein ›Kuckuck!‹-Spiel, oder das Kind bietet dem Elternteil ein Wort oder Geräusch an und der Elternteil reagiert darauf und spielt mit einem weiteren Geräusch oder Wort den Ball sozusagen zurück.«

Ich stelle mir das gern als eine Million kleiner Glühbirnen vor, die bei jeder Interaktion aufleuchten. Das beste Spielzeug für unsere Babys ist das menschliche Gesicht: Es ist weich, plastisch, leuchtet auf, quietscht und lacht, und unsere Mimik lehrt unser Baby die Gefühle der Freude, Abscheu, Trauer, Wut,

Überraschung und Angst, die alle so wichtig für eine gesunde Gehirnentwicklung sind.

Bei der NSPCC ist man so sehr von der positiven Wirkung des Spielens und Zusammenseins mit Kindern überzeugt, dass 2020 eine Kampagne mit dem Titel »Look, Say, Sing, Play« (Schauen, Sprechen, Singen, Spielen) gestartet wurde, mit der man auf die großen Vorteile dieses Erziehungsansatzes aufmerksam machen wollte. Dazu hieß es: »Es geht nicht nur darum, dem Baby etwas vorzusingen oder -zusagen. Gehirnentwicklung findet statt, wenn Sie und Ihr Baby miteinander interagieren. Es geht darum, seine Signale wahrzunehmen und auf sie zu reagieren. Man könnte es sich wie ein Tennisspiel vorstellen, bei dem die Bälle hin- und herfliegen.«

Wissenswert

»Man muss nicht seine Routine ändern, um die Gehirnentwicklung fördernde Momente mit seinem Baby zu erleben. Ob es ums Baden, Zubettgehen oder Einkaufen geht – es gibt immer Augenblicke, in denen man mit seinem Baby Blicke austauschen, sprechen, singen und spielen kann. Es gibt viele Gelegenheiten, dies bewusst zu tun und dem Kind den bestmöglichen Start ins Leben zu geben.«

Chris Cloke, Head of Child Protection Awareness bei der NSPCC

Wir sind nie zu jung und sicherlich nie zu alt zum Spielen.

Aber ich frage mich:

Wann haben Sie Ihr Kind das letzte Mal gefragt, ob es mit Ihnen spielen will?

Diese Frage lässt wahrscheinlich die meisten von uns innehalten.

Nachdem ich den ganzen Tag geschrieben habe, gekocht, geputzt, die Kinder von der Schule abgeholt, 20 Minuten trainiert und alles dazwischen erledigt habe, bin ich am Abend müde und hungrig. Als meine Tochter sagt, dass sie allein im Bett lesen will, bin ich in Versuchung, einfach Ja zu sagen. Aber dann kommt mir die Frage in den Sinn, die ich mir an den meisten Tagen stelle: Haben wir heute genug intensive Zeit miteinander gehabt?

Ich kenne die Antwort, ohne lange nachzudenken; darum sage ich: »Ja, du kannst natürlich lesen, aber heute war ich sehr beschäftigt und habe dich vermisst. Ich hätte gern ein bisschen Mama-Clemency-Zeit. Du auch?«

Blitzschnell antwortet sie: »Können wir spielen?«

Clemency ist jetzt acht Jahre alt.

Und ja, manchmal ist mir nicht danach, wenn es spät ist und ich erschöpft bin und noch viele andere Dinge zu tun habe.

Aber zum Spielen sage ich immer Ja. Es ist zu wichtig, um Nein zu sagen.

Das Spielen hat aus gutem Grund eine wichtige Funktion im Leben unserer Kinder. Es fördert ihre emotionale Entwicklung und ihre geistige Gesundheit. Tief in uns allen – im Pavianteil unseres Gehirns – gibt es ein sehr starkes, wichtiges Spielsystem.

Wenn wir mit unseren Kindern spielen (besonders beim Herumtoben und bei Spielen mit viel Körperkontakt), fördern wir die Entwicklung des Eulengehirns, was ihnen hilft, ihre eigenen

Impulse zu regulieren, ruhig und gemäßigt zu werden, mit sich eins zu sein, wenn sie allein sind, und sogar stillzusitzen – alles Dinge, die wir als Erwachsene wertschätzen und die wir unseren Kindern durch das Spielen beibringen können.

Ich habe im vorherigen Kapitel erwähnt, wie schädlich es für unsere Kinder ist, wenn wir zwar körperlich anwesend, aber emotional abwesend sind. Das lässt sich durch Spielen kompensieren.

Ein Kind spürt die Heuchelei eines Elternteils, der behauptet, dass es ihm wichtig sei, der es aber nicht wichtig genug nimmt, um Zeit mit ihm zu verbringen.

Mir ist klar, dass in unserer modernen Zeit der Tag manchmal nicht genug Stunden hat und dass berufstätige Eltern von allen Seiten unter Druck gesetzt werden. Die Mutter eines Schulkindes sagte mir: »Ich habe es so satt, mich die ganze Zeit schuldig zu fühlen. Ich habe drei Kinder und einen Mann, der viel im Ausland unterwegs ist, und ich arbeite in Vollzeit. Ich hasse es, meine Kinder abweisen zu müssen, wenn sie spielen wollen, aber ich bin einfach nicht in der Lage, alles zu schaffen. Ich frage mich immer wieder, ob ich eine gute Mutter bin. Wenn ich ehrlich bin, denke ich, dass ich eine beschissene Mama bin. Ich bin gestresst, trinke zu viel und schreie zu viel.«

Das höre ich so oft. Ich spüre es so oft. Was können wir dagegen tun? Das ist ganz einfach: Spielen.

Ich kenne den inneren Widerstand, die Müdigkeit, den Wunsch, etwas auf Netflix zu schauen statt »Kaufladen« zu spielen. Aber wenn wir diesen anfänglichen Widerstand überwinden, ist es wirklich eine heilsame Chance – auch für uns selbst, nicht nur für unsere Kinder. Wie ich gleich erläutern werde, müssen wir gar nicht allzu viel tun. Es geht nur darum, bei unseren Kindern und für sie da zu sein. Es passiert etwas

Meditatives, wenn wir uns auf sie einlassen, wenn wir beobachten, wie sie in voller Konzentration die Zunge herausstrecken oder die Stirn runzeln, wenn wir ihre Wärme spüren, während sie sich an uns lehnen, aber trotzdem völlig in ihr Spiel versunken sind.

Die eine Heldenstunde pro Woche und die zehn Bonusminuten pro Tag allein mit unserem Kind tragen schon viel dazu bei, die Eltern-Kind-Beziehung wieder aufzutanken, die in unserem konfliktreichen modernen Leben oft unterversorgt ist.

Deshalb ist mein nächstes Werkzeug das einfachste in diesem Buch, aber möglicherweise auch eines der wirkungsvollsten.

WERKZEUG-TIPP

Unser Kind fragen, ob es spielen will

Ich verspreche Ihnen, dass es eine der lebensbejahendsten, lohnendsten und besten Entscheidungen sein wird, die Sie als Mutter oder Vater je treffen werden, wenn Sie die Initiative ergreifen und Ihr Kind zum Spielen einladen.

Nun werden Sie wahrscheinlich fragen: »Was meinen Sie mit ›Spielen‹?«

Die Antwort darauf lautet: »Was immer Ihr Kind will.« Das ist eine wunderbare Chance für Ihr Kind, die Führung zu übernehmen und ein wenig von der Kontrolle zu bekommen, nach der sich unsere Kinder in einer Welt, in der sie immer weniger unter Kontrolle haben, sehnen.

Natürlich müssen ein paar Grenzen eingehalten werden, zum Beispiel gibt es fünf Minuten vor dem Einschlafen keine

Spiele mit hohem Adrenalinausstoß. »Spielen« bedeutet nicht, dass wir Farbe gegen die Wand werfen, dass wir einander beim Herumwälzen auf dem Boden hauen dürfen oder dass wir am Ende nicht wieder aufräumen müssen. Wenn wir sichergehen wollen, dass diese Grenzen eingehalten werden, kann ein Spielvertrag hilfreich sein (siehe den Familienvertrag in Kapitel 8).

Innerhalb vernünftiger Grenzen kann unser Kind aber entscheiden, was wir mit ihm spielen. Das entspricht dem Bedürfnis des Pavians nach Selbstständigkeit. Gestern Abend hat Clemency zum Beispiel darum gebeten, mit ein paar kleinen Blüten, Pilzen, Feenfiguren und hübschen Steinen einen Feengarten zu bauen. Wilbur möchte oft mit Lichtschwertern oder Lego spielen. Die Kinder entscheiden.

Eine kurze Warnung: Vielleicht haben Sie schon zehn Bonusminuten oder sogar eine Heldenstunde eingeplant, oder Sie sprechen das Thema zum ersten Mal an, und Ihre Kinder antworten auf Ihre Frage, ob sie spielen wollen, »Nein«. Dann stellt sich die Frage, warum nicht? Vielleicht sind sie wütend auf Sie, weil Sie den ganzen Tag gearbeitet haben, und wollen Sie »bestrafen«. Vielleicht haben Sie diese Frage zum ersten Mal gestellt, und die Kinder sind so überrascht, dass sie nicht genau wissen, was Sie damit meinen! Versuchen Sie immer, Ihr Kind zu »lesen«: War es in dem Augenblick, als Sie gefragt haben, mit etwas anderem beschäftigt? Falls ja, lassen Sie es Ihren Vorschlag erst einmal verarbeiten.

Lassen Sie es erst auf sich beruhen. Ihr Kind hat die Botschaft erhalten, dass Sie offen für Spielzeit sind, und wird darauf zurückkommen. Das können Sie mir glauben. Bleiben Sie dran –

tief im Herzen will jedes Kind mit seinen Eltern spielen. Halten Sie nach dem Millionen-Watt-Lächeln Ausschau, das aufblitzt, wenn es freudig »Ja!« ruft. Aber kommen wir wieder auf die Frage zurück, was genau unter »Spielen« zu verstehen ist. Ich weiß nicht, wie es Ihnen geht, aber ich habe meine eigenen Eltern nicht als besonders spielfreudig in Erinnerung. Ich glaube nicht, dass es eine »Spielgeneration« war, und unsere hart arbeitenden Eltern hatten nicht viel Zeit dafür.

Gehen Sie nicht zu hart mit sich ins Gericht, wenn sich das »Spielen« anfangs befremdlich anfühlt. Es geht um die Verbindung zu Ihrem Kind. Ich fordere Sie nicht auf, stundenlang dazusitzen. Wenn Ihr Kind erst einmal in das Spiel vertieft ist, wird die magische Flamme entzündet, und das Spiel nimmt seinen Lauf. Ihre Anwesenheit ist dann nur für kurze Zeit erforderlich.

Ich habe festgestellt, dass ich oft nur am Anfang Energie aufwenden muss, weil meine Tochter, nachdem sie mir gesagt hat, was ich tun soll (vielleicht ein Welpe sein oder als Puppe sprechen), bald selbst die entsprechende Rolle übernimmt. Bei meinem Sohn ist es genauso. Ich glaube, dass wir unseren Kindern manchmal nur helfen müssen, den Einstieg in das Spiel zu finden. Wenn sie dann ganz vertieft sind und uns nicht mehr so sehr brauchen, können wir ein wenig zurücktreten und entweder dabeisitzen und zuschauen (was sicher schöner ist, als die Spülmaschine einzuräumen) oder kleine Aufgaben erledigen, entweder im selben Zimmer oder nebenan. Und dann allmählich wieder nach unten gehen, wenn es nötig ist.

Ich weiß nicht mehr, wie oft ich an all die Dinge gedacht habe, die erledigt werden müssen, wenn mich meine Kinder zum Spielen aufgefordert haben, aber wenn sie mich um »Mama-Zeit« bitten, ist die Antwort immer »Ja«. Meistens dauert es nicht lang, bis meine Kinder zufriedengestellt sind, und dann können wir zusammen ein Buch lesen oder ich kann in mein Zimmer gehen, um aufzuräumen, oder nach unten, um noch ein wenig zu arbeiten oder das Abendessen zuzubereiten, während sie ganz vergnügt allein weitermachen. Seien Sie sich bitte darüber im Klaren, dass die Zeit, die Sie investieren, es wert ist und sich später in Ihrer Beziehung massiv auszahlen wird.

Wenn Sie nie zu spielen gelernt haben, fühlen Sie sich anfangs vielleicht etwas unbehaglich oder haben keine Ahnung, wie und was Sie mit Ihren Kindern spielen können. Das hört man immer wieder, und ich weiß, dass mein Mann sich das auch gefragt hat. Er ging lieber mit den Kindern auf den Spielplatz, kletterte mit ihnen auf Bäume oder paddelte mit ihnen auf dem Bach in unserem Park, weil das die Dinge waren, die sein Vater früher mit ihm unternommen hat. Aber unsere Kinder fragten auch: »Papa, kannst du dich zu uns setzen?« Und das fiel Mike anfangs schwer. Bis ich ihm erklärte: »Du musst nicht mit Babystimme das Kind spielen, wenn du keine Lust dazu hast. Du musst einfach nur präsent sein und Interesse zeigen.«

Alle Erwachsenen können spielen. Wir müssen nur herausfinden, wobei wir uns wohlfühlen. Aber wenn wir uns auf unsere Kinder einlassen, stellen wir vielleicht überrascht fest, dass wir zu jeder Welt Zugang finden können, in die sie uns einladen. Einfach bei ihnen zu sitzen ist jedenfalls ein guter Anfang.

Und das sagt Mike

»Ich glaube, dass es Vätern (besonders solchen wie mir, die selbst keine spielfreudigen Eltern hatten) schwerfällt zu spielen. Ich dachte erst, dass es nur mir so geht und dass ich ein schlechter Vater sei, besonders, weil Kate das so wunderbar hinkriegt und ich nicht wusste, wie ich das machen sollte. Wie sie schon gesagt hat: Ich wusste, wie man mit Kindern auf den Spielplatz geht und an Ästen Klimmzüge macht oder Fußball spielt – alles tolle Sachen, da meine Kinder sehr gern draußen sind. Aber mich hinsetzen und spielen konnte (oder wollte) ich nicht. Eines Tages setzte ich mich zu Wilbur und fragte einfach: ›Willst du spielen?‹, und seine Dankbarkeit ließ mich dahinschmelzen. Ich musste dabei dem Drang widerstehen, Dinge zu organisieren und vorzuschlagen, und mich stattdessen einfach zurücklehnen und mitreißen lassen. Die Kinder sind großartige Anführer beim Spielen: Sie sagen mir genau, was ich tun soll! Kate hat recht: Es ist wirklich entspannend, wenn man einfach bei ihnen sitzen kann und sich keine Sorgen machen muss, ob man es richtig macht. Wenn wir den Kindern die Führung überlassen, zeigen sie es uns bald, und es ist auch so beruhigend, ihnen einfach beim Spielen zuzuschauen.«

Wenn Sie nicht schon ein Jedi-Meister im Spielen sind, habe ich hier ein paar Tipps für Sie für den einfachsten Weg zur großen Galaxis des Spiels!

- Sprechen Sie mit leichter, fröhlicher Stimme.
- Lächeln Sie!
- Seien Sie dazu bereit, Ihr Kind die Führung übernehmen zu lassen.

Da wir Erwachsenen die meisten anderen Aspekte des Lebens unserer Kinder unter Kontrolle haben, kann es sie unglaublich nerven, wenn wir auch noch zu entscheiden versuchen, wie und wo sie spielen: »Ach, nicht im Sand, das ist zu dreckig!« oder »Nein, nicht die Farbe« oder »Lass uns doch mit den Autos spielen« und so weiter.

Wenn Sie sich dabei ertappen, hören Sie damit auf und machen Sie sich Folgendes klar:

- Wenn wir mit unseren Kindern spielen, müssen wir ihnen erlauben, die Führung zu übernehmen.
- Mit unseren Kindern zu spielen ist einfacher, als wir glauben.
- Spielen kann sowohl für uns als auch für unsere Kinder sehr entspannend und bereichernd sein.
- Wir müssen einfach bei unseren Kindern sein, zuschauen, was sie tun, und gelegentlich eine Rückmeldung geben oder sagen, was wir sehen.

Wir wollen, dass unsere Kinder das Spiel mit uns genießen und keine Angst davor haben, dass wir sie aus einem Grund, den sie noch nicht einmal verstehen, anmeckern. Spielen ist genetisch in uns verankert, braucht aber die richtige Umgebung: Unsere Kinder müssen sich sicher und aufgehoben fühlen, um wirklich loslassen zu können.

Legen Sie die Spielzeit so fest, dass es gut laufen kann, und nicht auf einen Zeitpunkt, zu dem das Scheitern wahrscheinlicher ist. Wenn Sie zum Beispiel sehr beschäftigt sind und wissen, dass Sie Arbeit zu erledigen haben, sollten Sie einen anderen Tag wählen, an dem Sie weniger unter Zeitdruck stehen. Und spielen Sie auch nicht zu Tageszeiten, an denen Ihre Kinder erfahrungsgemäß müde oder überdreht sind. Wenn Sie mehrere Kinder haben, wäre es schön, wenn ein anderer Erwachsener dem Geschwisterkind Aufmerksamkeit schenken könnte. Denn nichts ruiniert die besondere Zeit mehr als Geschwister, die um die Aufmerksamkeit des Elternteils kämpfen!

Wissen Sie noch: Schon zehn Minuten können magisch sein. Los geht's!

Ich möchte Ihnen ein Beispiel für die Art von Spiel geben, die meine Kinder lieben. Legen Sie auf einem Tablett eine Seifenblasenmischung, Stifte, Papier, Sand, vielleicht ein paar Plastiktiere, Fingerfarben (Ja, es wird eine Sauerei!) und eine große Plastikfolie oder eine abwischbare Tischdecke bereit. Falls Sie rausgehen können, umso besser, dann können Sie wirklich loslassen. Denn loslassen müssen wir.

Die Wahrscheinlichkeit ist hoch, dass Ihr Kind einfach eintauchen und mit dem Spielen beginnen wird, weil es sich so über Ihre Anwesenheit freut. Wenn es zurückhaltender ist, machen Sie einfach sanft ein paar Vorschläge, aber versuchen Sie, nicht allzu sehr zu lenken. Zeigen Sie Ihrem Kind einfach die Fingerfarben, das Papier, die Stifte, die Tiere und das Sandtablett. Streichen Sie mit der Hand über den Sand und denken Sie mit sanfter Stimme laut nach:

»Hm, ich frage mich, was wir zusammen machen können? Wir haben den Sand, wir haben die Stifte …«

Überladen oder überwältigen Sie Ihr Kind nicht. Lassen Sie ihm Zeit nachzudenken. Fahren Sie dann fort:

»Wilbur ist der Chef. Du sagst Mama, was du am liebsten damit machen willst!«

Und dann geht es los.

Sobald der Pavian Ihres Kindes (sein Spielsystem) aktiviert ist, wird es die Kontrolle übernehmen und Ihnen genau sagen, was es will. Jetzt müssen Sie nur noch zuhören. Fragen Sie möglichst wenig, da das die Denkprozesse Ihres Kindes stören kann. Sitzen Sie einfach da und achten Sie auf das, was Ihr Kind tut. Und kommentieren Sie es. Das ist alles. Schwieriger wird es nicht:

- »Du willst also Batman und Robin spielen!«
- »Ah, du nimmst die Puppe aus ihrem Bettchen und legst sie in den Kinderwagen.«
- »Ich sehe, dass die Dinosaurier miteinander kämpfen.«

Es geht darum, was Sie sehen.

In die Welt Ihres Kindes übersetzt bedeutet das, dass Sie es sehen. Dadurch entsteht eine ganz besondere Umgebung, in der das Kind sich sicher genug fühlt, um sich auszudrücken. Das Spielen hilft seinem sich entwickelnden Gehirn, sich selbst zu regulieren und komplexere Gefühle und Gedanken herauszuarbeiten – auf unbeschwerte und zwanglose Art.

Spielen ist so wichtig für das zukünftige Wohlbefinden und die seelische Resilienz Ihres Kindes.

Elternstimme: Alpa, Mutter eines Zweijährigen

»Mit meinem zweijährigen Sohn zu spielen, ist eine so besondere Zeit. Er ist mein erstes Kind, und ich gebe zu, dass es nicht ganz einfach ist herauszufinden, wie man ihn ins Spiel einbeziehen kann und ob es pädagogisch wertvoll sein soll. Oft zeigt mein Sohn mir, was er tun will. Wenn er zum Beispiel mit seiner Eisenbahn spielt, mag er es, wenn ich sie aufbaue und ihm helfe, sie über eine Brücke zu fahren. Dann will er die Bahn allein über die Schienen fahren lassen; dabei ist er ziemlich

selbstständig. Wenn ich weggehe, bittet er mich oft, zurückzukommen und bei ihm zu sitzen. Das Schwierigste beim Spielen ist manchmal, die Geduld aufzubringen oder ihm zuzuhören, wenn ich müde bin. Ich habe festgestellt, dass mein Sohn nicht wirklich positiv reagiert, wenn ich ihm ein Spiel aufzudrängen versuche. Er will es meist auf seine Art tun, und dann lasse ich ihn auch. Was immer wir auch machen – ich liebe unsere gemeinsame Zeit. Und es ist schön zu beobachten, wie er sich weiterentwickelt und verändert.«

Alpa erklärt, was viele von uns schon bei unseren eigenen Kindern beobachtet haben: Oft wollen unsere Kinder einfach nur, dass wir da sind; wir müssen nicht wirklich mitspielen, sondern zuschauen und ab und zu Fragen stellen, damit sie sehen, dass wir mit Interesse bei der Sache sind.

Alpa fragte auch, ob sie ihren Sohn in irgendeiner Weise anleiten solle: »Ich versuche, Farben und Zahlen mit ihm zu üben, aber er ist nicht sehr interessiert daran.«

Wie ich schon am Anfang des Buches gesagt habe, brauchen wir uns bei Kindern unter fünf Jahren keine Gedanken zu machen, ob und wie wir ihnen etwas beibringen; beim Spielen lernen sie genug. Wenn wir unsere Kinder die Führung übernehmen lassen und uns von ihnen zeigen lassen, was wir tun sollen (und uns zurückhalten, wenn sie uns nicht einbeziehen wollen), passiert etwas Magisches: Wir geben unseren Kindern eine wichtige Art von Autonomie und bieten ihnen gleichzeitig den sicheren Ort, den sie brauchen. Das stärkt sie enorm. Und es zeigt ihnen, dass sie uns so wichtig sind, dass wir in diesen Augenblicken einfach nur für sie da sein wollen.

Wir geben ihnen nicht das Gefühl, dass sie zu langweilig sind oder ihr Spiel nicht interessant genug ist. Diese Botschaft wollen wir ihnen nie übermitteln.

Spielen hat auch eine heilende Wirkung. Manchmal wird das Spiel vom Unterbewusstsein unseres Kindes beeinflusst. Vielleicht beobachten wir, dass es zwei Figuren gegeneinander kämpfen lässt oder eine bedroht die andere; vielleicht sind es Tiere oder Menschen oder Bausteine. Unser Kind »spricht« jetzt sozusagen in Metaphern – es erzählt mit Spielzeug eine Geschichte.

Keine Sorge, wir müssen hier keine Therapeuten sein und müssen unsere Kinder nicht analysieren. Was ich sagen will, ist Folgendes: Wir erkennen umso mehr Muster, je mehr wir mit unseren Kindern spielen. Einstein hat gesagt: »Das Spiel ist die höchste Form der Forschung«, und damit hatte er recht. Es ist auch die beste Möglichkeit, uns mit unseren Kindern zu verbinden.

Generell sollten wir nicht zu viel fragen. Einfach da zu sein, wenn unser Kind in sein Spiel vertieft ist, reicht schon. Wenn wir Fragen stellen wollen, sollten es keine geschlossenen Fragen (die mit Ja oder Nein zu beantworten sind) und auch keine allzu spezifischen Fragen sein, wie zum Beispiel: »Ist die Figur da Susanne, die dich heute im Kindergarten geärgert hat?« Dadurch riskieren wir, unser Kind aus seinem schönen Spiel herauszureißen.

Wir können aber mit sanfter Stimme fragen:

»Und wer ist das?«

»Was passiert da gerade?«

»Ich frage mich, wie es für den Hund/Bär/das Auto da drüben gerade ist …«

Wenn wir spüren, dass da gerade etwas Wichtiges im Spiel passiert, können wir vielleicht sagen:

»Diese beiden kämpfen viel, nicht wahr?«

Oder:

»Ah, ich sehe, dass der Elefant gerade den Löwen umgeschubst hat.«

Vielleicht erklärt uns unser Kind dann, dass der Elefant ein schlimmer Rabauke ist und den Löwen zum Weinen gebracht hat. Aber vielleicht auch nicht.

Drängen Sie Ihr Kind nicht zu einer Erklärung. Lassen Sie es reden, wenn ihm danach ist.

Versuchen Sie, offene Fragen zu stellen:

»Was macht der da drüben?«

»Was ist da passiert?«

»Was ist hier los?«

»Was macht die da?«

Wenn Sie eine Rolle übernehmen sollen, können Sie Ihr Kind fragen:

»Okay, erzähl mir was über die. Wie klingt ihre Stimme?«

Ihr Kind sagt dann vielleicht: »Sie ist nett, sie hat eine schöne Stimme.« Oder: »Die ist böse und klingt immer wütend!«

Lassen Sie sich auf alles ein, was Ihr Kind Ihnen sagt – auf sanfte Art. Lassen Sie sich von Ihrem Kind anleiten. Wenn die Figur, die Sie spielen sollen, wütend ist, können Sie ein bisschen mürrisch statt aggressiv sein.

Wenn eine Figur etwas traurig oder einsam wirkt, können Sie, statt es explizit anzusprechen, vielleicht Folgendes sagen:

»Das klingt, als ob es für ihn schwierig werden könnte, oder?«

»Wie ist das Leben für ihn?«

»Was macht er am allerliebsten?«

»Was mag er überhaupt nicht?«

»Erzähl mir davon.«

»Was passiert jetzt?«

Ihr Kind stellt vielleicht spielend dar, was um es herum passiert. Wenn es zum Beispiel vor etwas Angst hat oder wenn Sie und Ihr Partner sich gestritten haben oder wenn es einen Trauerfall oder ein emotional aufwühlendes Ereignis in der Familie gegeben hat. Was immer es ist – es ist okay. Zum einen ist es für Sie gut zu wissen, dass Ihr Kind diese Dinge aufgegriffen hat. Und zum anderen zeigt es Ihnen, dass Ihr Kind sich in Ihrer Nähe sicher genug und in der Lage fühlt, seine Ängste auszudrücken.

Wenn es Probleme gibt, bei denen Sie befürchten, dass sie sich auf Ihr Kind (oder Sie) auswirken könnten, würde ich immer empfehlen, mit jemandem in der Schule/im Kindergarten Ihres Kindes oder mit einer Hilfsorganisation (wie sie im Anhang des Buches aufgeführt sind) zu sprechen. Es gibt viele wunderbare karitative Einrichtungen, die sich der seelischen Gesundheit von Kindern widmen und auch sehr gute Online-Ressourcen anbieten. Sie können für Sie und Ihre Kinder von unschätzbarem Wert sein.

Also machen Sie sich bitte keine Sorgen. Betrachten Sie es so: Was immer Ihr Kind in seinem Spiel zum Ausdruck bringt, ist etwas Gutes, denn es bedeutet, dass der Stress (falls es ihn gibt) herauskommt und dass seine Ängste nicht aufgestaut bleiben.

Nehmen Sie es vor allen Dingen nicht so schwer. Sie müssen nicht der/die Therapeut(in) Ihres Kindes sein. Wenn Sie einfach nur zehn Minuten bei ihm sitzen, genügt das schon, damit es sich geerdet fühlt und die wichtige Verbindung zwischen Ihnen gestärkt wird. Es deutet vieles darauf hin, dass schon diese wenigen Minuten etwas Heilendes haben können; wenn Sie wirklich für Ihr Kind da sind, entfaltet sich im Spiel eine magische Wirkung.

Denken Sie auch daran, dass Beziehungen wichtig für die Stressreaktion unserer Kinder sind. Sie sind resilienter, als wir glauben, wenn wir an ihrer Seite sind.

Hier noch einige weitere Tipps zum Spielen, die durch meine Ausbildung zur Beraterin bei Place2Be inspiriert wurden:

Auf das Spielen vorbereiten

Nehmen Sie eine bequeme Sitzhaltung ein (wahrscheinlich auf dem Boden) und spiegeln Sie, wenn möglich, die Körpersprache Ihres Kindes, das heißt, wenn es im Schneidersitz sitzt, tun Sie es auch.

Übernehmen Sie den Tonfall Ihres Kindes: Wenn es aufgeregt klingt, können Sie das auch tun. Wenn es flüstert, flüstern Sie ebenfalls. Je mehr Sie sich auf Ihr Kind einstellen, es beobachten und es kennenlernen, desto mehr spürt es, dass es wirklich von Ihnen »gesehen« wird.

Spiegeln Sie viel. Damit meine ich, dass Sie das nachmachen, was Ihr Kind Ihnen sagt. Sie können zum Beispiel einfach die Geräusche wiederholen, die es macht: »Wuuuusch!«, »Bääääm!« oder »Oh, der da ist jetzt wirklich froh!«. Sie spiegeln das, was Sie sehen, ohne Urteil oder wertenden Kommentar verbal wider. Zum Beispiel könnten Sie sagen: »Ich sehe, dass du dir das Pferd und das Auto zum Spielen ausgesucht hast.« Dadurch fühlt sich Ihr Kind mit Ihnen verbunden, weil Sie das sehen, was es selbst sieht. Sagen Sie buchstäblich das, was Sie sehen – komplizierter ist es nicht.

Denken Sie nicht, dass Sie irgendetwas interpretieren müssen. Ihr Kind (beziehungsweise sein Unterbewusstsein) findet alles selbst heraus.

Fragen Sie nicht »Warum?«, denn dann muss sich Ihr Kind vom Gefühl entfernen und anfangen nachzudenken. Das bremst seinen Spielfluss, und manchmal kennt es die Antwort auch gar nicht.

Bleiben Sie bei der Metapher. Damit meine ich, dass Ihr Kind mit seinem Spiel oft Geschichten erzählt, die aber nicht immer leicht erkennbar sind, weil sie durch Figuren, Bilder- und Symbolsprache erzählt werden.

Spielen ist so einfach, so wohltuend, so lohnend. EINFACH BEI IHREN KINDERN ZU SEIN gibt ihnen ein beruhigendes Gefühl und die Sicherheit, dass Sie für sie da sind. Dann können sie sich so entspannt auf das Spiel einlassen, dass es eine heilende und beruhigende Wirkung auf ihr Eidechsen- und Paviangehirn hat.

Lassen Sie mich Ihnen noch ein letztes Beispiel geben (eines der Lieblingsbeispiele meines Mannes): Wasserpistolenkämpfe! An einem Sommertag fragte mich Wilbur, ob wir während der »Mama-Zeit« mit Wasserpistolen kämpfen könnten. Ich gebe zu, dass ich mich anfangs etwas dagegen wehrte, weil ich nicht wirklich in der Stimmung war, nass zu werden.

Trotz meiner Abneigung willigte ich aber ein – nach dem Grundsatz, dass man zum Spielen immer Ja sagen sollte! Wir liefen mit aufgeladenen Wasserpistolen (die eine überraschend große Reichweite hatten) nach draußen und hatten die besten 20 Minuten der ganzen Woche! Ich kreischte, als mich Wilbur in herrlichem Pavian-Spielmodus durchnässte, und erwiderte dann das Feuer. Es fühlte sich gut an, diese Wasserpistole in der Hand zu halten, und ich verstand plötzlich, warum Wilbur sie auf alle möglichen Dinge im Garten richtete. Ich fühlte mich aber auch schrecklich, weil ich früher immer gerufen hatte: »Nein, nicht die Fenster nass machen, sie bekommen

Flecken!« und »Nein, nicht das Gras nass machen, sonst wird mein frisch geputzter Boden ganz matschig, wenn du hereinkommst!« Meine Güte, was für eine Spielverderberin Mama früher war!

Als wir mit dem Wasserpistolenspiel fertig waren, bat mich Wilbur, ein Autobuch mit ihm anzuschauen. Er setzte sich zwischen meine Beine, und wir blätterten durch ein Buch voller farbenfroher Superautos und schneller Maschinen. Ich roch sein Haar und küsste seine Wangen, während wir das Buch durchgingen, und mein Sohn zeigte auf die verschiedenen Automodelle und fragte mich, ob ich je in einem von ihnen gesessen hätte. Dann kroch mein geliebter kleiner Spielgefährte wie ein erschöpfter, aber zufriedener Welpe auf meinen Schoß und schenkte mir die längste Umarmung, die wir seit langer Zeit genossen hatten. Es war zauberhaft.

Solche Augenblicke sind wirklich heilend. In solchen Augenblicken erinnern wir uns wieder daran, warum wir Eltern geworden sind und warum wir unsere Kinder von Herzen lieben.

Eulenweisheiten

- Das Spiel hat eine starke Wirkung.
- Lassen Sie sich von Ihrem Kind führen.
- Spielen verbindet uns mit unseren Kindern und kann dazu beitragen, emotionale Verletzungen zu heilen, die im Laufe des Tages aufgetreten sind.

Wir sind soziale Wesen. Wir lieben unsere Kinder und wollen gute Eltern sein. Das moderne Leben beeinträchtigt uns vielleicht, aber wir müssen nicht zulassen, dass es unsere Kinder beeinträchtigt. Wir müssen einfach nur andere Möglichkeiten finden, Zeit mit ihnen zu verbringen. Und diese Zeiten müssen wir fest einplanen.

Wenn wir nicht für unsere Kinder da sind, bekommen sie nur zehn Prozent von uns, wenn überhaupt. Und das reicht nicht. Los jetzt – worauf warten Sie noch? Machen Sie Ihr Kind glücklich. Fragen Sie es, ob es mit Ihnen spielen will!

KAPITEL 12

Wie man Streitschlichter wird

Als ich kürzlich das Abendessen kochte, hörte ich, wie der Schlüssel im Schloss gedreht wurde. Dann wurde die Tür geöffnet, und ich hörte die Stimme meines Mannes. Er kam nach Hause, nachdem er zwei Nächte gearbeitet hatte. Aber statt ein fröhliches »Hallo!« zu rufen, sprach er im Flüsterton. Etwas nervös fragte ich mich, ob er wohl einen unerwarteten Gast zum Abendessen mitgebracht hatte. Ich war erschöpft und mit den Kindern allein gewesen und hatte mich darauf gefreut, Mike zu sehen. Ich wollte an diesem Abend keine Gäste bewirten.

Bevor ich die Türschwelle erreichte, hörte ich eine unbekannte Frauenstimme. Als Reaktion auf etwas, das Mike gesagt hatte, war ihr kokettes Lachen zu hören. Mein Magen krampfte sich zusammen. Ich blieb erstaunt stehen, als Mike rief: »Schau mal, wen ich mitgebracht habe!«

Die Kinder kamen die Treppe heruntergerannt, als ich in den Flur trat. Neben meinem Mann stand eine schöne Frau, die ihn liebevoll anschaute, während er den Arm um ihre Taille gelegt hatte und sie zu sich heranzog. Mit einem verlegenen Grinsen wandte er sich mir zu und sagte: »Ist sie nicht schön?«

Was zum …?!

Er griff nach ihrer Hand, und sie kamen auf mich zu.

»Liebling, das ist Dahlia. Ist sie nicht toll?«

Ich dachte, mir wird übel.

Dann überlegte ich: Okay, das ist einfach nur ein blöder Witz, ein wirklich sehr schlechter Witz, aber doch sicher ein Witz?

»Wovon redest du?«, fragte ich leise. Ich konnte die andere Frau nicht mal anschauen. »Was haben all die Koffer zu bedeuten?«

»Ich habe dir doch gesagt, dass ich jemand ganz besonderen mitbringen würde. Dahlia wird ab heute bei uns wohnen!«

Die nächsten zwei Wochen vergingen wie im Nebel. Ich stand unter Schock, während Freunde vorbeikamen und meinem Mann (und mir) zu unserem Familienzuwachs gratulierten. Dahlia bekam tolle Geschenke, und alle sagten ihr, wie schön sie sei. Ich fühlte mich unsichtbar. Ich lief in die Küche und blieb dort. Ich konnte es nicht ertragen. Ich hasste meinen Mann, und ich hasste Dahlia.

Tieeeef durchatmen …

Du meine Güte – ich habe es gehasst, diese Geschichte aufzuschreiben. Allein der Gedanke daran lässt mir das Blut in den Adern gefrieren. (Mike sagt, dass sogar er sich schuldig fühlt, wenn er es liest!) Ich wurde von den Autorinnen Adele Faber und Elaine Mazlish dazu inspiriert, die in ihrem Erziehungsratgeber *Hilfe, meine Kinder streiten* eine oft wiederholte Geschichte von einem Mann erzählen, der eine zweite Ehefrau mit nach Hause bringt. Sie wollen uns damit vermitteln, wie es sich für unsere kleinen Kinder anfühlen kann, wenn wir ein

Geschwisterchen aus der Klinik nach Hause bringen. Das kann wirklich ein Schock sein.

Wie gut wir unsere Kinder auch darauf vorbereiten – nichts kann je die Erkenntnis wettmachen, dass sie ab jetzt die Liebe ihrer Eltern mit diesem neuen Familienmitglied teilen müssen! Wir würden in unserer eigenen Beziehung ja auch nicht die Liebe unseres Partners teilen wollen – warum glauben wir dann, dass es unseren Kindern leichtfällt?

Natürlich hat es für mich das Szenario mit Dahlia in der Realität nie gegeben (Gott sei Dank!), aber viele kleine Jungs und Mädchen, die gerade eben noch für ihre Eltern der Mittelpunkt des Universums waren, sind plötzlich gezwungen, eine fremde Person in Gestalt eines Neugeborenen willkommen zu heißen, die alles bedroht, was ihnen lieb und teuer ist. Und jetzt fragen Sie mich, warum es etwas wie Geschwisterrivalität gibt?

Warum streiten sich meine Kinder?

Geschwisterrivalität hat ihre Wurzeln in der Evolution.

Wir sehen es oft im Tierreich: Viele Jungtiere, von Adlerküken bis hin zu Hyänenbabys, sterben in den ersten Lebensmonaten, weil sie von (meist älteren) Geschwistern im Überlebenskampf getötet werden.

Unsere Kinder brauchen uns, ihre Eltern, immer noch zum Überleben. Wenn ein Geschwisterkind geboren wird, ist sofort weniger Platz für sie im »Nest«. Wie sehr wir uns auch bemühen, es zu vermeiden – unsere Erstgeborenen müssen unsere Zuneigung teilen, wenn ein neues Familienmitglied hinzukommt. Wir haben natürlich weniger Zeit für sie, wenn wir für ein Neugeborenes sorgen müssen. Wenn wir an den Pavian unserer Kinder denken und ihn uns in seiner Herde vorstellen, können wir uns ausmalen, wie es sich anfühlt, seinen angestammten Platz zu verlieren. Für einen kleinen Pavian kann sich das sehr bedrohlich anfühlen. Plötzlich gibt es Konkurrenz, und er befürchtet: »Wenn Mama dich mehr liebt als mich, werde ich vielleicht zurückgelassen.« Oder anders ausgedrückt: »Wen rettet Mama als Erstes, wenn etwas Schlimmes passiert?«

Das ist das Unterbewusstsein eines kleinen Kindes mit einem uralten Gehirn, das im Lauf von Hunderttausenden von Jahren programmiert worden ist. Die Angst, die unsere Kinder empfinden, wenn wir ein weiteres Kind nach Hause bringen, ist real. Die Abneigung des »Eindringlings« ist real, und die daraus resultierende Konkurrenz kann heftig sein.

Denken wir wieder an mein schreckliches Albtraumszenario mit der anderen Frau, die bei uns einzog, und mit der ich sofort um die Zuneigung meines Mannes konkurrierte:

- Würden Sie sie nicht auch direkt wieder zur Tür hinausdrängen wollen?
- Würden Sie sie vielleicht heimlich schubsen oder sie ignorieren?
- Sie würden doch sicher nichts mit ihr teilen oder, Gott bewahre, mit ihr spielen wollen!
- Würden Sie ihr nicht das Gefühl geben wollen, so unwillkommen zu sein, dass sie bald wieder gehen will?
- Und wenn sie nicht wieder ginge? Würden Sie sich vielleicht gezwungen fühlen, mit ihr um die Zuneigung Ihres Ehemannes zu konkurrieren oder die Sache »auszuagieren«? Was immer nötig wäre, um seine ganze Aufmerksamkeit zurückzubekommen.

Liebe ist ein sehr starkes Gefühl. Es verbindet uns und gibt uns Sicherheit. Wenn wir geliebt werden, haben wir das Gefühl, dazuzugehören, wichtig zu sein. Dasselbe gilt für das Gegenteil (Eifersucht) oder den großen emotionalen Schmerz, den ein Kind spürt, wenn es zuschaut, wie seine Mutter das neue Baby küsst und herzt. Der Groll kann sehr real sein.

Wir versuchen, unsere Kinder so gut wie möglich auf das neue Geschwisterchen vorzubereiten. Wir sprechen mit ihnen über das Baby, lassen sie unseren Bauch streicheln und mit ihm sprechen, nehmen sie mit zu Ultraschalluntersuchungen und geben ihnen sogar Geschenke für das Baby. Aber da uns nichts auf das überwältigende Gefühl vorbereiten kann, das durch ein neues Kind in der Familie ausgelöst wird, können wir auch nicht erwarten, dass unsere Kinder wirklich verstehen, was auf sie zukommt. Ein neues Baby in der Familie kann unser aller Welt auf den Kopf stellen, nicht nur die unserer Kinder. Dieses Thema wird nicht ohne Grund weltweit auf Erziehungswebsites besorgt diskutiert.

Wir können nicht von unseren Kindern erwarten, dass sie den Familienzuwachs bereitwillig akzeptieren. Darum sollten wir uns Folgendes bewusst machen:

1. Geschwisterrivalität ist normal. Sie beruht auf dem evolutionären Konzept des Überlebens des am besten Angepassten.
2. In fast allen Familien mit mehreren Kindern tritt sie irgendwann auf.
3. Wir tun gut daran, das Thema anzusprechen, wenn wir ein friedliches Familienumfeld schaffen und unseren Kindern helfen möchten, Freunde fürs Leben zu werden.

Schauen wir uns deshalb an, wie wir Streitschlichter mit Superkräften werden können! Beschäftigen wir uns zunächst einmal mit den Gründen dafür, dass manche Geschwister mehr streiten als andere.

Der Altersunterschied

Forschungsergebnisse lassen darauf schließen, dass ein Altersunterschied von mindestens drei Jahren die direkte Rivalität verringert, da das ältere Kind nicht nur drei Jahre lang die volle Aufmerksamkeit der Eltern genossen hat, sondern sich auch an einem Punkt seiner Entwicklung befindet, an dem es mehr Selbstständigkeit zu schätzen weiß. Es übernimmt deshalb vielleicht sogar gern Aufgaben und hilft beim Wickeln oder Zubereiten von Babynahrung. Dagegen kann ein ein- oder zweijähriges Kind, das selbst noch Hilfe beim Toilettengang oder beim Essen braucht und noch nicht zu mehr Selbstständigkeit bereit ist, einen Groll hegen, wenn es zu einer Zeit, in der es seine Eltern am meisten braucht, ihre Aufmerksamkeit teilen muss.

Weston A. Price, der Anfang des 20. Jahrhunderts Gemeinschaften auf der ganzen Welt besuchte und zum Thema Gesundheit und Ernährung forschte, fand heraus, dass es bei vielen traditionellen Kulturen einen »natürlichen« Abstand von drei Jahren zwischen zwei Kindern gab. In traditionellen Kulturen konnten Frauen länger stillen, und dank des Altersunterschieds der Kinder konnte sich ihr Körper von den Strapazen der Geburt und der Säuglingsbetreuung erholen.

In der modernen Zeit können oder wollen wir oft nicht so lange warten (obwohl es sich natürlich manchmal so ergibt). Ich bekam meine Kinder mit 41 und 43 Jahren. Beide Male wurde ich auf natürlichem Wege schwanger und konnte mir nicht aussuchen, wann genau ich sie bekommen wollte oder wie viel Zeit dazwischenliegen sollte. Aber ich sehe jetzt natürlich, dass ein etwas größerer Altersunterschied sehr hilfreich gewesen wäre!

Forschungsergebnisse legen zwar auch nahe, dass sich Geschwister mit geringem Altersunterschied später sehr nahestehen, aber Kinder mit geringem Altersunterschied aufzuziehen kann zweifellos eine harte Prüfung sein.

Das Geschlecht

Auch das Geschlecht der Kinder kann Einfluss darauf haben, wie gut Geschwister miteinander auskommen. Geschwister desselben Geschlechts, besonders Jungs, streiten oder konkurrieren vielleicht eher miteinander. Natürlich wollen wir bei der Erziehung die Persönlichkeit unserer Kinder und nicht das Geschlecht berücksichtigen, aber wir sollten auch wissenschaftliche Erkenntnisse beachten. Steve Biddulph, Psychologe und Autor von *Jungen! Wie sie glücklich heranwachsen*, erläutert: »Im Alter von etwa vier Jahren sind Jungen oft besonders energiegeladen. Ihr Körper setzt das luteinisierende Hormon frei, das – als Vorbereitung auf die Pubertät – spezielle Testosteron produzierende Zellen in den Hoden stimuliert. Die naturwissenschaftlichen Grundlagen sind noch nicht vollständig erforscht, aber Eltern nehmen in diesem Alter oft eine Zunahme an Aktivität wahr.« Es gibt Studien zum Verhalten von Vier- bis Fünfjährigen, die zeigen, dass Jungen und Mädchen unterschiedlich spielen und kommunizieren.

Steve Biddulph geht auf die unterschiedliche Sprachentwicklung ein und erklärt, dass Jungen mit vier Jahren anfangen, sich zu echten Jungen zu entwickeln, und dass das bei vielen mit einem erhöhten Bewegungsdrang einhergeht. In seinem Buch *Raising Boys in the 21st Century* sagt Biddulph: »Es ist für

Eltern gar nicht so einfach, Möglichkeiten für unsere Jungen (und Mädchen) zu finden, ihre physische Energie sicher und im Kontakt mit anderen zum Ausdruck zu bringen und dabei mit ihnen und ihren Gefühlen verbunden zu bleiben, sodass sie wissen, dass sie geliebt werden. Tatsächlich stehen Männer ihr Leben lang vor der Herausforderung zu lernen, dass es möglich ist, energiegeladen und sicherheitsbewusst, ungestüm und nachdenklich, abenteuerlustig und verantwortungsvoll zu sein.«

Elternstimme: Ali, Mutter von Zwillingen, fünf Jahre

»Ich glaube, es hilft uns Eltern, die Unterschiede zwischen Jungen und Mädchen zu kennen und zu berücksichtigen und uns klarzumachen, dass sie normal sind. Ich glaube, wir wünschen uns so sehr, dass unsere Kinder nicht durch Geschlechterrollen eingeschränkt werden, dass wir ihnen die Unterschiede in Bezug auf Energie, Lernen, Fähigkeiten etc. absprechen. Während meine Tochter dasitzt und zeichnet, liest und schreibt, wehrt sich ihr Zwillingsbruder gegen all das und will kämpfen und sich bewegen. In der Schule werden sie so früh unter Druck gesetzt, und ich wünsche mir als Mutter so sehr, dass mein Sohn gute Leistungen zeigt, dass das alles zu viel werden kann. Während des Lockdowns und des Unterrichts zu Hause hat sich dieser Druck noch deutlicher gezeigt – von der Schule, von mir und bis hin zu meinem Sohn. Ich habe ihn gezwungen stillzusitzen, habe ihn angeschrien, dass er seine Aufgaben erledigen soll, habe ihn gebeten, es zu versuchen – bis wir beide wütend oder in Tränen aufgelöst waren. Als Mutter, die an positive Erziehung und Disziplin glaubt, wusste ich, dass das falsch und kontraproduktiv war, und trotzdem passierte

es jeden Tag wieder. Als ich mit Kate sprach, kam ich wieder auf das zurück, was ich wusste: Mein Sohn war noch nicht bereit. Er war ein Junge, er war ein Pavian – und er würde später in seinem eigenen Tempo lernen, wenn er wissbegierig wurde. Er war normal. Da konnte ich aufatmen!«

Auch bei Geschwistern mit geringem Altersunterschied, aber unterschiedlichem Geschlecht, kann es Probleme geben, besonders, wenn der Junge der Jüngere von beiden ist. Ich spreche aus Erfahrung. Mein kleiner Sohn ist – trotz des Altersunterschieds von zwei Jahren – fast so groß wie seine Schwester, und er versucht ständig, sie in der »Hackordnung« zu übertreffen. Wir wollen nicht, dass ein Kind ständig versucht, über das andere Kontrolle auszuüben. Dadurch kann für beide eine ungesunde Dynamik entstehen, sowohl in Bezug auf ihre Geschwisterbeziehung und ihre Beziehungen zu anderen Kindern, als auch in Bezug auf spätere Beziehungen im Erwachsenenalter.

Das Temperament

Das Temperament ist ein weiterer Faktor. Ein Kind ist vielleicht extrovertiert und mag ausgelassene und energiegeladene Spiele, während das Geschwisterkind lieber ruhig dasitzt und allein spielt. Wir wissen ja, dass bestimmte Persönlichkeitstypen entweder gut miteinander auskommen oder sich wie Öl und Wasser abstoßen. Eine befreundete Psychotherapeutin gab mir, als ich zum zweiten Mal Mutter wurde, den Rat, dass ich meine Kinder nicht zwingen sollte, etwas anderes zu werden als sie selbst, und dass ich ihnen helfen solle, beim Spielen ihre Gemeinsamkeiten zu finden. Bei einem extrovertierten Kind bedeutet das, es dazu anzuleiten, beim Spielen seine Energie zurückzuhalten, damit es lernt, seine Impulse und seine Gefühle zu kontrollieren. Ein introvertierteres Kind gewinnt beim Spielen mehr Sicherheit, wenn wir ihm helfen, seine Stimme zu finden und einzusetzen. Dazu investieren wir Zeit in unsere Kinder, geben ihnen Raum zum Spielen, ermutigen sie, ihr Gefühlsspektrum wahrzunehmen, und sorgen für einen offenen Kommunikationskanal zwischen uns und ihnen. Auf diese Weise fördern wir ihre Selbstwahrnehmung und versuchen nicht, sie zu verändern. Es geht darum, mit dem Charakter eines Kindes zu arbeiten und es so wertzuschätzen, wie es ist.

Seien wir ehrlich: Unsere Kinder streiten sich um Spielzeug, um das Essen, darum, wer den Knopf im Fahrstuhl drücken darf – was auch immer, aber warum? Nicht weil sie »böse« sind, denn das gibt es nicht. Es ist einfach der Pavian, der wieder am Lenkrad sitzt. Schauen wir es uns genauer an.

Geschwister-Brennpunkte

1. Teilen

Es heißt, dass Teilen Freude macht, aber auf Kinder unter drei Jahren trifft das nicht zu.

Für ein sehr kleines Kind kann es ziemlich stressig sein, zum Teilen gezwungen zu werden.

Heather Shumaker, Autorin von *It's Okay Not to Share*, drückt es so aus: »Wir erwarten von kleinen Kindern, dass sie Dinge sofort abgeben, sobald es jemand von ihnen verlangt. Aber wir selbst tun das ja auch nicht. Stellen wir uns vor, dass wir gerade mit dem Handy telefonieren, und plötzlich kommt jemand und bittet uns um das Handy oder nimmt es uns weg.

›Ich muss mal telefonieren‹, sagt er. Würden wir wütend werden? Als Erwachsene erwarten wir von anderen, dass sie warten, bis sie an der Reihe sind. Wir leihen gern einem Freund oder sogar einem Fremden unser Handy, aber wir wollen, dass er wartet, bis wir fertig sind. Dasselbe sollte für Kinder gelten: Lassen wir das Kind ein Spielzeug behalten, bis es damit ›fertig‹ ist. Es geht darum, sich abzuwechseln. Es geht ums Teilen. Aber wichtig ist, dass das Abgeben vom Kind gesteuert wird.«

In der Streitschlichterwelt würde ein Elternteil seinem Kind helfen, selbst zu entscheiden, wann es teilen will. Statt also zu dem Kind, das das Spielzeug gerade hat, zu sagen: »Noch fünf Minuten, dann ist Arabella dran«, setzen wir unseren inneren Streitschlichter ein. Wir helfen unseren Kindern, sanfte Grenzen zu setzen, aber auch empathisch zu sein und zu verstehen, dass seiner Schwester das Spielzeug auch wichtig ist. Dann kann es vielleicht zu ihr sagen: »Arabella, du kannst es haben, wenn ich damit fertig bin.«

Wir schauen uns das später noch genauer an. Jetzt wollen wir uns erst einmal daran erinnern, warum es für unsere kleinen Kinder stressig sein kann, gezwungen zu werden, etwas abzugeben, das sie gerade genießen oder sogar brauchen. Wie wir jetzt wissen, wird ihr Gehirn (besonders unter drei Jahren) von dem evolutionären Prinzip beherrscht, dass ein ausreichender Vorrat an Nahrung oder Besitz über Leben und Tod entscheiden kann. Warum sollten sie also bereitwillig etwas abgeben und damit ihr eigenes Überleben gefährden?

Nehmen wir als Beispiel alltägliche Geschwisterthemen, die unnötigen Kummer verursachen können, wie etwa die Frage, wer heute den blauen Teller bekommt oder mit dem gelben Ball spielen darf. Das machte meinen Mann wahnsinnig, bis ich ihn bat, es aus der Perspektive zweier junger Paviane zu betrachten, die vom Überlebensinstinkt getrieben sind. Für die Geschwister fühlen sich diese Dinge wirklich sehr wichtig an. Mike schaute mich an und sagte: »Okay. Einfache Lösung: Wir kaufen einfach zwei davon, und das Problem existiert nicht mehr!«

Eine einfache Lösung suchen: Den Stress auflösen und denselben Gegenstand zweimal bereitstellen.

Wenn sich unsere Kinder um Kleinigkeiten streiten, machen wir uns keinen Stress: Wir schlichten den Streit und kaufen zweimal dasselbe – zwei blaue Teller, zwei gelbe Bälle, dieselben Schlafanzüge, was auch immer das Streitobjekt ist. Wegen Kleinigkeiten machen wir uns keinen Stress.

Wie es mein Freund Steve Mann in seinem tollen Welpentrainingsbuch *Easy Peasy Puppy Squeezy* ausführt, müssen wir »die Umgebung unter Kontrolle haben«, wenn wir unerwünschtes Verhalten verhindern wollen. Ich sage es ungern, aber das trifft auch auf unsere Kinder zu. Bei Geschwistern geht es manchmal wirklich nur darum, die Umgebung unter Kontrolle zu haben. So wie wir unsere besten Schuhe außerhalb der Reichweite eines Welpen aufbewahren, können wir auch die Dinge wegräumen, um die sich Kinder streiten, und damit den Anlass des Streits beseitigen – ganz einfach!

Wenn unsere Kinder älter werden, mit vier oder fünf, wollen sie mehr Selbstständigkeit und ihre eigenen persönlichen Dinge. Dann können wir sie entscheiden lassen, entweder dieselben Sachen zu haben wie der Bruder oder die Schwester, oder eigene Sachen in unterschiedlichen Farben zu wählen. Unseren Kindern Auswahlmöglichkeiten zu geben ist auch immer eine gute Sache. Das regt sie dazu an, ihre Selbstwahrnehmung zu stärken – das Gefühl, dass sie sich zu einer eigenen Persönlichkeit entwickeln können, die gute Entscheidungen treffen und ihre eigenen Grenzen setzen kann.

Der Familienvertrag (siehe Kapitel 8) kann auch sehr nützlich sein, wenn es darum geht, Grundregeln dafür festzulegen und einzuhalten. Entscheidungen, die die Kinder treffen, können – in Bild- oder Textform – im Vertrag festgehalten werden, sodass künftig alle vor oder während eines Streits daran erinnert werden können. »Clemency hat die blaue Tasse, Wilbur die rote.«

Wir können akzeptieren, dass unsere Kinder unglaublich an Spielsachen oder Besitztümern hängen und viele Gefühle in sie investieren. Für Fans von *Toy Story*: Wir haben das bei der vierjährigen Bonnie und Forky Fork in *Toy Story 4* gesehen, wo sie eine Gabel, aus der sie im Kindergarten ein Spielzeug gemacht hat, über alles liebt und braucht, weil sie Angst vor dem Kindergarteneintritt gehabt hat. Spielsachen haben für kleine Kinder oft einen großen emotionale Wert, und wir tun gut daran, das anzuerkennen.

Wenn Ihr Kind mit einem Spielzeug spielt und ein anderes Kind (ein Geschwisterkind oder Freund) es haben will, fühlen Sie sich bitte nicht verpflichtet, ihr Kind zur Herausgabe zu zwingen, denn:

1. Es kann Ihre Beziehung zu Ihrem Kind beschädigen, weil es Sie dann als seinen Feind sieht, da Sie ihm die nötige Unterstützung verweigert haben.
2. Ihr Kind bekommt den Eindruck, dass Sie das andere Kind bevorzugen, was seine schlimmsten Befürchtungen bestätigt (dass Sie seinen Bruder/seine Schwester mehr lieben) und die Eifersucht noch verstärkt.

3. Es schließt daraus, dass seine Bedürfnisse nicht so wichtig wie die Bedürfnisse anderer Menschen sind.

Wir wollen, dass unsere Kinder großzügig und freundlich sind. Wir wollen, dass sie die Bedürfnisse anderer wahrnehmen und respektieren und mit ihnen fühlen.

Aber wir wollen nicht, dass unsere Kinder glauben, dass sie das, was sie haben, nur deshalb abgeben müssen, weil ein anderes Kind es will. Wir wollen nicht, dass aus unseren Kindern Erwachsene werden, die darauf konditioniert wurden, den Bedürfnissen anderer Menschen immer Vorrang vor ihren eigenen zu geben. Und dieser letzte Punkt ist wichtig. Wenn wir unsere Kinder zwingen, ihre liebsten Besitztümer abzugeben, nur weil jemand anders damit spielen will, sagen wir ihnen implizit, dass ihre Bedürfnisse weniger zählen als die des anderen Kindes.

Was wollen wir also erreichen? Wir wollen Kinder mit:

- **Empathie**: Ein Kind nimmt es wahr, wenn ein anderes Kind mit seinem Spielzeug spielen will.
- **Impulskontrolle**: Ein Kind kann Worte benutzen, statt einfach zuzugreifen.
- **Teamfähigkeit**: Ein Kind versteht, dass es so teilen kann, dass alle dabei gewinnen.
- **Verhandlungsgeschick**: Ein Kind erkennt die Win-win-Situation, ohne seine eigenen Bedürfnisse aufzugeben.

Mit diesen Fähigkeiten wird unser Kind ein empathischer, großzügiger, selbstsicherer Erwachsener. Aber nicht alle Kinder unter fünf Jahren sind schon in der Lage, all das allein zu schaffen.

Wie bewältigen wir diesen Drahtseilakt? Nehmen wir ein Beispiel aus dem Alltag:

Die vierjährige Clemency spielt mit ihrer Puppe.

Der zweijährige Wilbur krabbelt zu ihr und nimmt sie ihr weg.

Sie heult: »Mama, er hat meine Puppe genommen!«

Dann fährt sie Wilbur an: »Das ist meine!«, und holt sich die Puppe wieder zurück.

Geheul auf allen Seiten.

In einer solchen Situation stehen uns mehrere Werkzeuge zur Verfügung. Ich selbst wechsle in den SAB-Modus. Ich gehe in die Hocke, damit ich nicht über den Kindern aufrage und damit eine weitere Pavianreaktion auslöse. Ich schaue Clemency in die Augen, um eine Verbindung zu ihr herzustellen, und benutze so wenige Worte wie möglich:

Sagen, was ich sehe.

»Clemency, ich sehe, dass du aufgeregt bist. Du bist wütend, weil Wilbur dein Spielzeug genommen hat?«

Sie nickt und beruhigt sich schnell wieder, weil sie das Gefühl hat, bestätigt und verstanden zu werden.

Anerkennen

»Wilbur, du wolltest das Spielzeug?«

Jetzt fühlt auch er sich gesehen und gehört. Ich zeige Mitgefühl mit ihm, denn aus seiner Sicht wollte er einfach nur spielen. Aber hier ist die Grenze: Ich sage ihm sanft und in möglichst wenigen Worten, dass er seiner Schwester nicht das Spielzeug wegnehmen darf.

»Du wolltest es. Aber du kannst es nicht nehmen. Clemency hat es gerade.«

Wilbur weint laut. Manche Lektionen sind schwer zu lernen! Er ist aufgeregt, aber ich weiß, dass ich ihm beistehen kann. Das ist eine Chance, ihm zu helfen, eine wichtige Lektion zu verstehen.

»Wilbur, wir nehmen anderen nicht einfach Sachen weg.«

Es gibt keine Strafe, denn Wilbur hat das getan, was für einen kleinen Pavian normal ist.

Beruhigen

Ich beruhige ihn jetzt, weil es eine schwierige Lektion für einen Zweijährigen ist.

»Ich weiß, dass es schwer ist, Schatz. Du wolltest die Puppe unbedingt haben!«

Jetzt fühlt sich auch Wilbur verstanden. Er beruhigt sich und schaut mich erwartungsvoll an.

»Clemency, es ist okay. Du hast mit deinem Spielzeug gerade so viel Spaß gehabt!«

Ich nehme Wilbur auf den Schoß, damit er sich sicher fühlt, und bitte dann Clemency, die Sache aus Wilburs Perspektive zu betrachten.

»Wilbur, kannst du es mit deinen eigenen Worten sagen? Sag Clemency, was du wolltest.«

Wilburs kleines Eulengehirn (der Teil seines Gehirns, der sich noch entwickelt) schaltet sich ein. Er zeigt auf die Puppe und schaut seine Schwester an.

»Ich will das auch!«

»Wilbur wollte auch Spaß haben, verstehst du?«

Clemency nickt.

Sie sieht in ihrem Bruder jetzt keine Bedrohung mehr, sondern nur einen aufgeregten kleinen Jungen. So vermitteln wir Mitgefühl. Ihre Wut auf ihren Bruder schmilzt dahin, weil sie verstehen kann, dass er einfach nur spielen wollte.

Okay, jetzt die Auflösung:

»Clemency, kannst du Wilbur die Puppe geben, wenn du fertig gespielt hast?«

Ich zwinge sie nicht, jetzt sofort zu teilen. Ich rege sie zum Teilen an, aber ich lasse sie selbst entscheiden, wann sie es tut.

»Wilbur, sollen wir in der Zwischenzeit etwas Lustiges zum Spielen finden, während du auf die Puppe wartest?«

Für sehr kleine Kinder kann es ziemlich schwierig sein zu warten, bis sie an der Reihe sind, aber wir können ihnen helfen, die Zeit zu überbrücken und den sogenannten Belohnungsaufschub zu erleben. Wir lehren sie zugleich, dass die Welt nicht untergeht, wenn wir nicht sofort unseren Willen bekommen.

Wilbur spielte sehr gern mit Mama und fand bald etwas anderes Tolles zum Spielen. Er konnte auch sicher sein, dass er die Puppe bekommen würde, sobald seine große Schwester bereit war, sie ihm zu geben. Als Clemency sich fünfzehn Minuten später mit der Puppe zu langweilen begann (und genug davon hatte, dass Mama mit Wilbur spielte), gab sie sie ihm. Es fühlte sich sogar gut für sie an, ihrem Bruder etwas zu geben, von dem sie wusste, dass er es so gern wollte.

Dr. Markham und Nancy Eisenberg sind führende Wissenschaftler auf dem Gebiet der Entwicklungspsychologie und sagen, dass Kinder großzügiger werden, wenn sie die Erfahrung des freiwilligen Gebens machen und erleben, wie gut sich das anfühlt. Wenn wir sie jedoch dazu zwingen, sind sie verärgert, und wir erreichen genau das Gegenteil: Sie sind anschließend weniger zum Teilen bereit.

Was können wir also bei diesem einfachen, aber ganz typischen Szenario unseren Kindern beibringen? Wilbur lernt Folgendes:

- Auch wenn ich weine, weil ich etwas nicht bekomme, kann ich nicht immer meinen Willen durchsetzen.
- Ich kann warten, bis ich an der Reihe bin, ohne dass die Welt untergeht.
- Es ist okay, aufgeregt zu sein, weil Mama da ist, um zu helfen.
- Es fühlt sich richtig gut an, wenn mir Clemency schließlich das Spielzeug gibt. Vielleicht habe ich inzwischen sogar etwas Besseres zum Spielen gefunden. Aber meine Schwester ist nett und überlässt mir das Spielzeug. Ich habe Belohnungsaufschub erlebt. (Okay, *genau* diese Formulierung wird er vielleicht nicht verwenden!)

Mit der Zeit lernt Wilbur, mit Worten darum zu bitten, etwas zu bekommen. Manchmal gibt es ihm seine Schwester gleich, bei anderen Gelegenheiten muss er warten. Beides ist okay.

Clemency lernt all das auch, da die Situation sicher auch mit umgekehrten Vorzeichen auftritt – wenn Wilbur etwas hat, mit dem sie spielen will. Dann gelten dieselben Grundregeln, und sie muss warten, bis sie dran ist. Außerdem lernt Clemency Folgendes:

- Mama unterstützt mich und versteht meine Gefühle.
- Ich kann mich an Mama wenden, wenn es in Zukunft einen Konflikt gibt (statt zu schreien oder zu schlagen).
- Es fühlt sich gut an, anderen etwas zu geben.

Und bei diesem letzten Punkt sehen wir aus einer natürlichen positiven Feedback-Schleife Großzügigkeit aufkeimen, wenn wir unsere Kinder lehren, die Gefühle anderer Kinder wahrzunehmen und helfen zu wollen, statt sich dazu gezwungen zu fühlen. All das ist eine großartige Win-win-Situation für die geschwisterlichen Beziehungen!

Wenn die Kinder älter werden, können wir sie dazu anregen, Worte zu benutzen, um diese Art von Konflikten selbstständig zu lösen.

Ein Familienvertrag (siehe Kapitel 8) ist hier auch sehr nützlich. Beispielsweise steht in unserem Familienvertrag:

- Wenn mehrere Personen etwas haben wollen, kommen sie der Reihe nach dran.
- Die Person, die gerade etwas benutzt, entscheidet, wie lange sie an der Reihe ist.
- Man ist nie länger als einen Tag an der Reihe.
- Wenn Besuch kommt, räumen wir ganz besondere Spielsachen, die wir ungern teilen, weg.

Und so weiter.

Wenn man sich über die »kleinen Dinge« geeinigt und dazu klare Familienregeln festgelegt hat, mit denen alle einverstanden sind, wird es einfacher, die großen Themen anzugehen. Zum Beispiel Geburtstagsgeschenke: Darf nur das Geburtstagskind damit spielen, oder kann das andere Kind sie auch haben, wenn es vorher fragt? Unsere Kinder selbst überlegen zu lassen, welche Folgen ihr Verhalten hat, fördert die Entwicklung der inneren klugen Eule.

Clemency hatte früher eine klare Haltung zu Geburtstagsgeschenken: Sie war der Meinung, dass sie nur ihr allein gehörten. Wilbur war damit einverstanden, weil er sagte, dasselbe gelte dann auch für seine Geschenke. Als er aber von meinem Freund Martin ein tolles Lichtschwert bekam, war sich Clemency auf einmal nicht mehr so sicher, ob diese Familienregel eine so tolle Idee war! Die Geschwister nahmen sich den Vertrag noch einmal vor und einigten sich darauf, ihn zu ändern, als Wilbur aushandelte, dass er mit Clemencys neuem Stoffhund spielen dürfe – eine Win-win-Situation, die sich die beiden zusammen überlegt hatten. Die Kinder zeichneten auf dem Vertrag ein Geschenk mit einer Schleife, und wo vorher »Geburtstagsgeschenke werden nicht geteilt« gestanden hatte, änderte Clemency das »nicht« in »jetzt«!

Wir dürfen nicht erwarten, dass all das wie von Zauberhand passiert. Wenn Sie mehrere Kinder haben, wissen Sie sicher schon, wie viele Konfliktsituationen an einem Tag auftreten können. Nehmen Sie eine Gelegenheit pro Tag wahr, um ihren Kindern zu helfen, die Sache zu besprechen und eine für beide Seiten akzeptable Win-win-Lösung zu finden. Wahrscheinlich werden Sie das sehr oft üben müssen, bevor sich Ergebnisse zeigen. Aber eines Tages werden Sie hören, wie Ihre Kinder lebhaft über ein Thema diskutieren, das früher heftige Gefühlsausbrüche verursacht hätte, und Sie werden beobachten, wie sie ohne ein einziges böses Wort einen Vertrag aufsetzen. Ja, das passiert wirklich!

2. Aggressionen und Schlagen unter Geschwistern

Wenn sich kleine Kinder durch ein Geschwisterkind bedroht fühlen, schlagen sie vielleicht instinktiv um sich. Aggression wurzelt in Angst. Aber auch wenn Zorn ein legitimes Gefühl ist, wollen wir, dass unsere Kinder kontrolliert aussprechen, was sie fühlen, statt gewalttätig zu werden. Das erfordert Übung. Sie dürfen also nicht erwarten, dass es über Nacht passiert. Aber mit einem Familienvertrag, zehn Bonusminuten und der SAB-Erziehung helfen Sie Ihren Kindern, eine bessere Form der Kommunikation zu erlernen und Worte anstelle von Fäusten zu benutzen. Aber was passiert, wenn der kleine Pavian mal wieder schneller ist?

Schauen wir uns ein weiteres typisches Szenario an: Clemency bringt Wilburs Legoturm, an dem er den ganzen Vormittag gebaut hat, zum Einstürzen. Er schlägt sie frustriert. Sie kommen beide weinend zu mir gelaufen.

Wir können das SAB-Prinzip (Sagen, was wir sehen, – Anerkennen – Beruhigen) anwenden, aber vielleicht wollen wir es noch dahingehend erweitern, dass wir Wilburs Zorn nicht nur anerkennen, sondern ihm auch helfen, ihn auf eine angemessenere Art auszudrücken.

Ich sage also, was ich sehe und höre: »Ich höre Geschrei, und ich sehe zwei wütende Leute! Was ist passiert?«

Wir wollen uns nicht auf Schuldzuweisungen einlassen, aber wenn wir die Gefühle beide Kinder anerkennen und den Konflikt verstehen wollen, müssen wir wissen, was vorgefallen ist. Wir lassen einem Kind den Vortritt, beim nächsten Anlass darf dann das andere zuerst erzählen.

»Okay. Wilbur, sag mir, was passiert ist.«

»Clemency hat meinen Legoturm kaputt gemacht!«

»Clemency hat deinen Legoturm kaputt gemacht, und du bist wirklich wütend. Ich sehe die Legosteine auf dem Boden liegen. Das ist wirklich ärgerlich, wo du ihn doch so hoch aufgebaut hattest! Clemency, kannst du mir sagen, was passiert ist?«

»Er hat mich geärgert, darum habe ich den Turm umgeworfen, und dann hat er mich gehauen.«

»Also Wilbur hat dich geärgert, und du hast seinen Turm umgeworfen, und dann hat er dich geschlagen? Tut mir leid, dass er dir wehgetan hat. Kannst du es mir zeigen?«

Ich ergreife nicht Partei; ich sage immer noch, was ich sehe und was ich höre. Ich versuche nicht, mehr zu tun, als ein wenig von dem, was passiert ist, zu verstehen.

Gefühle beruhigen: Ich konzentriere mich dabei zuerst auf das Kind, dem körperlich wehgetan wurde. »Ich sehe, dass ihr beide aufgeregt seid. Wilbur, ich muss erstmal schauen, ob bei Clemency alles okay ist, dann komme ich zu dir.« Während wir besprechen, was passiert ist, kann jedes Kind darüber nachdenken, was zu diesem Punkt geführt hat. Jedes Kind ist gehört worden und jedes Kind kann, während es sich beruhigt, mit meiner Hilfe eine Lösung finden. Ich helfe beiden, ihre Gefühle zu regulieren und zu verstehen.

Eine Lösung finden: Ich könnte beide Kinder bitten, die Sache aus der Perspektive des anderen zu betrachten und vorzuschlagen, wie sie sich nächstes Mal anders verhalten können.

Als Wilbur noch sehr klein (unter drei) war, hätte ich zum Beispiel für ihn sprechen können:

»Clemency, kannst du verstehen, warum Wilbur verärgert war?«

Ich fordere sie auf, Wilbur anzuschauen, in seinem Gesicht, seiner Mimik, zu lesen, um seine Aufregung zu begreifen.

Ich könnte Wilbur ermutigen, sich selbst auszudrücken, wenn er dazu in der Lage ist:

»Wilbur, kannst du Clemency mit deinen Worten sagen, warum du wütend bist?«

Dann …

»Wilbur, du weißt, dass wir die Regel ›Nicht schlagen!‹ haben. In diesem Haus wird nicht geschlagen. Du darfst Clemency nicht hauen. Wenn du keine Worte findest, holst du Mama, okay?«

Sicher wollen auch Sie nicht, dass eines Ihrer Kinder dem anderen wehtut, aber wie können wir unsere kleinen Paviane dazu bewegen, in Zukunft Worte zu benutzen und nicht um sich zu schlagen, wenn ihre körperlichen Impulse sehr stark sind? Wir können ihnen helfen, diese Energie auf ungefährliche, nicht aggressive Art loszuwerden.

WERKZEUG-TIPP

Kissenkraft

Wir können verstehen, dass unsere kleinen Kinder dazu neigen, zuerst zu handeln und später nachzudenken, weil bei ihnen noch das Eidechsen- und das Paviangehirn die Kontrolle haben, die vom Überlebenstrieb gesteuert werden. Darum schlagen sie um sich, wenn sie eine Bedrohung wahrnehmen. Ich glaube, dass wir unseren Kindern einen besseren Dienst erweisen, wenn wir ihnen helfen, ihre Wut auf sichere und angemessene Art abzubauen, als wenn wir sie bestrafen. Denn dann bleiben aufgestaute Gefühle zurück und die Neigung, beim nächsten Mal wieder zuzuschlagen, vielleicht, wenn wir nicht in der Nähe sind.

In meiner Familie benennen wir die Emotion (siehe Kapitel 4) und erkennen an, dass Wut eine legitime Emotion ist, wenn ein Kind das Gefühl hat, dass ihm unrecht getan wurde. Aber wir regen unsere Kinder auch dazu an, darüber nachzudenken, wie sie sich besser, angemessener und ungefährlicher ausdrücken könnten.

Da ich in Bezug auf das Schlagen ganz klare Grenzen setzen will, habe ich beide Kinder gefragt, ob es nicht etwas anderes gäbe, was sie tun könnten, um ihren Ärger auszudrücken, ohne einander zu schlagen.

Darauf sagte Wilbur: »Ich könnte ein Kissen boxen!« Ich hielt das für eine ziemlich clevere Art, sich klarzumachen, dass der Stress aufgelöst werden musste. Darum hielt ich ihm begeistert ein Kissen hin, das er schlagen konnte. Die Stimmung wechselte schnell von Anspannung zu Heiterkeit, während ich das Kissen hochhielt und meinen Sohn aufforderte, alles zu geben! Wilbur hatte seine eigene Möglichkeit gefunden, seine Gefühle herauszulassen, und er hatte verstanden, dass nicht die Wut als solche falsch ist, sondern die Art, sie auszudrücken. (Ich sprach später mit einigen meiner Psychotherapiekollegen über dieses Konzept, um sicherzugehen, dass es seine Berechtigung hatte.) Wilburs Bedürfnis, ein Kissen zu schlagen, nahm im Lauf der Zeit ab, als er Fortschritte beim verbalen Ausdruck machte.

Wenn sich unsere Kinder gesehen und gehört fühlen und ihre Gefühle anerkannt werden, können wir gemeinsam eine Lösung finden. In der erwähnten Situation vergewisserte ich mich, dass Clemencys Arm in Ordnung war, und regte die Kinder dann zur Teamarbeit an: »Okay, kommt, wir bauen zusammen einen neuen Turm – vielleicht sogar noch höher!«

Wichtige Lehren aus diesem Austausch:

- Alle fühlen sich gehört.
- Die Gefühle aller Beteiligten werden anerkannt, was zur Beruhigung und letztlich zur Emotionsregulation beiträgt.
- Wir haben verstanden, dass wir einen entstandenen Schaden reparieren (den Turm wieder aufbauen) können.

- Die Kinder können mich um Hilfe bitten, wenn es wieder vorkommt.
- Statt zu schlagen, können sie mit Worten ausdrücken, dass sie wütend sind.

Nach einem solchen Zwischenfall können wir den Lernprozess fördern, indem wir die Kinder auffordern, dem Familienvertrag eine Zeile zum Thema Schlagen hinzuzufügen. Bei uns malte Clemency sich und Wilbur eine Hand rot an, die sie dann auf das Papier drückten. Darunter schrieb sie: »Nicht schlagen!« Wir malten auch einen durchgestrichenen Turm darunter, um zu betonen, dass wir Dinge anderer Familienmitglieder nicht beschädigen dürfen, auch wenn wir noch so wütend sind.

Statt unsere Kinder für ihre Ausbrüche zu verurteilen, sollten wir ihnen dabei helfen, eine alternative Ausdrucksmöglichkeit für ihre intensiven Gefühle zu finden – zum Beispiel Kissenkraft oder Sternsprünge oder den Salsa Shimmy. So fördern wir die Entwicklung ihrer klugen Eule, dank derer sie irgendwann in der Lage sein werden, Gefühle mit Worten auszudrücken – was auch im Erwachsenenalter eine wichtige Fähigkeit ist!

Es ist unwahrscheinlich, dass die Ausbrüche oder das Schlagen von heute auf morgen aufhören werden. Wenn unsere Kinder noch klein sind, ist das wie ein Muskel, der trainiert werden muss. Aber jedes Mal, wenn es wieder passiert, gibt es uns Gelegenheit, das Thema nochmal anzusprechen.

Wie gesagt, es braucht seine Zeit und viel Energie, aber Sie können darauf vertrauen, dass diese gut investiert sind. Bei Wilbur hat es eine Weile gedauert, aber ich wusste, dass ich es geschafft hatte, als ich eines Abends aus dem BBC-Nachrichtenstudio nach Hause kam und Wilbur mir sagte: »Mama, Papa ärgert sich, weil Clemency nicht auf ihn hört«, und dann: »Er muss ein Kissen schlagen!«

3. Dominante Geschwister

Mein Freund Matthew schreibt: »Meine Kinder liegen altersmäßig nah beieinander. Mein Sohn hat angefangen, sich seiner älteren Schwester gegenüber zu behaupten, und als Folge davon schaukeln sie sich oft gegenseitig hoch – ob es darum geht, wer schneller rennen kann, wer im Fahrstuhl den Knopf drücken darf oder neben mir auf dem Sofa sitzt. Worum es bei diesem Wettbewerb auch geht – es kann schnell körperlich werden. Ich finde es schwierig, das mit anzusehen und es aufzulösen (besonders wenn ich es nicht von Anfang an mitbekommen habe).«

Geschwister werden immer versuchen, ihren Platz im Rudel zu finden. Wie wir schon gesehen haben, spielen Geschlecht, Temperament und Altersunterschied bei Geschwisterrivalität und dem Konkurrenzdenken der Kinder eine Rolle. Bei Jungen mit geringem Altersunterschied ist es natürlich, dass der jüngere sich zu behaupten versucht und gewissermaßen das Terrain sondiert, um zu sehen, wer wirklich die Oberhand hat.

Das von Matthew beschriebene Verhalten ist in diesem Kontext zwar verständlich, aber natürlich nicht wünschenswert, wenn es zu Kämpfen und Stress führt. Was tun?

Zuerst sollten wir herausfinden, ob es wirklich um den Knopf im Fahrstuhl geht und darum, wer schneller rennen kann – oder ob einfach eines der Kinder mehr Aufmerksamkeit von Mama oder Papa braucht.

Wenn wir beobachten, dass eines unserer Kinder ständig die dominante Rolle spielt oder Kontrolle über sein Geschwisterkind ausübt, sollten wir das ansprechen. Wir wollen nicht, dass unsere Kinder Rollen übernehmen und eine ungute Familiendynamik erzeugen, die oft ein Leben lang erhalten bleibt. Gewöhnt sich ein Kind daran, immer zu gewinnen, wird es auch weiterhin versuchen, Kontrolle und Autorität über andere Menschen auszuüben, während sich das andere Kind daran gewöhnt, immer nachzugeben, und später im Leben öfter die Opferrolle einnimmt.

Zeigt ein Kind das Bedürfnis, Kontrolle auszuüben, basiert das oft auf Unsicherheit, weil es selbst das Gefühl hat, nicht genug Kontrolle zu haben. Hier können wir unseren Kindern helfen, indem wir ihnen die Möglichkeit geben, auf andere Weise Kontrolle auszuüben. Das kann beim Spielen sein (siehe Kapitel 11) oder in unseren besonderen Heldenstunden (Kapitel 10), die eine großartige Gelegenheit bieten, den Kindern die Führung zu überlassen, sodass sie sich allmächtig fühlen und uns nach Herzenslust herumkommandieren können! Wir können unserem Kind aufzeigen, wo beim Ausüben von Kontrolle die Grenzen sind, und letztlich, wenn es sich selbstsicherer fühlt, zu einem »Geben und Nehmen« übergehen.

Dem Kind, das sich daran gewöhnt hat nachzugeben, können wir helfen, seine Stimme zu finden. Wir können es ermutigen, seine starke Stimme einzusetzen, um dem Geschwisterkind zu sagen, was akzeptabel ist und was nicht (was ihnen wiederum hilft, ihre eigenen Grenzen festzulegen).

Problemlösung

Teamwork eignet sich hervorragend zum Reduzieren von Geschwisterrivalität und zum Fördern der klugen Eule. Es lehrt unsere Kinder eine wertvolle Lektion fürs Leben: Dass es immer eine Möglichkeit der Wiedergutmachung und für jedes Problem eine Lösung gibt. Fordern Sie Ihre Kinder in der entsprechenden Situation auf, eine Win-win-Lösung zu finden. Wenn sie wirklich wütend aufeinander sind, müssen Sie sie allerdings erst einmal beruhigen, denn solange alle noch in einem Zustand höchster Erregung sind, wird die Lektion nicht bei ihnen ankommen. Wenn unsere Kinder ruhig sind, sehen wir, dass ihr Eulenbaby aktiv ist und die Kontrolle über den unruhigen Pavian übernommen hat. Dann können wir sie einfach fragen, was wir tun können, um die Situation aufzulösen.

Nach dem Zwischenfall mit dem Legoturm habe ich meine Kinder gefragt, was ihnen in Zukunft in einer solchen Situation helfen würde.

Blitzschnell sagte Clemency: »Wilbur aus dem Haus verbannen!« Wir saßen noch zu dritt auf dem Boden, und ich sagte lächelnd: »Okay, das ist eine Lösung.«

Ich nahm ein Spielzeug aus der Kiste und sagte: »Lasst uns mal so tun, als ob das Wilbur ist. Wir legen ihn hierhin, weg von den anderen drei Spielfiguren (die den Rest der Familie symbolisierten).«

Dann fragte ich Wilbur: »Was wäre deine Lösung?«

»Clemency aus dem Haus verbannen!«

Also legte ich ein anderes Spielzeug weiter weg von uns.

»Okay, jetzt haben wir euch beide außerhalb vom ›Haus‹. Irgendwelche anderen Lösungen?«

Darauf sagte Wilbur: »Äh ... wir könnten aufhören zu streiten?«

»Das klingt nach einer sehr guten Lösung – dann könntet ihr beide im Haus bleiben!«, sagte ich lächelnd. »Aber wie könnt ihr aufhören zu streiten?«

»Wir könnten zu dir kommen«, schlug Wilbur vor.

»Oder … ich weiß es!«, rief Clemency. »Wir könnten Worte benutzen und es gemeinsam besprechen.«

»Ja!«, sagte ich (strahlend), »das klingt nach einem guten Plan.«

Wir können Vorlagen verwenden, die wir immer griffbereit haben und die an die vorliegende Situation angepasst werden können. Sie können wirklich einfach sein und zum Beispiel folgende Fragen enthalten:

- »Okay, was ist passiert?«
- »Ich sehe zwei wütende kleine Leute – könnt ihr mir der Reihe nach sagen, was passiert ist?«
- »Was kann ich tun, um zu helfen?«
- »Was für eine Lösung gibt es hier?«
- »Was könnten wir sonst noch tun?«

Denken wir an das SAB-Prinzip: Sagen, was wir sehen, – die Aufregung anerkennen, wenn es sie gibt, – und dann das Kind, das »verletzt« oder geärgert wurde, beruhigen. Wenn wir das vor der nächsten Auseinandersetzung parat haben, stehen uns Eulenweisheiten zur Verfügung, und wir können schauen, was von den Kindern kommt – vielleicht überraschen sie uns!

Um Verzeihung bitten

Wenn wir ein Kind unter drei oder vier Jahren zwingen, »Entschuldigung« zu sagen, lösen wir damit nicht wirklich das Problem. Das Eulengehirn geht erst mit etwa drei Jahren »online« (wie Dr. Bruce Perry es ausdrückt), und selbst dann ist es noch ein sehr unfertiges Werk. Das Eulengehirn ist dafür zuständig, richtig und falsch zu unterscheiden und Moralvorstellungen zu haben. Das wollen wir unseren Kindern natürlich nahebringen, und ein erster Schritt in diese Richtung ist, ihr Eulenbaby zu fördern. Aber das erreichen wir nicht, indem wir unsere Kinder zwingen, sich zu entschuldigen. Das funktioniert nur, wenn unserem Kind wirklich leidtut, was es getan hat, und es daher ein natürliches Bedürfnis hat, sich zu entschuldigen. Ist das der Fall, sehen wir das Mitgefühl in seinen Augen, wenn es die andere Person anschaut und »Entschuldigung« sagt. Wenn das Kind es nicht fühlt, hat es wenig Sinn.

Wir wollen, dass unsere Kinder bei ihren Interaktionen mit anderen ehrlich und authentisch sind. Darum müssen wir die kluge Eule ins Spiel bringen und darauf vertrauen, dass unsere Kinder sich entschuldigen wollen, wenn sie die Gefühle einer anderen Person verletzt haben. Dasselbe gilt für Erwachsene. Wir können unser Handeln nur bedauern, wenn wir anerkennen, dass wir etwas getan haben, das andere verletzt oder verärgert hat. Dazu müssen wir die Verletzung des anderen fühlen – Mitgefühl für ihn haben.

Sicherlich ist es hilfreich wenn Sie sich einmal fragen, wie leicht es Ihnen fällt, sich bei jemandem aufrichtig zu entschuldigen. Dann wissen Sie sicher, dass das manchmal wirklich Mut erfordert. Darum wollen wir unseren Kindern helfen, ein starkes Selbstwertgefühl zu haben, damit sie sich nicht schlecht dabei fühlen, wenn sie sich entschuldigen. Sie können ehrlich und authentisch die Verantwortung für ihr Verhalten übernehmen – in dem Wissen, dass die Welt nicht untergeht, wenn sie es tun.

Wenn wir kleine Kinder bestrafen und sie zwingen, sich zu entschuldigen (oder später dem anderen Kind Nachrichten schicken, wie es manche Eltern tun), helfen wir ihnen nicht wirklich.

Aber wenn wir unsere Kinder mit Empathie und Mitgefühl aufziehen, werden aus ihnen später empathische und einfühlsame Erwachsene. Weil sie sich dann in andere Menschen hineinversetzen können, wollen sie sich ganz automatisch entschuldigen. Wenn wir Eltern uns entschuldigen, werden unsere Kinder im Lauf der Zeit unserem Vorbild folgen.

Zu Kindern unter fünf Jahren würde ich daher sagen:

»Schau deinem Bruder ins Gesicht. Wie sieht er aus?«

»Traurig.«

»Und verstehst du, warum er traurig ist?«

»Weil ich ihm wehgetan habe.«

Auch hier dürfen wir nicht erwarten, dass immer alles nach Plan läuft. Wenn der Pavian die Kontrolle übernommen hat, ist unser Kind zu überlastet, um wirklich innehalten und eine Bestandsaufnahme machen zu können.

Solange wir es – immer wieder – versuchen, und solange das verletzte Kind das Gefühl hat, dass wir seine Verletzung verstehen und anerkennen, können wir sicherlich eine Lösung finden.

Die am häufigsten im Zusammenhang mit Geschwisterrivalität gestellte Frage lautet: Wie können wir die Streitereien beenden und Freunde fürs Leben aufziehen? Die einfachste Antwort darauf lautet: durch unsere Unterstützung. Im Lauf der Zeit verschiebt sich die Dynamik, und die Geschwister arbeiten als Team zusammen. Die Schlüsselwörter sind: unsere Unterstützung.

Je mehr wir den Gefühlsbecher unserer Kinder auffüllen, desto mehr verblassen ihre Ängste im Zusammenhang mit der Frage, wen die Eltern am meisten lieben und wen sie zuerst retten würden, wenn das Haus in Flammen stünde, weil sich jedes Kind »genug geliebt« fühlt.

Wenn wir verstehen, dass die Angst unserer Kinder (und daraus resultierendes unerwünschtes Verhalten) auf dem Bedürfnis beruht, uns nahe zu sein, erkennen wir, warum wir selbst für das Auflösen von Geschwisterrivalität so wichtig sind.

Eulenweisheiten

- Geschwisterrivalität ist eine natürliche Folge der Evolution.
- Wir müssen anerkennen und verstehen, dass sie – manchmal sogar unbewusst – durch große Unsicherheit verursacht wird.
- Wenn unsere Kinder sich »genug geliebt« fühlen und genug Zeit mit uns haben, sollte die Rivalität nachlassen.
- Mit unserer Unterstützung können unsere Kinder zu Freunden fürs Leben heranwachsen.
- Wir müssen immer Streitschlichter sein!

Geschwisterrivalität wirkt oft wie ein komplexer Tanz, den unsere Kinder tagtäglich aufführen. Wir haben viele Gelegenheiten, sie dabei zu unterstützen, ihren Weg hindurchzufinden. Und wir können darauf vertrauen, dass wir ihnen – ungeachtet ihres Alters, Geschlechts und Temperaments – wirklich helfen können, Freunde fürs Leben zu werden!

KAPITEL 13

Große Veränderungen im Leben sicher bewältigen

An einem kalten Septembermorgen saß ich auf einer Holzbank und stillte meinen drei Monate alten Sohn. Ich war von nassen Regenjacken und bunten kleinen Gummistiefeln umgeben, die mit dem Schlamm bedeckt waren, durch den die Kinder auf dem Weg zum Kindergarten gestapft waren. Ich kuschelte mich in meinen warmen Mantel und hielt meinen Sohn an mich gedrückt, während er trank. Seine Sauggeräusche drangen unter dem Stoff hervor.

»Mama, bist du noch da?«, rief ein kleines Mädchen mit Zöpfen, als es aus dem Nebenraum hereingelaufen kam. Es trug ein langes blau-weißes Hemd, das ihm bis über die Knie ging. Das Mädchen war noch keine drei Jahre alt. Mir ging das Herz auf.

»Hallo, Schatz, Mama ist hier.«

Clemency drehte sich um und rannte wieder zurück zu den anderen Kindergartenkindern, die Türme bauten und Bilderbücher anschauten. Zehn Minuten später kam sie wieder raus. Ihr blondes Haar schwang schon vor ihr durch die Tür. »Nochmal hallo, Mama!«, sang sie. Sie lächelte mir zu, streichelte Wilbur den Kopf und rannte wieder weg. Es war ihr fünfter Tag im Kindergarten. Ich hatte schon drei lange, kalte Vormittage in dieser Garderobe verbracht. Manchmal kam ich mir lächerlich vor; ich hätte mit meinem Sohn daheim im Warmen sein sollen. Aber nach dem ersten schrecklichen Morgen, an dem Clemency geschrien hatte, dass ich nicht weggehen solle, war ich hin- und hergerissen. Mein Mann und ich waren uns einig gewesen, dass es die richtige Zeit war, um unsere schon fast dreijährige Tochter in den Kindergarten zu schicken, aber in der Rückschau wurde mir klar, dass es wegen der Ankunft des kleinen Bruders kein idealer Zeitpunkt gewesen war.

In unserer Gesellschaft gilt das Alter von drei Jahren traditionell als optimal für den Kindergarteneintritt. Die Erfahrung zeigt uns, dass der Pavian etwa zu dieser Zeit zu physischer Selbstständigkeit drängt und viel kontaktfreudiger ist. Aber wegen des neuen Babys im Haus war Clemencys Pavian zwischen der Freude an der neuen Selbstständigkeit im Kindergarten und der Angst, zu Hause etwas zu verpassen, hin- und hergerissen, da sich ja dieser kleine Bruder eingeschlichen hatte und ihr Mamas Aufmerksamkeit wegzunehmen drohte!

Die Erzieherinnen versuchten, mich zu beruhigen: »Sie schafft das. Sie hört sicher auf zu weinen, sobald Sie gegangen sind.« Aber es tat mir sehr weh, dass mein Kind aus meinen Armen genommen wurde, wenn es nach mir weinte. Nach dem ersten Tag brachte ich es nicht nochmal übers Herz. Ich fragte, ob ich dableiben könne, bis meine Tochter sich eingewöhnt hätte. Ich befürchtete, als schwierige oder überempfindliche Mutter wahrgenommen zu werden, und wusste nicht so recht, was am besten war. Darum suchte ich den Rat der Psychotherapeutin Liza Elle.

»Warum würde dir jemand dein Kind wegnehmen wollen, wenn es leidet?«, fragte mich Liza sanft. »Und warum sollte sie nicht leiden? Sie hat dich an einen kleinen Bruder verloren, und jetzt willst du sie auch noch an einem ihr unbekannten Ort zurücklassen. Außerdem hat sie noch kein richtiges Zeitkonzept, das heißt, sie ist unsicher, wann oder gar ob du überhaupt zurückkommst.« Liza sah mich freundlich, aber mit Nachdruck an.

Ich saß schweigend da. Endlich verstand ich es. Wenn wir als Erwachsene diese Situation schwierig fänden, wie muss es dann für unsere Kinder sein? Verlust und Veränderung sind wichtige und universelle Lebenserfahrungen. Daher ist es wichtig, dass wir verstehen, welche Auswirkungen sie auf unsere Kinder haben, besonders, wenn sie noch sehr klein sind.

Zunächst einmal sagt uns die Wissenschaft, dass der mit der Trennung eines Kindes vom Elternteil verbundene Schmerz im Gehirn fast wie körperlicher Schmerz erlebt wird. Das ist das Gefühl des Verlusts, von dem wir jetzt wissen, dass es eine Ganzkörperreaktion auslösen kann. Unsere Kinder werden sicher einige große Ereignisse erleben, die mit Verlust und Veränderung einhergehen – in den frühen Jahren manchmal täglich. Dabei kann es sich um Scheidung, Tod oder den Wegzug des besten Freundes und sicher auch um etwas so Einschneidendes wie den Kindergarten- oder Schuleintritt handeln.

Auch Ereignisse, die auf den ersten Blick positiv zu sein scheinen und bei denen unsere Kinder ein gewisses Maß an Selbstständigkeit hinzugewinnen, können sich für sie wie eine sehr große emotionale Erfahrung anfühlen. Wie wir diese Erfahrung mit unserem Kind gestalten, hat einen direkten Einfluss darauf, wie positiv es das Ereignis wahrnimmt und wie es in Zukunft auf ähnliche Ereignisse reagieren wird.

Wir wollen uns jetzt anschauen, wie wir unseren Kindern helfen, diese unvermeidlichen Übergänge durchzustehen. Dabei denken wir an ihr Eidechsen- und Paviangehirn und unterstützen sie dabei, sich anzupassen, flexibel zu sein und letztlich resilient zu werden, auch wenn sich die Dinge anfangs etwas schwierig anfühlen. Wir brauchen keine Angst zu haben, dass unsere Kinder zu »anhänglich« sind, wenn sie das Bedürfnis zum Ausdruck bringen, in unserer Nähe zu sein. Anhänglichkeit hat so negative Konnotationen, bedeutet aber einfach nur, dass unsere Kinder sich in diesem Augenblick unsicher fühlen und sich deshalb an uns klammern, wie es die Natur vorgesehen hat – den Beweis dafür sehen wir im Tierreich.

Ob wir kurz in die Küche gehen und unser Baby in einem anderen Zimmer lassen oder, am anderen Ende des Spektrums, unser Kind zum ersten Mal in den Kindergarten oder die Schule bringen: Wenn unserem Kind die Trennung von uns schwerfällt, sagt es damit im Grunde nur: »Ich fühle mich nicht sicher« und »Ich schaffe das jetzt nicht allein«. Das ist in Ordnung. Es braucht einfach ein wenig mehr Unterstützung. Wenn wir ihm helfen und in diesen schwierigen Augenblicken für unser Kind da sind, wird es an Selbstvertrauen gewinnen und allein zurechtkommen, sobald sich die Eidechse und der Pavian sicherer fühlen.

Bei all diesen Übergängen in ihrem jungen Leben ist es (wie wir in Kapitel 2 gesehen haben) gar nicht gut, wenn wir unsere Kinder mit ihrem Stress und dem dadurch bedingten Cortisol- und Adrenalinausstoß in ihrem Körper allein lassen und ihnen nicht helfen, wieder ins Gleichgewicht zu kommen. Die wenigsten von uns mögen Veränderungen, seien es Umzüge, Jobwechsel oder der Verlust eines geliebten Menschen. Aber wir können uns klarmachen, dass der Umzugsstress nicht ewig dauern wird; dass wir uns bald am neuen Arbeitsplatz eingewöhnen werden; dass wir mit Freunden über unseren Verlust sprechen und Trost finden können und dass auch das »irgendwann vorbeigehen wird«. Aber unsere Kleinkinder und insbesondere unsere Babys können das noch nicht!

Schauen wir uns nun unter diesem Gesichtspunkt einige größere Übergänge an, mit denen Kinder unter fünf Jahren konfrontiert sein können. Und wie wir ihnen mit unserem Wissen um das Eidechsen-, Pavian- und Eulengehirn einfühlsam und verständnisvoll helfen können, diese Erfahrungen durchzustehen und mit der Zeit Resilienz und ihre eigene reife und kluge Eule zu entwickeln.

Frühe Trennung

Ein Baby kann noch nicht sprechen und seine Gefühle in Worten ausdrücken. Darum ist es sehr wichtig, dass wir als Eltern verstehen, dass die Art, wie wir Babys bei Übergängen begleiten, für ihr zukünftiges emotionales Wohlbefinden ausschlaggebend ist. Für die Eltern von Neugeborenen ist es vielleicht eine der häufigsten Frustrationen, dass ihr Baby nach ihnen schreit, sobald sie das Zimmer verlassen.

Für sehr kleine Kinder kann schon eine kurze Trennung von uns belastend sein. Der Eidechse und dem Pavian geht es um das Überleben, und in bestimmten Entwicklungsphasen kann schon eine kurze Trennung von der Person, von der sie abhängig sind, eine Stressreaktion auslösen. Unsere Babys und Kleinkinder haben noch kein vollständig entwickeltes Zeitgefühl, sodass schon eine kurze Trennung Ängste auslösen kann: Woher sollen sie auch wissen, wie lange es dauern wird, bis wir wieder zurückkommen? Unsere Babys und Kleinkinder fühlen unsere Abwesenheit. Wenn wir uns das klarmachen, können wir in diesen Momenten auf die Ängste unserer Babys reagieren und sie vielleicht einfach mitnehmen!

Es geht nicht darum, dass unser Kind »schwach« oder »anhänglich« ist. Es befindet sich vielmehr in einem Entwicklungsstadium, in dem es sich ohne uns unsicher fühlt. Das hat alles mit diesem uralten Gehirn und dem von der Natur vorgesehenen Verhalten zu tun! Die Eidechse muss sich darauf verlassen können, dass wir für sie da sind und dass wir zurückkommen, sie also nicht im Stich lassen. Wenn wir länger von unseren Kindern getrennt sein müssen, zum Beispiel, weil wir wieder arbeiten gehen, rät Liza Elle deshalb, unser Kind auf die Trennung vorzubereiten, was mich dazu gebracht hat, ein Werkzeug einzusetzen, das ich den Bumerang-Abschied nenne.

WERKZEUG-TIPP

Bumerang-Abschied

Als meine Kinder noch sehr klein waren, riet mir Liza, »noch vor dem Wiedereinstieg in die Arbeit ein Ritual zu entwickeln, das den Kindern zeigt, dass du wiederkommst. Wenn du kurz aus dem Zimmer gehst, vielleicht nur zur Toilette, sagst du ihnen, dass ›Mama gleich wiederkommt‹. Selbst wenn du glaubst, dass sie noch zu klein sind, um das zu verstehen. Sag einfach jedes Mal, wenn du gehst: ›Mama kommt wieder.‹ Und wenn du nach einer Trennung von nur einer Minute in das Zimmer zurückkommst, sagst du fröhlich: ›Mama ist wieder da!‹«

Liza erklärte mir, dass dadurch ein Sicherheitsmuster entsteht, ein kleines Ritual, auf das die Kinder sich verlassen können, denn Kinder wissen nicht, wie spät es ist, und haben keine Vorstellung davon, wie lange wir weg sein werden. Mit der Zeit fangen sie an, sich zu beruhigen, wenn sie »Mama kommt wieder« hören. Sie verstehen von diesen ersten Tagen an, dass Mama tatsächlich wiederkommt.

Dieses Konzept ist auch anwendbar, wenn wir irgendwann anfangen, ohne unser Kind das Haus zu verlassen, es vielleicht bei einer Betreuungsperson, einem Angehörigen oder einer Freundin zurücklassen, und sei es auch nur für kurze Zeit. Früher wurde uns geraten, aus dem Haus zu gehen, ohne uns zu verabschieden, weil man dachte, dass es für Kinder beunruhigend sei, wenn wir ihnen ankündigen, dass wir gehen. Auch hier würde ich wieder sagen, dass die traditionelle Erziehung falsch lag. Wenn wir unsere Kinder verlassen, ohne ihnen zu sagen, dass wir gehen, beunruhigt es sie nicht nur, sondern es bringt auch ihre Eidechse und ihren Pavian aus dem Gleichgewicht und versetzt sie in Aufruhr, weil die Person, die sie für vertrauenswürdig gehalten haben, sie zurücklässt. Durch kleine Rituale und durch konsequentes Verabschieden entwickeln unsere Kinder die Flexibilität und die Fähigkeit, damit umzugehen. Aber wenn wir uns aus dem Haus (und später aus dem Kindergarten) schleichen, ohne uns von ihnen zu verabschieden, kann das das Gegenteil bewirken.

Kinder von ein bis drei Jahre

Wenn unser Kind über das Neugeborenenstadium hinaus ist, bringen es die Anforderungen unseres Erwachsenenlebens mit sich, dass wir hin und wieder oder auch regelmäßig von unseren Kindern getrennt sein müssen – sei es unter Mitwirkung von Babysittern, Angehörigen oder Kinderbetreuungs- und Bildungseinrichtungen. Auf Letztere komme ich am Ende dieses Kapitels zu sprechen.

WERKZEUG-TIPP

Soziale Referenzierung

Wenn wir verstehen, dass die natürliche Bindung unserer Kinder an uns Trennungen erschwert, können wir ihnen ihre Unsicherheit nehmen und uns darauf verlassen, dass sie den Übergang viel besser mit unserer Unterstützung als ohne sie bewältigen. Wir sollten unsere Kinder nicht einfach »ins kalte Wasser werfen«. Sie brauchen unsere Hilfe und dürfen nicht alleingelassen werden. In Clemencys Kindergarten sprach ich deshalb mit der Leiterin und erklärte ihr, dass ich das Gefühl hatte, dass meine Tochter wegen ihres kleinen Bruders etwas zusätzliche Hilfe dabei brauche, Zeit weg von daheim und vor allem weg von mir zu verbringen. Ich fragte, ob ich ein paar Tage dableiben könne, um Clemency die Eingewöhnung zu erleichtern. Die Kindergartenleiterin willigte ein, meinte aber, der einzige Raum, der dafür infrage käme, sei die kalte, muffige Garderobe. Ich ließ mich darauf ein, weil ich davon überzeugt war, dass es für Clemency wichtig war, mich in der Nähe zu haben und Sicherheit durch die sogenannte soziale Referenzierung zu finden, bei dem ein Kind in Anwesenheit von Mama, Papa oder einer Hauptbezugsperson in eine neue Situation eingeführt wird. Das Kind wird dabei dazu angeregt, Spielen zu gehen, aber die Bezugsperson bleibt in der Nähe, sodass das Kind jederzeit auf die Person Bezug nehmen kann und weiß, dass sie da ist, wenn es sie braucht. Dadurch wird das Selbstvertrauen des Kindes aufgebaut, weil es schnell feststellt, dass das neue Territorium sicher ist. Dann übernimmt der Pavian die Kontrolle, der ja auf Selbstständigkeit und Spiel versessen ist. Und sobald Ihr Kind darauf vertraut, dass die Menschen in der neuen Umgebung auch für seine Sicherheit sorgen können, muss Mama nicht mehr da sein!

Im Zusammenhang mit der sozialen Referenzierung können wir wieder auf traditionelle Gemeinschaften zurückkommen. Kinder, die von Geburt an eine sichere Bindung zu ihren Eltern haben, suchen im Lauf der Zeit ganz natürlich immer mehr Selbstständigkeit. Sie folgen dem atavistischen Pavianbedürfnis, neugierig zu sein, Freunde zu finden und die Umgebung zu erkunden. Das ist Teil ihrer emotionalen und körperlichen Entwicklung. In traditionelleren Kulturen haben Kinder im Lauf des Tages Kontakt zu mehr als einem Dutzend Erwachsenen und anderen Kindern und laufen trotzdem immer wieder zu ihren Eltern zurück.

Unsere Kinder leben zwar in der modernen Welt, haben aber trotzdem »alte« Gehirne. Darum brauchen unsere Vorschulkinder die Übergangszeit: um sich in der neuen Umgebung, weit weg von Mama und Papa, sicher zu fühlen. Sie müssen darauf vertrauen können, dass dieses neue »Lager« (der Kindergarten) sicher ist, und dass jemand (die Erzieherin) in der Nähe ist, auf dessen Unterstützung sie bauen können. Solange unsere Kinder aber noch nicht bei einem Lehrer, einer Erzieherin oder einer anderen Hauptbezugsperson Sicherheit gefunden und eine Bindung zu dieser Person aufgebaut haben, wollen sie sich darauf verlassen können, dass Mama oder Papa in der Nähe ist.

Ich erklärte Clemency jeden Morgen, dass ich in dem kleinen Raum sein würde, bis es für sie in Ordnung sei, dass ich gehe. Ich versicherte ihr, dass ich in der Garderobe bleiben würde und dass sie zu mir kommen könne, wann immer sie das Bedürfnis danach habe. In der ersten Woche rannte sie morgens ständig zwischen den beiden Räumen hin und her, wohl nur, um sicherzugehen, dass ich noch da war. Sobald sie gesehen hatte, dass ich da war, rannte sie wieder in den anderen Raum zurück, in dem spannende Aktivitäten stattfanden. Dieses Hin und Her ging noch ein paar Tage weiter, bis ich ihr sagte, dass ich einen Kaffee trinken gehen und bald wiederkommen würde. »Du kommst wieder?«, fragte sie zögerlich. »Ja, Schatz, Mama kommt wieder.« Sie blieb einen Augenblick länger stehen als sonst und sagte dann: »Okay, dann bis gleich, Mama!«, und rannte wieder los.

Ich spürte eine enorme Erleichterung. Ich ging mit dem Gefühl, dass es das letzte Mal war, die Holztreppe hinunter (ich schwöre, dass ich auch im Gesicht der Erzieherinnen Erleichterung sah, als sie mich gehen sahen) und kam eine halbe Stunde später zum Abholen zurück. Clemency war so froh, mich zu sehen, und erzählte mir auf dem ganzen Heimweg von den Dingen, die sie gemacht hatte, während ich weg gewesen war.

Das war der letzte Tag, an dem Clemency mich bat zu bleiben. Sie hatte den Übergang geschafft. Sie war glücklich. Ich war begeistert. Alles war gut.

Kinder über drei Jahre

Wenn Kinder selbstständiger werden und der Pavian sie drängt, neue Dinge zu erleben, kann es immer noch hilfreich sein, ein Übergangsobjekt zu haben, das uns im Geist mit unseren Kindern verbindet, auch wenn wir nicht körperlich anwesend sind.

WERKZEUG-TIPP

Der Kieselstein in der Tasche

Vielleicht hat ein Kind ein besonderes Spielzeug, das es mit sich herumträgt, weil es ihm Sicherheit gibt. Wenn das Kind in die Schule kommt oder die Schule wechselt und sagt, dass es diesen Gegenstand dabeihaben will, können wir mit dem Lehrer darüber sprechen, ob es möglich ist, das Spielzeug in der ersten Woche im Schulranzen mitzunehmen, um dem Kind den Übergang zu erleichtern. Wir müssen nicht befürchten, dass unser Kind es immer brauchen wird. Es ist gut, das Bedürfnis wahrzunehmen und zu verstehen, woher es kommt. Wenn das Kind mehr emotionale Sicherheit braucht, ist das ein Zeichen dafür, dass wir es bei diesem Übergang unterstützen sollten.

Unsere Investition an Zeit und Aufmerksamkeit in unser Kind ist jetzt kostbarer für es als alles andere. Vielleicht können wir in Zusammenarbeit mit der Schule auch andere Möglichkeiten finden, dem Kind diese Veränderung zu erleichtern, statt den Eindruck zu haben, dass etwas »nicht stimmt«. Vielleicht kann dem Kind ein Lehrer zugeordnet werden, der dann sein »Fels« in der Schule ist, während wir zu Hause sein »Fels« sind. Auch das muss nicht für immer sein. Sobald unser Kind sich sicherer fühlt und Freunde gefunden hat, verliert der Lehrer für es als Bezugsperson an Bedeutung.

Wenn Ihr Kind kein Lieblingsspielzeug hat, das sich dafür eignet, können Sie in der Zeit vor dem Schuleintritt versuchen, während Ihrer gemeinsamen Zeit etwas zu finden – vielleicht einen kleinen Kieselstein oder einen anderen Gegenstand, mit dem Sie gespielt haben. Dahinter steht der einfache Gedanke, dass Ihr Kind es beruhigend findet, diesen Gegenstand am ersten Schultag mitzunehmen, wenn es ihn mit Ihnen assoziiert. Es ist dann beinahe so, als ob es zu seiner Sicherheit etwas von Ihnen mitnimmt.

Meine Freundin Rosie zeichnete ein kleines Herz auf das Handgelenk ihres Sohnes, als er in die Schule kam, und er zeichnete eines auf ihr Handgelenk. Sie tun das immer noch, und sie sagte mir, dass es auf sie eine ebenso beruhigende Wirkung hat wie auf ihren Sohn an seinem ersten Schultag.

Das ist eine schöne Idee, um Kindern eine Trennung zu erleichtern – ob sie zum ersten Mal allein bei Oma bleiben oder Mama abends ein paar Stunden mit Freunden ausgehen will. Einen Gegenstand, ein Spielzeug oder einfach nur ein Kleidungsstück von Mama oder Papa dabeizuhaben hilft unseren Kindern, sich mit uns verbunden zu fühlen.

Alle Kinder

Dafür zu sorgen, dass unsere Kinder sich (in jedem Alter) mit uns verbunden fühlen, dämpft die Unruhe, die sie vielleicht in unserer Abwesenheit empfinden.

WERKZEUG-TIPPS

Rituale

Wie wir im Zusammenhang mit dem Bumerang-Abschied gesehen haben, können Rituale eine wunderbare Möglichkeit sein, das Selbstvertrauen zu stärken, da sie dem kleinen Pavian in einer unbekannten Umgebung oder Situation Sicherheit geben. Etwas Besonderes zu haben, das man sich teilt, kann unserem Kind helfen, den Tag ohne uns durchzustehen, weil es uns trotz der Distanz immer und überall verbindet.

Wissenswert

»Der wichtigste Faktor bei der Erfahrung des Kindes (im Kindergarten/in der Betreuung) ist eine positive und warme Bindung (zu einer wichtigen Person). Die Eigenheiten von Kindern zu verstehen, an ihre Kuscheltiere zu denken und kleine Abschiedsrituale zu entwickeln, ist für harmonische Beziehungen unerlässlich. Meine Tochter musste mir immer erst vom Fenster aus zuwinken, bevor sie sich umdrehte und den Tag mit ihren Freunden genoss. Das war für die Erzieherinnen im Kindergarten etwas Neues, aber sie fanden einen Tritthocker, mit dem sie das Fenster erreichen konnte, und standen bei ihr, bis ich durch das Tor hinausgegangen war. Wir haben das in einigen Kindergärten eingeführt, da meine Tochter nicht die Einzige ist, die ein Abschiedsritual braucht. Meinem Sohn musste jeden Tag die ›Geschichte von der alten Dame, die eine Spinne verschluckte‹ vorgelesen werden! Kindergärten, die nicht flexibel oder empathisch auf die Bedürfnisse von Eltern und Kindern eingehen können, sind vielleicht nicht die besten.«

June O'Sullivan, MBE, CEO der London Early Years Foundation

Als Wilbur in die Schule kam, erfanden wir ein Lied (»Du weißt ja, wie lieb ich dich hab, – um drei hol' ich dich ab«). Wir sangen es auf dem Weg zur Schule, und so wusste er, dass ich zurückkommen würde, und dass es um drei Uhr Zeit war, nach Hause zu gehen. Wie wir von Dr. Bruce Perry gelernt haben, eignen sich Lieder und alles Rhythmische gut dafür, den dorsalen Vagusnerv (die Eidechse) unserer Kinder zu beruhigen. Der Rhythmus kann buchstäblich die Sorgen in ihrem (und unserem) Kopf vertreiben.

Eintritt in den Kindergarten oder in die Schule

Sagen wir, eine Freundin nimmt Sie mit zu einer Party. Sie fahren zusammen hin, weil sie in einem Stadtteil stattfindet, der Ihnen nicht vertraut ist. Ihre Freundin freut sich sehr darauf; sie scheint alle zu kennen, aber Sie kennen niemanden sonst. Sie sagen Ihrer Freundin, dass Sie etwas nervös sind und nicht wissen, ob Sie sich dort wohlfühlen werden. Aber Ihre Freundin versichert Ihnen, dass es schon gutgehen wird. Als Sie ankommen, sind schon jede Menge Leute dort, und die Musik ist so laut, dass Sie nichts von dem verstehen, was gesagt wird. Ihr Adrenalinspiegel steigt und Sie wissen nicht, ob Sie bleiben wollen. Da umarmt Sie Ihre Freundin und sagt, dass sie jetzt gehen wird. Sie führt Sie zu jemandem, der Sie ins Gedränge zieht. Sie schauen zurück, aber Ihre Freundin ist plötzlich weg, und Sie spüren Panik in sich aufsteigen. Sie wissen nicht, wann oder ob Ihre Freundin wiederkommen wird, und Sie wissen nicht, wie Sie nach Hause kommen sollen.

Und jetzt stellen Sie sich vor, wie sich Ihr Kind am ersten Tag im Kindergarten oder in der Schule fühlt.

Der Schuleintritt ist sowohl für uns Eltern als auch für unsere Kinder ein einschneidender Initiationsritus. Wir empfinden eine Mischung aus Aufregung und Freude für unsere heranwachsenden Paviane, und ganz ähnlich fühlen sie sich wahrscheinlich auch. Vielleicht ist unser Kind ängstlicher als erwartet. Wie gesagt ist nichts Falsches daran, »anhänglich« oder ängstlich zu sein. Möglicherweise hatte unser Kind einen schwierigen Start im Kindergarten, und die Erinnerung daran ist jetzt im Gedächtnissack des Pavians abgespeichert. Was immer der Grund dafür ist – es ist einfach wichtig, das Kind in seiner Aufregung anzuerkennen und wertzuschätzen und es nicht mit einem »Ach, das wird schon, mein Junge!« oder »Komm jetzt, sei ein großes Mädchen!« abzutun.

Die Ganzkörper-Stressreaktion bei Kindern in Betreuungseinrichtungen ist in einigen Studien untersucht worden, die zu dem Ergebnis kamen, dass Kinder in diesem Umfeld höhere Cortisolspiegel als zu Hause haben. Es ist vielleicht beunruhigend, das zu lesen, aber wir sollten es wissen, besonders wenn wir dazu neigen würden, unsere Kinder einfach abzusetzen und wegzugehen, weil wir sie (verständlicherweise) nicht leiden sehen wollen. Wir (und jeder, der Kinder betreut) tun jedoch gut daran, uns der möglichen Konsequenzen dieses Verhaltens bewusst zu sein.

Georgia Robinson, Klinische Direktorin, Kent Well-Being Hub, hat mir erklärt, dass »es wichtig ist, unsere eigene Anspannung zu verstehen, wenn wir unsere Kinder zurücklassen. Die Versuchung, unserem eigenen Stress auszuweichen, wird als ›Wunsch, das Kind nicht zu stressen‹ kaschiert.

Ich habe es immer wieder in Schulen erlebt, wenn Lehrkräfte die Stelle wechseln und es besser finden, es den Kindern vorher nicht zu sagen, um sie nicht zu beunruhigen. Tatsächlich weichen die Lehrer damit dem Schmerz und der Aufregung der Kinder aus, weil sie nicht da sein werden, wenn die Kinder aus den Ferien zurückkommen. Aber dann müssen die Kinder natürlich nicht nur mit dem Verlust der Lehrkraft umgehen, sondern haben auch das Gefühl, dass sie ihr nicht wichtig genug waren, um sich von ihnen zu verabschieden – was wiederum das Gefühl in ihnen wecken kann, im Stich gelassen worden zu sein.«

Georgia Robinson spricht einen wichtigen Punkt an: Den wenigsten von uns fällt es leicht, mit dem Schmerz einer anderen Person umzugehen – am allerwenigsten mit dem Schmerz unserer Kinder. Aber wir tun uns selbst und unseren Kindern einen größeren Gefallen, wenn wir ihnen in diesen Situationen beistehen, anerkennen, dass die Trennung schmerzhaft sein kann, und ihnen versichern, dass wir wiederkommen. Wie ich schon erklärt habe, ist es für Babys und Kleinkinder noch schwierig, Emotionsregulation allein zustande zu bringen. Sie sind gestresst, wenn wir sie anderen Betreuungspersonen überlassen, weil die Natur es so vorgesehen hat. Und sie brauchen Hilfe beim Wiederherstellen ihres emotionalen Gleichgewichts, wenn ihre natürliche Stressreaktion ausgelöst wurde.

Ich habe mit so vielen Eltern gesprochen, die sagen, dass sie sich schrecklich fühlen, wenn sie ihre Kinder völlig aufgelöst am Schultor zurücklassen. Manche sagen, dass sie ihre eigenen Instinkte unterdrücken müssen, weil sie es entweder zu schmerzlich finden, es mitanzusehen (wie Georgia ausgeführt hat), oder sich schämen (»Stimmt mit mir oder meinem Kind etwas nicht?«). Nein, das lasse ich nicht zu! Und wenn Sie mir nicht glauben, lassen Sie sich von Mike unterstützen!

Und das sagt Mike

»Unter Druck und in Gegenwart anderer Eltern (und Lehrer!) ruhig zu bleiben kann eine Herausforderung sein. Ich habe festgestellt, dass es sehr hilfreich ist, sich völlig von seiner Umgebung und allen Urteilen, die über einen gefällt werden könnten, zu distanzieren. Wen interessiert es, was die anderen denken? Konzentrieren wir uns auf unser Kind und das, was bei ihm Aufregung verursacht. Und achten nicht auf die Unruhe, die wir bei anderen auslösen können. Ich habe es erlebt und weiß daher, wie es sich anfühlt. Ob in der Warteschlange bei der Schule, im Supermarkt oder im Flugzeug – ich kann am Gesichtsausdruck eines Menschen erkennen, ob er Kinder hat oder nicht. Wenn er keine hat, sieht er eher verärgert aus (›Hast du dein Kind nicht unter Kontrolle?‹). Ein anderer Ausdruck findet sich bei jemandem, der selbst Kinder hat, mitfühlt (›Du armer Teufel!‹) und erleichtert ist, dass er nicht selbst in meiner Lage ist.

Ich hole in jeder stressigen Situation zunächst dreimal tief Luft, denn wenn wir nicht ruhig sind, haben wir nicht die geringste Chance, unser Kind zu beruhigen. Und wie Kate sagt (und was auch ich sage, wenn ich andere ausbilde): ›Wenn es sich falsch anfühlt, ist es falsch‹. Vertrauen Sie Ihren Instinkten, denn Sie haben sie aus einem bestimmten Grund: Um Ihre Sicherheit und die Ihres Kindes zu gewährleisten.«

Wir sind darauf programmiert, unsere Kinder zu trösten, wenn sie weinen, nicht darauf, dass sie uns entrissen werden (was ich allzu oft beobachtet habe), während sie nach uns schreien. Dadurch wird das Vertrauen zwischen uns und unserem Kind untergraben, und Eidechse und Pavian werden aufgeschreckt, sodass unser Kind emotional aus dem Gleichgewicht gerät. Ich glaube, dass die Praxis, Kinder rigoros am Schultor von ihren Eltern zu trennen, von der altmodischen Sorge beeinflusst ist, dass Kinder noch anhänglicher werden und nie mehr von den Eltern wegwollen, wenn man ihnen nachgibt. Aber das Gegenteil trifft zu: Wenn wir uns ein bisschen mehr Zeit dafür nehmen, unsere Kinder zu trösten und zu beruhigen, erwerben sie umso mehr emotionale Kompetenz. Wie wir aus wissenschaftlichen Studien wissen, wird ihre Bindung zu uns fester, und Eidechse und Pavian fühlen sich sicherer, wenn wir am Anfang ihres Lebens ein starkes Fundament für unsere Kinder aufbauen. So entstehen Resilienz und die Fähigkeit zur Trennung.

In guten Kinderbetreuungseinrichtungen, die von Experten für dieses Alter geführt werden, ist man sich all dessen bewusst und unternimmt einiges, um den Trennungsschmerz unserer Kinder zu lindern. Die Wahl des richtigen Kindergartens und der passenden Schule für Ihr Kind ist ein großes Thema, dessen Diskussion den Rahmen dieses Buches sprengen würde. Es gibt nicht ohne Grund Hunderte von Büchern dazu, von denen ich einige am Ende dieses Buches aufliste.

Dennoch hoffe ich, dass Ihnen die hier genannten Werkzeuge ein paar Optionen liefern, mit denen Sie Ihre Kinder durch schwierige Zeiten, wie beim Kindergarten- und Schuleintritt, begleiten können.

WERKZEUG-TIPP

Sei du selbst, sei Mensch!

Zu wissen, dass ihre Gefühle im Zusammenhang mit Veränderungen oder Ereignissen normal sind, hilft unseren Kindern, sie zu bewältigen. Und wenn unsere Kinder auch noch wissen, dass sogar Mama oder Papa aufgeregt ist, fühlen sich ihre Emotionen noch normaler an. Wir müssen in diesen Situationen nicht unerschütterlich wirken, indem wir zum Beispiel sagen: »Also, ich bin nie aufgeregt, darum musst du es auch nicht sein.« In den Augen unseres Kindes sind wir ohnehin schon unbesiegbar. Aber wenn wir ihm unsere Verletzlichkeit zeigen und trotzdem stark bleiben können, vermitteln wir unserem Kind eine unglaublich wertvolle Lektion: Es ist in Ordnung, verletzlich zu sein. Es liegt Stärke darin, weil wir es überwinden können.

Unser Kind denkt dann: *Wenn Papa aufgeregt ist oder einen Fehler macht, darf ich es auch!*

Es kann auch gegen die Anspannung helfen, eine lustige Geschichte zu erzählen, da Humor dazu beiträgt, Ängste aufzulösen. Ich erzähle meistens eine Geschichte, in der ich so nervös werde, dass ich vor allen anderen stolpere oder gar furze (aber natürlich furze nicht ich, das ist immer der Hund) oder etwas ähnlich Peinliches tue, das die Kinder zum Lachen bringt. Und das regt bei ihnen die Ausschüttung des Glückshormons Oxytocin und der tollen natürlichen Opioide an.

Trauer

Wenn es in der Familie oder in ihrem nahen Umfeld einen Todesfall gibt, kann es einige Zeit dauern, bis die Kinder es verarbeitet haben. Sie sagen vielleicht immer wieder: »Dann kommt Papa also nicht wieder«, oder fragen, warum Oma sterben musste. Vielleicht fühlt es sich an, als ob Sie dasselbe Gespräch zum zwanzigsten Mal führen, aber das heißt einfach nur, dass es Ihrem Kind schwerfällt, es zu verarbeiten, und das hilft ihm dabei. Reagieren Sie nicht verärgert oder gereizt. Ich weiß, dass die Fragen nach einem Todesfall einiges auslösen können, sodass wir weniger im Eulen- und eher im Pavianmodus antworten. Dann können Sie Ihrem Kind einfach sagen: »Tut mir leid, wenn ich gereizt reagiert habe, aber Mama ist auch traurig, und ich glaube, ich muss mal richtig heulen!«

Elternstimme: Tony, Vater von zwei kleinen Söhnen

»Mein Vater ist noch relativ jung an einer sehr seltenen Form der Demenz gestorben. Meine zwei Jungs haben nur wenige Jahre erlebt, in denen es ihrem Opa gut genug ging, um mit ihnen zu spielen. Als er schließlich nach 15 Jahren im Pflegeheim (mit teils sehr traumatischen Erfahrungen) starb, kam ich aus dem Heim nach Hause und musste meinen Kindern die Nachricht überbringen. Ich wusste, dass es sie aufregen würde. Darum bereitete ich mich darauf vor, auch meine Gefühle zu zeigen und nicht ›stark‹ und schweigsam zu sein. Ich sagte, dass Opas Körper nicht mehr richtig funktioniert habe und dass er deswegen gestorben sei. Die Jungs brachen in Tränen aus, und auch ich wurde von Gefühlen überwältigt. Ich saß einfach bei ihnen

und hielt sie im Arm, und wir weinten miteinander. Sie stellten Fragen, und ich tat mein Bestes, um sie zu beantworten. Nach einer Weile schlief der Jüngere in meinem Arm ein, und der Ältere saß lange da und hielt meine Hand.

Ich begann sofort, ihnen, so gut ich konnte, zu helfen, mit dem Verlust ihres geliebten Großvaters umzugehen. Ich zeigte ihnen Fotos und erzählte ihnen lustige Geschichten aus seinen Fußballzeiten, oder wie er noch alte Autos reparierte und immer lachte und mit dem Schraubenschlüssel gegen die Wand schlug, wenn alles schiefging. Sie lachten, und ich lachte auch. Ich saß bei ihnen und hielt immer noch ihre Hand.

Jetzt sind meine Söhne älter und vermissen ihren Opa natürlich immer noch. Das wird immer so sein. Aber sie können weinen oder lachen, wann immer es sich für sie richtig anfühlt. Sie verstehen, dass das Leben Zyklen durchläuft, und sie wissen, dass die Erinnerungen an Opa immer da sein werden. Es ist wichtig, die Übergänge im Leben unserer Kinder zu verstehen, weil es davon so viele gibt. Und Kates Ratschläge sind in diesen schwierigen Situationen wirklich sehr hilfreich.«

Wir sollten die Gefühle benennen, die unser Kind erlebt, und keine Angst davor haben. Karitative Organisationen, die sich mit Trauer im Kindesalter beschäftigen, sind in diesen schwierigen Zeiten gute Anlaufstellen. Es ist wichtig, dass die Kinder das Gefühl haben, von uns unterstützt zu werden, auch wenn sie ihre Gefühle nicht ausdrücken können. Das Wissen, dass wir da sind, kann schon tröstlich und heilend genug sein. Solange wir offen sind und zeigen, dass wir sie in ihrem Schmerz wahrnehmen.

Wir können eine Box mit Dingen anlegen, die an die verstorbene Person oder an weggezogene Freunde oder an gemeinsame Erlebnisse erinnern. Wir können Rituale entwickeln, die den Abschied von einer geliebten Person oder einem Ort erleichtern. Wir können ein Lied schreiben oder eine Karte malen. Wir können unsere Kinder fragen, wie sie sich an jemanden erinnern wollen oder was sie tun möchten, um eine Erfahrung in Erinnerung zu behalten.

Wir dürfen die Gefühle unserer Kinder auf keinen Fall abtun und müssen uns klarmachen, dass wir intensiv daran arbeiten müssen, wenn es auch für uns eine schmerzliche Erfahrung ist. Wenn wir vor Kurzem jemanden verloren haben, haben wir unsere eigenen Bedürfnisse, aber wir müssen daran denken, dass unser Kind noch keine voll entwickelte kluge Eule hat. Wir müssen seine kluge Eule sein und es in Zeiten der Veränderung mit diesen wunderbaren, warmen Flügeln umhüllen.

Verlust

Es ist nicht nur ein Verlust, wenn jemand stirbt. Verlust ist für unsere Kinder ein intensives Gefühl, das viele Erfahrungen, die sie in dieser Lebensphase machen, umfasst. Auch in diesem Bereich brauchen unsere Kinder unsere Hilfe, um emotionale Resilienz zu entwickeln und Regulation zu erlernen. Wenn wir eine Scheidung erleben, die Betreuungsperson wechseln oder auch nur einen Umzug planen, müssen wir uns überlegen, wie wir unser Kind auf den Schmerz vorbereiten, der mit diesem Verlust einhergeht.

Leider können wir unseren Kindern den Schmerz nicht ersparen. Verluste und Abschiede sind ein unvermeidlicher Teil des Lebens. Wie wir ihnen in dieser Phase helfen, bestimmt darüber, wie gut sie in ihrem weiteren Leben mit Schmerz und Verlust umgehen. Darum ist es wichtig, dass wir nicht versuchen, unseren Kindern mit irgendeinem Kniff die Tränen zu ersparen. Sie kommen dann einfach später, oder unser Kind stopft seine Gefühle in seinen emotionalen Rucksack, der es dann herunterzieht.

Wissenswert

»Verstecken Sie Ihre Gefühle nicht, wenn Sie wegen etwas bedrückt oder besorgt sind. Ihre Gefühle zu teilen hilft Ihrem Kind, seine eigenen Gefühle zu zeigen. Versichern Sie ihm, dass es in Ordnung ist, diese Gefühle zu haben. Es kann hilfreich sein, gemeinsam einer Aktivität nachzugehen, während es darüber spricht, oder ein Behältnis zu haben, in den das Kind Zettel stecken kann, auf denen es seine Gefühle aufgeschrieben hat.«

Merle Davies, NSPCC (Direktorin, Centre for Early Child Development)

WERKZEUG-TIPP

Gute Vorbereitung ist alles

Gute Vorbereitung ist sehr wichtig. Dieses Prinzip wurde meinem Mann während seiner Zeit bei den Marines eingehämmert. Dort heißt es: »Vernünftige Vorbereitung verhindert völliges Verk*cken«, aber diese Formulierung sollten wir vielleicht nicht im Gespräch mit der Erzieherin bei den »Fleißigen Bienen« verwenden.

Im Gegensatz zu anderen Übergängen, wie Tod oder Krankheit, sind größere Veränderungen oft geplant. Sie haben einen Zeitrahmen. Wir wissen, dass sie eintreten werden. Wenn das der Fall ist, sollten wir uns darauf vorbereiten. Wir müssen unsere Kinder rechtzeitig einbeziehen und auf einen bevorstehenden Übergang vorbereiten. Am Anfang steht ein Gespräch, bei dem wir ihnen sagen, dass wir überlegen umzuziehen, oder sie auf eine andere Schule zu schicken, oder dass ein Elternteil ausziehen wird. Diese Gespräche sollten so früh wie möglich stattfinden, sobald wir sicher sind, was passieren wird.

Wir können die Information mit altersgerechten Fragen tröpfchenweise in die Unterhaltung einfließen lassen. Nehmen wir die große Veränderung eines Umzugs als Beispiel:

»Wir überlegen, ob wir umziehen. Wir haben an den Ort X gedacht.«

Wir können anschließend mit den Kindern Fotos von diesem Ort anschauen, sie in die Unterhaltung über die Gegend, in der das neue Haus steht, einbeziehen, und vielleicht einen Ausflug dorthin vorschlagen.

Das kann für die Kinder schwierig sein. Darum sollten wir die SAB-Erziehung (siehe Seite 97) anwenden, um ihre Gefühle anzuerkennen und die Kinder zu beruhigen.

Wir dürfen die Sorgen oder Ängste nicht abtun. Wir sollten respektieren, dass unser Kind Angst davor haben könnte, keine neuen Freunde zu finden oder alte Freunde zurückzulassen.

Es ist wichtig, unserem Kind die Gründe für den geplanten Umzug zu erklären, damit unser Kind weiß, dass es einen guten Grund gibt und dass wir es sorgfältig abgewogen haben. Wir sollten so normal wie möglich mit der anstehenden Veränderung umgehen, sie in Alltagsgespräche einbeziehen und unser Kind ermutigen, Fragen dazu zu stellen, die es beschäftigen.

Beziehen Sie Ihre Kinder so weit wie möglich in die Entscheidungsfindung mit ein: Welche Farbe sollen die Wände in ihrem neuen Zimmer haben? Wo wird der Hundekorb stehen? Wo sollen ihre Lieblingsspielsachen untergebracht werden? Überlegen Sie auch gemeinsam, was dem Kind den Eintritt in den neuen Kindergarten oder die neue Schule erleichtert – vielleicht mehr Spielverabredungen?

Wir stellen unseren Kindern Fragen, die ihr Eulenbaby-Gehirn aktivieren, damit sie selbst ihre Eidechse und ihren Pavian beruhigen können, und die Vorteile der großen Veränderung sehen, statt sich nur wegen der Nachteile Sorgen zu machen.

Erklären Sie Ihren Kindern, wann und in welchen zeitlichen Schritten die Veränderung stattfindet, wenn sie schon einen Bezug zu Zeitangaben haben. Andernfalls versuchen wir, ihnen auf andere Art nahezubringen, wann die Familie umziehen wird. Ist es vielleicht kurz vor Weihnachten oder in den Sommerferien oder nach einem Urlaub?

Denken Sie sich etwas aus, wie Sie das Ereignis positiv hervorheben können, sodass Ihre Kinder sich darauf freuen oder darauf einstellen können. Vielleicht hängen Sie einen Kalender auf, in dem Sie die Tage bis dahin durchstreichen.

Wir können kreativ werden und ein Fotobuch mit Erinnerungen an die Zeit in der alten Wohnung, an Urlaube oder Schulfreunde erstellen. Ermutigen Sie Ihre Kinder, selbst kreativ zu sein. Wenn sie sich unsicher fühlen, spielen Sie viel mit ihnen und helfen Sie ihnen, ihre Gefühle zu Papier zu bringen. Oder vielleicht hilft auch ein wenig Kissenkraft (Seite 256)!

Wir können auch beschreiben oder malen, wie das neue Haus (oder die Wohnung des Vaters oder der Mutter, wenn er oder sie auszieht) aussehen wird, sodass die Kinder wirklich ein Gefühl für diese Veränderung bekommen und sie »zum Leben erwacht«. Wenn wir uns scheiden lassen oder trennen, will unser Kind vielleicht mit unserem Partner dessen neue Wohnung zeichnen. Ich verstehe zwar, dass es viel Willenskraft erfordert, das ruhig mit anzuschauen, aber gerade bei schmerzlichen Veränderungen wie einer Scheidung ist das wichtig. Die Gefühle von Kindern können leicht im allgegenwärtigen Schmerz der Erwachsenen untergehen.

Wir fragen unser Kind, wie es selbst die bevorstehende Veränderung hervorheben will. Wir regen es dazu an, den Abschluss zu planen. Vielleicht mag es eine Zeitachse zeichnen. Wir können unser Kind auch fragen, wie sich die Veränderung in seinem Körper anfühlt. Es kann eine Collage oder etwas anderes Kreatives gestalten, um uns zu zeigen, wie es sich fühlt. Vielleicht verwendet es dafür dunklere Farben – das ist in Ordnung. Wir überlassen dem Kind die Führung, haben keine vorgefassten Meinungen und kommentieren nicht, was es zeichnet. Wir widerstehen dem Drang, Dinge zu sagen wie: »Oh, du malst das neue Haus ja wirklich sehr dunkel. Du musst wegen des Umzugs doch nicht traurig sein!« Wir lassen zu, dass unser Kind die Veränderung oder den Verlust betrauert, was es vielleicht in diesen Augenblicken gerade tut.

All das tun wir gemeinsam mit unserem Kind. Wenn wir ihm einen sicheren Ort anbieten, an dem es seine Sorgen und seinen Schmerz herauslassen kann, kann es seine Gefühle auf dem Papier offenlegen. Wir müssen nicht analysieren. Indem wir diesen Prozess zulassen und bei ihm sind, helfen wir unserem Kind, seine Sorgen auf seine eigene Weise loszulassen.

Neben all diesen Vorschlägen möchte ich noch ein paar bedenkenswerte Punkte ansprechen, die uns helfen, die Eidechse, den Pavian und das Eulenbaby unserer Kinder im Sinn zu behalten und große Veränderungen durch ihre Augen zu sehen.

Nicht zu schnell zu viel erwarten: Sie sind junge Eidechsen und Paviane; sie brauchen Zeit, um sich anzupassen, um das, was passiert, zu verarbeiten, um sich sicher zu fühlen und zu verstehen, warum sich die Welt, die sie bisher gekannt haben, plötzlich verändert hat. Wenn wir unsere Kinder zu nichts zwingen und wir uns ein paar Tage Zeit nehmen, statt zu erwarten, dass sie sich sofort sicher fühlen und begeistert sind, wird der Übergang wahrscheinlich sanft und erfolgreich verlaufen.

Sicherstellen, dass die Kinder sich gesehen und gehört fühlen: Wir sollten bei unserer ganzen Planung immer auch an unsere Kinder denken und sie einbeziehen.

Verantwortung übernehmen: Manchmal schreiben sich Kinder die Schuld für das, was passiert, selbst zu. Oft geben sich Kinder zum Beispiel selbst die Schuld dafür, dass sich ihre Eltern trennen, weil sie denken, sie hätten etwas falsch gemacht. Machen Sie Ihren Kindern klar, dass die Verantwortung für die Veränderung nicht bei ihnen liegt, sondern bei den Erwachsenen.

Kinder weinen lassen, wenn sie beunruhigt sind. Wir versuchen, sie nicht zum Schweigen zu bringen, indem wir sagen: »Wein doch nicht, sonst werde ich auch traurig.« Es ist gut zu weinen, wissen Sie noch? Tränen reinigen die Seele, wie es heißt, und zwar unsere eigene und die unserer Kinder. Wenn sie weinen, wissen wir, dass der Schmerz aufgelöst wird. In diesen schwierigen Augenblicken zu weinen hilft unseren Kindern, Trost und Entschlossenheit in sich zu finden, und wenn sie es gemeinsam mit uns tun, wird die Bindung zwischen uns gestärkt und Heilung kann stattfinden.

EINE KLUGE EULE SEIN! Wenn wir mit Wärme und echter Empathie sprechen, helfen wir ihnen, ihre eigene kluge Eule zu entwickeln, die ihnen in Zukunft gute Dienste leisten wird.

Und schließlich sollten wir in Zeiten großer Veränderungen nicht die anderen Werkzeuge in unserem Kasten vergessen. Die SAB-Erziehung ist sehr nützlich. Sagen, was wir sehen, anerkennen und dann beruhigen. Es folgen ein paar Sätze, die wir dabei verwenden können, je nachdem, mit welchem Übergang oder welcher Veränderung wir konfrontiert sind:

1. Sagen, was wir sehen/hören

»Das fühlt sich vielleicht ein bisschen schwierig an.«

»Das gefällt dir wahrscheinlich nicht, und das kann ich verstehen.«

»Ich spüre bei dir Traurigkeit. Sollen wir kuscheln und darüber sprechen?«

2. Anerkennen

»Ich kann mir vorstellen, dass es sich jetzt schwierig anfühlt, und das ist in Ordnung. Es ist ja auch schwierig.«

»Was wirst du am meisten vermissen? Was findest du am schwierigsten?«

»Veränderungen sind schwierig. Das verstehe ich. Dann fühlen wir uns ganz unsicher.«

Wir erkennen ihren Schmerz und unseren eigenen an, wenn wir traurig sind:

»Ich verstehe, dass es wehtut, daran zu denken, dass Oma gestorben ist. Mama/Papa ist auch traurig.«

»Ich verstehe, dass du traurig bist, weil ich woanders wohnen werde. Ich verstehe, dass du mich vermissen wirst. Ich werde dich auch vermissen.«

3. Beruhigen

»Ich bin hier, und wir werden das gemeinsam durchstehen.«

»Ich bin bei dir, ich gehe nirgendwo hin.«

Ich muss auch nochmal auf die fantastischen **Bonusminuten** (auf Seite 201) zurückkommen, durch die der »Gefühlsbecher« Ihres Kindes jeden Tag vor dem Schuleintritt (oder vor einem anderen großen Übergang oder Ereignis im Leben) aufgefüllt wird. Ich selbst fülle den Gefühlsbecher meiner Kinder oft vor der Schule auf, indem wir Körperkontakt haben, während wir auf der »**beruhigenden Treppe**« (Seite 177) sitzen, um ihren Cortisolspiegel wieder zu senken und die Stressreaktion herunterzufahren. Manchmal sitzen wir und lesen oder halten einander im Arm, wobei ich sanft hin- und herschaukle, weil ich weiß, dass diese Art von Körperkontakt Sorgen oder Ängste reguliert und heilt.

Wir haben auch die **Alarmstufe Rot** (Seite 156), mit der unser Kind seine Sorgen zum Ausdruck bringen kann, nachdem es eine Weile von uns getrennt war, und **STOP3N**, womit wir einen wichtigen Perspektivwechsel vornehmen und unserem Kind helfen können.

Und im Vorfeld eines großen Übergangs sollten wir immer daran denken, dass auch die eine **Heldenstunde** (Seite 206) pro Woche wichtig ist. Je mehr sich unser Kind in den Wochen vor dem großen Ereignis mit uns verbunden fühlt, desto besser fühlt es sich vorbereitet, weil es sicher sein kann, dass wir da sind, »egal, was passiert«.

Das Leben ist einem ständigen Wandel unterworfen, und wir werden uns immer auf Veränderungen einstellen müssen. Wir können anerkennen, dass Veränderungen für uns alle beunruhigend sind. Für unsere Kinder mit ihrer jungen Eidechse, ihrem Pavian und ihrem Eulenbaby können Veränderungen geradezu alarmierend sein. Aber wenn unsere Kinder wissen, dass sie bei jedem Übergang (ob klein oder groß) jemanden an ihrer Seite haben, auf den sie sich verlassen können, hilft ihnen das, unruhige Phasen durchzustehen und Resilienz zu entwickeln. Und die werden sie sicherlich später noch brauchen, um die Herausforderungen zu bewältigen, mit denen sie in ihrem Leben konfrontiert werden.

Wenn Sie noch die **Bumerang-Abschiede**, die **soziale Referenzierung** und den **Kieselstein in der Tasche** sowie **Rituale, Sei Mensch!** und das Motto **»Gute Vorbereitung ist alles!«** hinzunehmen, haben Sie einen Werkzeugkasten voller Ideen, mit denen Sie und Ihre Kinder jeden Übergang schaffen können. Und wenn Sie noch all die anderen Werkzeuge hinzunehmen, von denen in meinem Buch die Rede war, gibt es nichts mehr, mit dem Sie nicht umgehen können, keine Situation, in der Sie sich hilflos fühlen, und keine Herausforderung, der Sie sich nicht stellen und die Sie nicht für Ihr Kind zum Guten wenden können. Als Superheld Ihres Kindes, der versteht, wie ihre Eidechse, ihr Pavian und ihre Eule ihr Verhalten beeinflussen, können Sie das Leben Ihrer Kinder verändern und aus Ihrer eigenen Reise als Eltern eine beglückende und lohnende Erfahrung machen.

Wie stürmisch es auch zugehen mag – Sie schaffen das!

Eulenweisheiten

- Verluste und Veränderungen sind im Leben unvermeidlich. Aber wir müssen uns klarmachen, welche Auswirkungen sie auf unsere Kinder haben, besonders, wenn sie noch sehr klein sind.
- Der mit der Trennung von einem Elternteil verbundene Stress kann sich im Gehirn unseres Kindes wie körperlicher Schmerz anfühlen.

- Wenn unser Kind anhänglich oder ängstlich ist, wenn wir weggehen wollen, sagt es uns damit, dass es sich nicht sicher fühlt.
- Indem wir unsere Kinder in angsteinflößenden Situationen unterstützen, helfen wir ihnen, Selbstvertrauen und Resilienz zu entwickeln – nicht das Gegenteil.
- Unsere Kinder können sich auf Veränderungen einstellen und damit umgehen, wenn sie unsere Unterstützung haben.
- Kaum jemand liebt Veränderungen oder sieht seine Kinder gern leiden. Aber wenn wir bei ihnen bleiben, ihren Schmerz anerkennen und ihnen helfen, die Veränderung zu bewältigen, stärken wir sie für ihre Zukunft.
- Wenn wir uns ein wenig mehr Zeit nehmen, um unsere Kinder zu trösten und zu beruhigen, entwickeln sie umso mehr emotionale Kompetenz.
- Bei der Auswahl der Betreuungseinrichtung gilt das Prinzip: »Wenn es sich falsch anfühlt, ist es falsch.« Wir sollten unseren Instinkten vertrauen und Betreuungspersonen finden, die empathisch sind und unsere »Eulenperspektive« teilen.
- Wir müssen wir selbst sein, ehrlich sein und sollten unsere Gefühle zeigen (soweit es das Alter unseres Kindes zulässt). Wir sind stärker, als uns bewusst ist.

KAPITEL 14

Aus einem leeren Becher kann man nichts ausschenken

OMG, wir sind so weit gekommen!

Ich meine, ich habe mein Buch fertiggestellt, und Sie haben es bis zum Ende gelesen! Und das, obwohl wir kleine Kinder haben und mit zehn verschiedenen Tellern jonglieren … gut gemacht!

Wie Sie schon wissen, ist mein Ehemann Mike ein Ex-Royal-Marine. Er hat früher gescherzt, dass die Elternschaft, wenn sie ein Schiff wäre, »HMS Unermüdlich« heißen würde. Es stimmt: Wenn wir Eltern sind, sind wir nie »außer Dienst«. Kinder großzuziehen ist eine Herausforderung, besonders wenn wir alleinerziehend sind.

Die Aussage, dass Kindererziehung der härteste Job ist, ist kein Klischee. Und er ist noch härter, wenn unser eigener »Gefühlsbecher« halb leer ist. Wir können nicht von uns erwarten, gute Eltern zu sein, wenn wir von unseren eigenen zu großen Gefühlen und einschneidenden Veränderungen im Leben überwältigt sind und auch in unserem Gehirn ständig ein Pavian einen großen roten Knopf drückt, der Feueralarm auslöst.

Wir können unseren Kindern nicht helfen, ihre Gefühle zu regulieren, wenn unsere eigenen Gefühle Amok laufen. Ich halte dieses Kapitel deshalb für eines der wichtigsten, weil es den Fokus auf uns Eltern legt.

Schauen wir uns an, wie wir uns selbst wieder ins Gleichgewicht bringen und unseren »Gefühlsbecher« auffüllen können, ohne uns dabei schuldig oder egoistisch zu fühlen. Wenn wir gut für uns selbst sorgen, können wir auch unseren Kindern das Beste von uns geben.

Beginnen wir am besten bei den Basics.

Schlaf

Ich fange damit an, Ihnen das Heilmittel Schlaf zu verordnen. Das beste Geschenk, das ich Ihnen in diesem Zusammenhang machen kann, ist die Empfehlung, *Das große Buch vom Schlaf* des führenden Neurowissenschaftlers Professor Matthew Walker zu lesen. Und die Online-Zusammenfassung eines weiteren empfehlenswerten Buches zum Thema Schlaf *A Life Less Stressed: The Five Pillars of Health and Wellness* von Dr. Ron Ehrlich schließt mit den Worten:

»Schlaf ist unser integriertes, nicht verhandelbares, lebenserhaltendes System.«

Es ist so einfach und so wichtig.

Ohne guten Schlaf können wir einfach nicht die Eltern sein, die wir sein wollen. Ich weiß, dass es in den ersten Wochen und Monaten nach der Geburt eines Babys fast unmöglich ist – ich habe es selbst erlebt. Ein gut gemeinter Ratschlag lautet, »zu schlafen, wenn das Baby schläft« oder »zu Bett zu gehen, wenn die Kinder zu Bett gehen«. Wie sehr ich mir wünsche, dass wir das alle könnten. Aber ich weiß nicht, wie das ohne die Hilfe von Großeltern, Eltern, Cousins und Cousinen, Tanten und Onkeln zu schaffen sein soll. In diesem Kontext werden wir wieder einmal daran erinnert, wie wichtig die erweiterte Familie und ein soziales Netzwerk sind, dessen Mitglieder wissen, wie viel Unterstützung Eltern in diesen ersten Jahren brauchen. Und wir brauchen alle Unterstützung, wenn wir uns nicht selbst zugrunde richten wollen!

Als Erstes sollten wir akzeptieren, dass Schlaf höchste Priorität hat, weil er uns hilft, unser Leben als Eltern in bunten Farben statt in Grauschattierungen zu führen. Von diesem Punkt aus können wir weitergehen und uns fragen: »Wie kann ich dafür sorgen, dass ich so viel Schlaf wie möglich bekomme?«

Wissenswert

»Wenn es eines gibt, das ich den Menschen sage, dann, dass sie unbedingt jeden Tag zur selben Zeit zu Bett gehen und aufstehen sollen. Ich nehme meinen Schlaf unglaublich ernst, weil ich die Fakten kenne. Wenn man weiß, dass schon nach einer Nacht mit nur vier oder fünf Stunden Schlaf die natürlichen Killerzellen unseres Immunsystems um 70 Prozent abnehmen oder dass Schlafmangel mit Darm-, Prostata- und Brustkrebs in Verbindung gebracht wird oder dass die WHO jede Form von Nachtarbeit als potenziell karzinogen eingestuft hat – wie könnte man dann etwas anderes tun?«

Professor Matthew Walker, Neurowissenschaftler

Ernste Worte vom Prof, aber ich habe sie hier aufgenommen, um mir selbst genauso viel Angst zu machen wie Ihnen. Ich will niemanden in Panik versetzen, aber ich glaube, dass wir hier ein paar unbequemen Wahrheiten ins Auge sehen müssen. In unserer Gesellschaft ist der Schlaf allzu oft gefährdet. Wollen wir ihm ab jetzt Priorität einräumen? Ich schließe mich selbst ein, denn wenn ich eines gelernt habe, dann das: Alles wird viel einfacher, wenn ich nicht mit leeren Energiespeichern funktionieren muss. Es ist oft schwierig (manchmal unmöglich, wie ich auch wieder aus Erfahrung weiß), alles Nötige an einem Tag erledigt zu bekommen, um abends rechtzeitig ins Bett zu kommen, aber es muss sein. Wenn wir es nicht tun, schaden wir uns selbst und unseren Kindern.

Kindererziehung mit Leidenschaft und Verständnis ist so viel einfacher, wenn wir nicht müde sind! Während eines erholsamen Schlafs laden sich Körper und Geist wieder auf, das Gehirn ordnet die Ereignisse des Tages, und die Körpersysteme haben die Chance, sich zu regenerieren, zum Beispiel die Hormone wieder ins Gleichgewicht zu bringen. Wie Professor Walker und andere festgestellt haben, kann länger anhaltender Schlafmangel zu ernsten Erkrankungen, wie Herzleiden und Diabetes, führen und das Leben verkürzen. Er kann auch Depressionen und Übergewicht verursachen.

Wenn wir unter Schlafmangel leiden, arbeiten wir eher mit unserem Eidechsen- und Paviangehirn. Und da das Überleben immer an erster Stelle steht, sind wir deshalb nervös und gereizt.

Unsere Kinder und unsere eigene Gesundheit sind davon abhängig, dass wir genug Schlaf bekommen. Aber wie schaffen wir es als unter Zeitdruck stehende Eltern, genug erholsamen Schlaf zu bekommen?

Fangen wir bei den Grenzen an: Wir und unsere acht Stunden Schlaf müssen vor allem anderen Priorität haben. Grenzen sind wichtig, ob gegenüber unserem Partner, der eine Nachteule ist und lange aufbleiben will, oder gegenüber unserem Chef, der von uns erwartet, dass wir auch um 23 Uhr noch E-Mails beantworten.

Mein Heiliger Gral des Schlafs sieht so aus:

- 20 Uhr: Ich beginne, mich herunterzufahren – keine Bildschirme, nur Bücher.
- Dann schreibe ich eine Liste mit »fünf Dingen, die morgen zu erledigen sind«. Das hilft mir, meinen Kopf frei zu bekommen, weil ich mich darauf verlassen kann, dass ich diese Dinge nicht vergessen werde. Ich kann sie gedanklich bis morgen beiseiteschieben.
- 21 Uhr: Ich bin im Bett, in einer sauberen, aufgeräumten Umgebung mit heruntergelassener Jalousie.
- Zwischen fünf und sechs Uhr morgens: natürliche Aufwachzeit. Dann die schwierigsten Punkte auf meiner To-do-Liste zuerst in Angriff nehmen!
- Vielleicht schon jede Menge Zeug erledigen, bevor die Kinder aufstehen (wenn ich Glück habe!).

Auf diese Art verbringt man den Rest des Tages wenigstens mit dem Gefühl, einen Schritt voraus zu sein, statt hinterherzuhetzen.

Ich nenne das den »Heiligen Gral«, weil er so kostbar für mich ist und ich immer noch oft auf der Suche nach genug Schlaf bin. Wenn ich versuche, allem – meiner Rolle als Mutter, Ehefrau, Journalistin und Autorin – gerecht zu werden, leidet oft der Schlaf darunter, aber nachdem ich Matthew Walkers

Buch gelesen hatte, habe ich dem Schlaf Priorität eingeräumt. Er sagt, dass wir es heute für egoistisch halten, genug Schlaf bekommen zu wollen, aber tatsächlich ist es die höchste Form der Selbstfürsorge.

Natürlich sind wir alle verschieden, und auch unsere persönlichen Lebensumstände unterscheiden sich. Darum muss jede(r) selbst herausfinden, was für sie/ihn passt, aber vor allem darauf achten, genug Schlaf zu bekommen. Das ist keine nette Zugabe, sondern eine Notwendigkeit. Schlaf ist eine wichtige Voraussetzung dafür, dass wir die Eltern sein können, die wir sein wollen.

Wir können das Wort **SLEEP** (SCHLAF) als Akronym betrachten, damit wir an alle Elemente denken, die uns helfen, ausgeglichene Eltern zu sein – mit Emotionsregulation und einem »vollen Becher«. Wenn **S** für Schlaf steht, steht **L** für Liebe. Damit meine ich die Liebe und Fürsorge, die wir uns selbst schenken.

Liebe bedeutet, freundlich zu sich selbst zu sein, besonders in den Momenten, in denen wir als Eltern zu scheitern glauben. Sie wissen schon, die Augenblicke, in denen wir uns fragen, warum es allen anderen leichter fällt oder warum die Kinder haben, die auf sie hören.

Schauen Sie sich die folgenden Sätze aus Unterhaltungen an, die ich kürzlich mit Eltern geführt habe:

»Ich fühle mich die ganze Zeit schuldig.«

»Ich glaube, dass ich eine besch*ssene Mutter bin. Ich mache anscheinend nichts richtig.«

»Allen anderen scheint es viel leichter zu fallen – was mache ich bloß falsch?«

»Wenn ich noch einmal höre: ›Mama, komm und wisch mir den Popo ab‹ oder ›Mama, spiel mit mir‹ …«

Früher, als wir noch in einer Gemeinschaftskultur lebten, hätte uns jemand umarmt und gefragt, wie er uns helfen könne, oder seine Weisheiten an uns weitergegeben und uns versichert, dass es ihm genauso ergangen sei. Wenn wir uns geliebt fühlen, können wir auch andere lieben. Ohne ältere Ratgeber um uns herum müssen wir lernen, Prioritäten zu setzen und unser eigenes inneres »Unterstützungssystem« zu stärken. Durch die so wichtige Selbstfürsorge.

Wissenswert

»Selbstfürsorge ist für Eltern so wichtig! Das kann sich wie Luxus anhören und sich sicher auch so anfühlen! Wenn wir versuchen, Kinder großzuziehen, einen Beruf auszuüben, ein Haus in Ordnung zu halten, Beziehungen zu Angehörigen und Freunden aufrecht zu erhalten ... wo bleibt da Zeit für Selbstfürsorge? Sie geht dann leicht unter. Aber es ist wirklich wichtig, das zu verhindern. Und zwar aus folgendem Grund: Selbstfürsorge hilft uns, geduldig und emotional reguliert zu bleiben. Unsere Kinder brauchen unsere emotionale Stabilität, weil sie Hilfe bei ihren eigenen Gefühlen benötigen. Es ist schwierig, angesichts der emotionalen Bedürfnisse anderer ruhig zu bleiben, besonders wenn die eigenen Reserven erschöpft sind. Darum sollte die Sorge für die eigene emotionale und geistige Gesundheit nicht der letzte Punkt auf unserer Liste sein. Wir müssen für uns selbst sorgen, um für unsere Kinder emotional präsent zu sein.«

Dr. Suzanne Zeedyk, Säuglingspsychologin

Wenn wir uns selbst die Erlaubnis geben, das zu sein, was ich »selbstlos egoistisch« nenne, erweisen wir nicht nur uns selbst einen Dienst, sondern auch unseren Kindern.

Ich habe gelernt, mir jeden Tag 20 Minuten zu nehmen, in denen ich »egoistisch« bin, indem ich mir eine Auszeit nehme. Aber erst als meine Kinder sechs und acht Jahre alt waren, hatte ich wirklich das Gefühl, dass das in Ordnung ist. Mir ist jetzt klar, wie wichtig diese »Kopffreiheit« ist.

Finden Sie für Sie geeignete Aktivitäten. Vielleicht nehmen Sie ein warmes Bad (es ist wissenschaftlich erwiesen, dass das wirklich gut für die Freisetzung angstlösender Chemikalien ist) oder hören sich einen Podcast oder ein Hörbuch an. Wenn Sie einen Partner oder Freund haben, der auf die Kinder aufpassen kann, während Sie einen Spaziergang machen, gehen Sie nach draußen – das ist so gut für die Seele. Ich sitze im Sommer manchmal barfuß an einen Baumstamm gelehnt und spüre das Gras unter meinen Füßen. Das erdet sehr gut und dauert nur fünf Minuten. Wenn wir uns selbst Priorität einräumen, und sei es auch nur für 20 Minuten pro Tag, demonstrieren wir unseren Kindern etwas sehr Bedeutsames: dass Selbstfürsorge wichtig ist.

Kommen wir zum Akronym **SLEEP** zurück:

E steht für Essen. Was wir essen, hat einen direkten und großen Einfluss auf unsere Stimmung und natürlich auf unsere Gesundheit. Die Ernährungswissenschaftlerin Kim Pearson sagt, dass »wir für unsere Kinder ein wichtiges Vorbild sind, wenn gesunde Ernährung für uns einen hohen Stellenwert hat«. Sie rät zu Folgendem:

- Speisen wählen, die leicht zuzubereiten sind, gut schmecken und sättigen.

- Mahlzeiten um eine Proteinquelle (wie Bio-Eier, Meeresfrüchte, Fisch, Biofleisch, Tofu oder Tempeh), viel stärkefreies Gemüse oder Salat und eine kleine Portion gesunde Fette (wie Olivenöl, Kokosöl, Avocados, Nüsse und Samen) herum zusammenstellen.
- Größere Mengen vorzukochen klingt aufwendig, muss es aber nicht sein. Und Gefrierfächer voller gesunder Mahlzeiten zu haben, die nur noch warmgemacht werden müssen, ist ein Geschenk des Himmels, wenn man wenig Zeit hat.
- Die Zuckeraufnahme so gering wie möglich zu halten gehört zum Besten, was wir für unsere Gesundheit und die unserer Kinder tun können.
- Es geht nicht darum, sich nie ein paar Leckereien zu gönnen. Sie können auf jeden Fall Teil einer gesunden Ernährung sein, solange sie mit Bedacht verzehrt und nicht zu einer täglichen Gewohnheit werden.
- Schlafmangel hat einen Einfluss auf unsere Hunger- und Sättigungshormone, das heißt, wir fühlen uns hungriger und durch das Essen, das wir zu uns nehmen, weniger gesättigt, wenn wir zu wenig schlafen (darum: mehr Schlaf = weniger Naschen).
- Wenn wir müde sind, greifen wir eher zu zucker- und stärkehaltigen Nahrungsmitteln (wie Nudeln, Pizza, Toast und so weiter).

Das zweite **E** steht für Energieeinsatz:

Jede Art von Energieeinsatz, die für uns funktioniert, ist gut: Walking, Laufen, Schwimmen, Radfahren oder Hüpfen. Ich habe dieses Jahr ein Minitrampolin gekauft. Es lässt sich platzsparend zusammenklappen. Und wenn ich meinen körperlichen »Stress« abbauen muss, fühlt es sich verdammt gut an, Kopfhörer aufzusetzen und zehn Minuten lang darauf herumzuhüpfen! Aber wie gesagt: Jeder ist anders, und Sie ziehen vielleicht Pilates, Yoga, Klettern oder Fußball vor – alles, was Sie beruhigt, vor die Tür bringt und bewirkt, dass Sie sich gut fühlen.

Erinnern wir uns an Dr. Bruce Perrys Forschungsergebnisse, wonach alle repetitiven und rhythmischen Aktivitäten eine sehr heilsame Wirkung auf Körper und Gehirn haben können. Ich weiß jetzt, warum es mir so viel Spaß gemacht hat, bei *Strictly* zu tanzen: Mich zur Musik zu bewegen war mit einem enormen Wohlgefühl verbunden. Es kommt nicht darauf an, wie gut (oder schlecht) wir darin sind. Wenn wir einer Aktivität nachgehen, die uns stimuliert, nutzen wir unseren »inneren Arzneischrank«, wie die Wissenschaftlerin Kerstin Uvnäs Moberg es nennt. Dabei wird Oxytocin freigesetzt, ein »natürlicher Heilnektar«, der als wunderbares Gegenmittel zu unserem Alltagsstress fungiert.

Ich dachte früher immer, gesundes Essen sei langweilig und Sport etwas, das man aushalten muss. Jetzt sehe ich das alles ganz anders: Ich liebe es zu kochen, und beim Sport habe ich mehr Spaß (und bessere Ergebnisse!), auch wenn ich mit meinen Kindern herumtobe und meine natürliche Stressreaktion »herausschüttle«.

P steht für Partnerschaft.

Mit warmherzigen, mitfühlenden Menschen zusammen zu sein, kann unsere Stimmung verändern. Wenn wir von Gleichgesinnten umgeben sind, senkt das unseren Stresspegel und unterstützt unsere Emotionsregulation. Nadine Burke Harris weist in ihrem Buch *Befreiung finden* darauf hin, dass stabile Beziehungen ein wichtiger Teil der Heilung sind. Sie hat herausgefunden, dass fürsorgliche, unterstützende Beziehungen bleibende Auswirkungen von Stress bei unseren Kindern und auch bei uns selbst abmildern und sogar verhindern können. Menschliche Verbundenheit bedeutet Heilung.

Doch Elternschaft kann sich nachteilig auf Beziehungen auswirken. Sie kann Risse offenlegen, die zu Klüften werden, und es erfordert dann viel Durchhaltevermögen und Verbundenheit, um gemeinsam Eltern zu sein, wenn wir oft das Gefühl haben, dass unsere Beziehung auseinanderbricht.

Unterstützung aus der Gemeinschaft kann in Zeiten, in denen wir Angst haben zu scheitern, sehr hilfreich sein. Ebenso vorteilhaft ist es, seine Erfahrungen mit empathischen Freunden zu teilen, bei denen wir keine Verurteilung fürchten müssen, oder mit professionellen Beratern, karitativen Organisationen oder Angehörigen zu sprechen. Die Anspannung, die wir besonders in den ersten Jahren als Eltern erleben, geht meistens vorüber, aber Hilfe zu bekommen hilft.

Wenn die Unterstützung aus dem privaten Umfeld nicht ausreicht, kann es für uns und unsere Kinder langfristig besser sein, professionelle Hilfe in Anspruch zu nehmen. Auch Onlineforen können Unterstützung bieten, wenn ich auch selbst die persönliche Begegnung für wirkungsvoller halte. Wenn wir leiden, hat die Berührung einer Hand eine so viel stärkere Wirkung als Zuspruch in der virtuellen Welt.

Da wir heute nicht mehr den Vorteil oder den Luxus haben, in einer erweiterten Gemeinschaft zu leben, kann ich nicht oft genug betonen, wie wichtig es ist, »unseren Stamm zu finden«, wenn wir Unterstützung brauchen. Und Unterstützung brauchen wir alle – selbst die Stärksten unter uns.

Und das sagt Mike

»Ohne Kameradschaft würde niemand die militärische Ausbildung durchstehen. In besonders harten Zeiten, auf anstrengenden Märschen, gab es viele (wenn auch humorvolle) Klagen. Aber wie schlimm es auch wurde, wie kalt, nass und unangenehm die Umgebung oder wie groß die Gefahr auch war – ein bisschen schwarzer Humor half uns, es durchzustehen. Wenn die Scherze oder Beschwerden aufhörten, war das Anlass zur Sorge, weil es bedeuten konnte, dass jemand sich ›ausklinkte‹. Wenn wir uns irgendwo aufhielten, wo es sehr kalt war, drohte demjenigen vielleicht Unterkühlung. In diesen Situationen brauchen wir einander. Und das gilt auch für Eltern.«

Und Mike ergänzt: »Eine weitere Lektion aus meiner Zeit bei den Marines hilft mir auch beim Umgang mit unseren Kindern: Wir sagten früher, dass eine Dusche, eine Mahlzeit und ein guter Nachtschlaf immer hilft, egal, wie sehr man friert oder schwitzt oder wie nass, hungrig und voller Insektenstiche oder Blasen man ist. Daran habe ich oft gedacht, als meine Kinder klein waren (und tue es immer noch!).«

Für uns selbst zu sorgen, mit Gleichgesinnten zusammen zu sein, uns jeden Tag 20 Minuten nur für uns zu nehmen, in denen unser Geist ›spielen‹ kann, ist wichtig, wenn wir den Kopf für unsere Kinder und ihre Betreuung frei haben wollen. Für Erwachsene bedeutet Spielen auch Meditation, Akupunktur, Massage, Yoga und Atemübungen – alles Aktivitäten, die unsere angstlösenden Chemikalien und das Liebeshormon Oxytocin freisetzen. Für mich bedeutet Spielen, eine Auszeit zu nehmen, um uns daran zu erinnern, wer wir sind: die Personen, zu denen wir uns entwickelt haben, nicht nur Mamas oder Papas.

WERKZEUG-TIPP

Schmetterlingsumarmungen und Handatmung

Wie beruhigen wir unseren Pavian und unsere Eidechse am besten, wenn wir allein daheim sind und die Kinder uns fertigmachen? Schmetterlingsumarmungen und Handatmung sind zwei Werkzeuge, die wir immer und kostenlos zur Verfügung haben.

Schmetterlingsumarmungen

Die Schmetterlingsumarmung wurde von Lucina Artigas entwickelt, einer Therapeutin, die 1998 nach einer Naturkatastrophe in Mexico City mit Kindern arbeitete. Die Schmetterlingsumarmung kann aber auch im Alltag sehr wirkungsvoll sein. Sie stimuliert beide Gehirnhälften, was als »bilaterale Stimulation« bezeichnet wird. Das Prinzip ist ganz einfach:

- Zuerst kreuzen wir die Arme über der Brust, sodass die Spitzen der Mittelfinger beider Hände jeweils am Schlüsselbein anliegen. Die Hände müssen so vertikal wie möglich sein, sodass die Finger zum Hals und nicht zu den Armen zeigen. Wir heben die Ellbogen an, um die Schmetterlingsflügel zu bilden. Wir können die Augen ganz schließen oder halb schließen und zur Nasenspitze schauen.
- Als Nächstes klopfen wir langsam abwechselnd mit der rechten und der linken Hand auf unsere Brust. Wir atmen langsam und tief durch die Nase ein und aus, bis wir eine gewisse Entspannung spüren.

Ich komme meist sehr schnell zur Ruhe, wenn ich diese sanfte, einfache Übung mache. Die Gedanken können dabei frei fließen. Wir lassen sie einfach ohne Urteil kommen und wieder gehen.

Die Schmetterlingsumarmung kann überall ausgeführt werden, wo wir uns wohlfühlen: im Stehen, auf einem Stuhl sitzend oder im Liegen, mit offenen oder geschlossenen Augen. Mehr Details und eine Demo finden Sie online (siehe Seite 328).

Handatmung

Das ist eine sehr einfache, aber wunderbar wirksame Technik. Sie wird deshalb oft von Therapeuten und in Schulen angewandt wird.

- Wir strecken die eine Hand wie einen Stern vor uns aus. Mit dem Zeigefinger der anderen Hand streichen wir (mit dem Daumen beginnend) an den einzelnen Fingern entlang und atmen dabei tief.
- Wir atmen durch die Nase ein, während wir am Finger hochstreichen, und durch den Mund wieder aus, während wir wieder herunterstreichen. Das setzen wir so lange fort, bis wir alle Finger der Hand berührt haben.

Ich halte das für eine sehr gute Methode, um Ruhe zu finden, besonders wenn ich mit etwas emotional Schwierigem konfrontiert bin, sei es in meiner Beraterausbildung oder wenn ich zu Hause vieles unter einen Hut bringen muss. Ich habe gelernt, dann meinen Atem einzusetzen, um mich selbst zu beruhigen. Wenn ich unter Druck stehe, atme ich einfach durch die Nase ein und durch die gespitzten Lippen wieder aus.

Wir können auch unseren Kindern diese einfachen Techniken beibringen. Sie kommen uns und ihnen sehr zugute, wie auch immer die Umstände sein mögen.

Man braucht ein ganzes Dorf, um ein Kind aufzuziehen

Nelson Mandela hat einmal gesagt: »Die Seele einer Gesellschaft zeigt sich nirgends deutlicher als in ihrem Umgang mit Kindern.« Und es ist wahr: Wir sind ein Kollektiv – oder sollten es zumindest sein –, wenn es darum geht, Kinder großzuziehen. Wir sind so viel stärker, wenn wir an einem Strang ziehen und einander unterstützen.

2020 startete die Royal Foundation (siehe Seite 328) eine wegweisende Studie zu Kindern unter fünf Jahren und gab Menschen in Großbritannien Gelegenheit, sich zur Erziehung der nächsten Generation zu äußern. Die Studie befasste sich damit, dass schwierige Erfahrungen in der frühen Kindheit oft die Ursache sozialer Probleme, wie mangelnder Gesundheit, auseinanderbrechender Familien, Sucht und Obdachlosigkeit, sind. Die Herzogin von Cambridge gab die Ergebnisse dieser größten britischen Studie zu Familien in der Gesellschaft bekannt.

Die Studie zeigte unter anderem, dass die Realität des modernen Lebens es Eltern sehr erschwert, ihrem eigenen Wohlbefinden Priorität einzuräumen. Nur zehn Prozent der Eltern, die an der Umfrage teilnahmen, gaben an, dass sie sich die Zeit nehmen, um für ihr eigenes Wohlbefinden zu sorgen. Ca. 70 Prozent der Eltern gaben an, dass sie sich von anderen verurteilt fühlen. Fast die Hälfte davon hatte das Gefühl, dass sich dies negativ auf ihre geistige Gesundheit auswirkt. Die Studie ergab einen hohen Anteil von Eltern, die sich allein fühlen, und viele von ihnen sagten, dass es ihnen unangenehm ist, deswegen Hilfe in Anspruch zu nehmen.

Covid-19 und einige der damit in Zusammenhang stehenden nationalen Maßnahmen (in Form von Lockdowns und Schulschließungen) haben den Druck auf die Familien und auf die geistige Gesundheit von Kindern im Allgemeinen erhöht. Es war nie wichtiger als in solch schwierigen Zeiten, wenn wir unter ständig steigendem Zeitdruck stehen und emotional ausgelaugt sind, Trost in der Gesellschaft anderer Menschen zu finden, und sei es auch nur für wenige Minuten am Tag, um zu spüren, dass wir nicht allein sind.

Ich selbst habe viel neue Kraft in der Gesellschaft anderer Frauen – meiner Schwestern Claire und Amy, meiner Freundinnen, der Mütter von Klassenkameraden meiner Kinder, von Nachbarinnen oder Arbeitskolleginnen – gefunden. Ich weiß sie und ihren Rat wirklich zu schätzen und finde Trost darin, meine Last loszuwerden und zu plaudern, zusammen über die kleinen alltäglichen Dinge und unser elterliches »Versagen« zu lachen, uns gegenseitig zu unterstützen, indem wir die Kinder abholen oder zu uns einladen, Erfahrungen zu teilen und festzustellen, dass unsere Gefühle ganz normal sind.

Ich wertschätze auch die Männer in meinem Leben. Sie bringen oft eine andere Perspektive ein und hauen mich regelmäßig mit ihrem Mitgefühl und ihrer Güte um, besonders in der Kinderbetreuung. Ich weiß aus meinen Gesprächen mit Vätern, dass sie oft das Gefühl haben, in Sachen Kindererziehung etwas aufholen zu müssen. Und ich spüre deutlich, dass auch sie unsere Unterstützung brauchen. Und dass sie Ratschläge von Menschen hören wollen, zu denen sie eine Beziehung haben, damit sie wissen, dass sie es nicht allein stemmen müssen.

Elternstimme: René, Vater von zwei inzwischen erwachsenen Kindern, wurde Witwer, als sie noch sehr klein waren

»Es gibt nichts, was man besser allein tut. Das gilt besonders für das Aufziehen von Kindern. Welche Unterstützung hat man? Ich zog meinen Sohn eine Zeitlang allein auf, anschließend zusammen mit meiner Frau, als meine Tochter noch klein war. Doch dann verlor ich meine Frau und war wieder allein. Daher weiß ich, wie gut es ist, zu zweit zu sein: Man schafft so viel mehr. Es gab Dinge, bei denen ich sehr gut war, und Dinge, bei denen meine Frau sehr gut war. Ich war der Macher und der Taxifahrer. Ich schlug die Nägel ein, erledigte die Einkäufe, fuhr die Kinder zum Fußballtraining und zum Schwimmen. Meine Frau konnte gut zuhören.

Nach ihrem Tod ging ich zum Gingerbread Club, wo ich der einzige Vater unter lauter Müttern war. Ich weiß noch, wie kühl ich empfangen wurde; anscheinend hatten sie den Eindruck, dass ich am falschen Ort gelandet war. Die Frauen waren nicht feindselig, aber sicher auch nicht warmherzig, und das änderte sich erst beim dritten oder vierten Besuch im Club. Aber ich ließ mich dadurch nicht abhalten. Ich dachte: Ich gehe wieder hin; ich will die Beziehungen, die Bindung. Ich will lernen, ich will das Netzwerk. Ich weiß noch, wie unbehaglich ich mich gefühlt habe, wenn ich ohne Partnerin bei Dinnerpartys aufkreuzte. Das war nicht vorgesehen. Aber glücklicherweise gab es Freundinnen, Nachbarn und andere Eltern, mit denen ich sprechen konnte, und ich lud Eltern ein, mit ihren Kindern zu uns zu kommen, weil es mir half, in einer Umgebung zu sein, in der alle Kinder hatten.

Sie wollen vorbildliche Eltern sein, und ich hoffe, dass jemand in der Nähe ist, vielleicht ein Paar, von dem Sie lernen können und das Sie coacht, wenn Sie wollen. Dabei geht es nicht nur um Wissen, das weitergegeben wird, sondern auch um die Sicherheit, die Verbundenheit und die Freundschaft.«

Und das sagt Mike

»Ich vergleiche die ersten Wochen der Vaterschaft damit, in einem dunklen Raum voller Rechen herumzulaufen. An manchen Tagen hat man das Gefühl, auf jeden einzelnen zu treten. Es ist nicht leicht, sich an die neue Statistenrolle zu gewöhnen, wenn man früher die Hauptrolle hatte. Oft fragen wir Väter uns, was wir um Himmels willen tun und wie wir am besten helfen können. Ich kann sagen, dass ich als schon etwas älterer Vater, dessen eigene Eltern nicht mehr leben, von niemandem irgendeinen nützlichen Rat bekommen habe, außer Sprüchen wie ›Es ist schwieriger als man denkt‹, oder ›Vertrau deinen Instinkten‹. Ich bin nicht sicher, ob es so instinktiv war, und man kann alle möglichen Fehler machen. Für unseren Hundewelpen habe ich mehr Anleitung bekommen als bei unseren Babys.

Ob man allein oder in einer Partnerschaft Kinder großzieht, ob man der biologische Vater ist oder nicht – ich bin davon überzeugt, dass wir Väter im Leben unserer Kinder eine wichtige Rolle spielen. Ich glaube, dass wir uns manchmal weniger qualifiziert fühlen (oder ging das nur mir so?!), aber inzwischen weiß ich, welche wichtige Rolle wir bei der Kindererziehung spielen. Unsere Kinder brauchen uns so sehr, und ich glaube, dass wir sie auch brauchen. Vater zu sein ist eine bereichernde Lebenserfahrung, für die ich sehr dankbar bin.

Um Abraham Lincoln zu zitieren: ›Kein Mann ist so groß, wie wenn er sich bückt, um einem Kind zu helfen.‹«

Ich bewundere René für seine Entschlossenheit und Ausdauer, besonders angesichts seiner eigenen Trauer und seines Verlusts. Wie sein Beispiel zeigt, sollten wir keine Angst davor haben, Fragen zu stellen und Unterstützung zu suchen. Wir fangen alle irgendwo an, und in meinem Buch gibt es keine »dummen« Fragen. Vertrauen wir uns selbst. Google weiß es nicht immer am besten. Stellen wir ein Team zusammen in dem Wissen, dass das, was wir tun, etwas bewirkt.

Ich habe festgestellt, dass die aufschlussreichsten, tröstlichsten Gespräche über Erziehung die mit anderen Eltern sind, wenn wir ehrlich über unsere Gefühle und das, was uns Schwierigkeiten macht, sprechen oder die Fragen stellen, die wir bisher nicht zu stellen gewagt haben. In solchen Augenblicken wird uns klar, dass sich unsere Kinder sehr ähnlich sind. An ihnen ist ebenso wenig etwas falsch wie an uns. Wir befinden uns vielleicht nur in einem anderen Stadium derselben Herausforderung. Und hier kann Gemeinschaft so tröstlich sein. Das Leben fühlt sich oft überwältigend und schwierig an und lässt uns leiden. Aber die Last wird kleiner, wenn wir unsere Erfahrungen mit anderen teilen können, wie es früher für uns Menschen ganz natürlich war.

Wissenswert

»Unser Gehirn hat sich über Hunderttausende von Generationen hinweg entwickelt – in kleinen Jäger-Sammler-Gemeinschaften, wo das sich entwickelnde Kind seine Erfahrungen in einer komplexen, interaktiven, dynamischen, sozio-emotionalen Umgebung machte. In einer Gruppe von 150 Personen gab es für jedes Kind unter sechs Jahren drei oder mehr erwachsene Betreuungspersonen. Kinder wuchsen in der Gegenwart von Älteren, Geschwistern, Erwachsenen auf, mit denen sie verwandt waren oder auch nicht. Es gab mehr kontinuierliche Exposition und eine größere Bandbreite an sozio-emotionalen Interaktionen. Die moderne Lebensweise, Kommunikation, Technik und Wirtschaft haben den Effekt, dass wir unsere Kinder jetzt in Umgebungen aufziehen, die von dem reichhaltigen sozialen Kontext, für den sich unser Gehirn am besten eignet, stark abweichen.«

Kate Stanley und Dr. Nathaniel Kendall-Taylor, FrameWorks Institute

Professor Peter Fonagy, Anna Freud Centre for Children and Families

Ich hoffe, dass die Gesellschaft diese Themen und die wichtigsten Jahre im Leben unserer Kinder, von der Empfängnis bis zum fünften Geburtstag, sowie auch uns Eltern künftig stärker in den Fokus rückt, weil wir jede erdenkliche Hilfe und Unterstützung brauchen. Das alles ist zu wichtig für zukünftige Generationen, um es zu ignorieren.

Ganz im Sinne des afrikanischen Sprichworts: »Man braucht ein ganzes Dorf, um ein Kind aufzuziehen.«

Wie wurden wir erzogen?

Es ist gut, sich zu fragen, welches Wissen von unseren Eltern oder anderen Menschen an uns weitergegeben wurde. Der Kinderpsychologe Oliver James stellt fest, dass »wir entweder gegen unsere eigene Erziehung rebellieren oder sie exakt übernehmen«. Ich halte es für wichtig, dass wir ehrlich darüber nachdenken, wie wir selbst erzogen wurden. Wir könnten uns fragen, was wir als Bestes und was als Schlechtestes daran in Erinnerung haben. Was wollen wir für unsere eigenen Kinder übernehmen und was nicht? Ich hoffe, dass Sie neugierig darauf sind, was Ihnen als Kind ein Gefühl von Sicherheit und Zufriedenheit gegeben hat, dass Sie Ihre besten Erfahrungen beibehalten können und offen dafür sind, den weniger erfreulichen Rest bei Ihren eigenen Kindern anders zu machen.

Falls es Ihnen schwerfällt, Selbstfürsorge zu praktizieren oder über Ihre eigenen Kindheitserfahrungen nachzudenken, kann eine Therapie ein guter Ausgangspunkt sein, weil ein Therapeut Ihnen helfen kann, Ihr eigenes inneres Kind »neu großzuziehen«. Das wäre Stoff für ein neues Buch (das ich sehr gern schreiben würde!), aber für den Augenblick ist es einfach eine Überlegung wert, wenn Sie glauben, in dieser Hinsicht ein wenig Unterstützung zu brauchen.

Doch Sie können auch selbst viel für sich tun. Trotz all der Traumata und Sorgen auf der Welt können wir es schaffen, wenn wir die richtigen Menschen um uns herum haben. Wenn wir uns unterstützt und gehört fühlen, können wir etwas davon an unsere Kinder weitergeben. Oder wie man es uns im Flugzeug sagt: »Setzen Sie zuerst Ihre eigene Sauerstoffmaske auf, bevor Sie anderen helfen.«

Elternschaft ist in westlichen Kulturen häufig mit einer sehr kritischen Haltung verbunden, und wir können als Gesellschaft sehr wertend sein. Oder zumindest haben wir das Gefühl, bewertet zu werden. Wenden wir das Blatt und fangen wir an, uns selbst mit mehr Mitgefühl zu betrachten. Wir tun unser Bestes, um unsere Kinder glücklich zu machen. Und das ist genug.

Elternstimme: René

»Als alleinerziehender Vater habe ich lange gebraucht, um zu verstehen, dass ich keine anderen Regeln als meine eigenen einhalten musste. Manchmal fühlte ich mich als Außenseiter, fühlte mich schuldig, fühlte mich unzulänglich. Aber so sollte man sich nie fühlen, wenn man als Eltern sein Bestes zu geben versucht.«

Wir erweisen uns selbst und unseren Kindern einen guten Dienst, wenn uns Folgendes klar ist:

- Niemand ist perfekt.
- Es gibt immer eine Chance, neu anzufangen – morgen ist ein neuer Tag.
- Wenn wir es auch nur manchmal richtig machen, kann das schon genug sein. Mit kleinen Schritten können wir große Veränderungen erzielen!
- Was vorbei ist, ist vorbei. Es gibt immer Möglichkeiten der Wiedergutmachung, sowohl bei uns selbst als auch in der Beziehung zu unseren Kindern.

Als ich anfing, dieses Buch zu schreiben, wollte ich das teilen, was ich über die ersten Lebensjahre unserer Kinder gelernt hatte: Dass das, was wir als kleine Kinder erleben, die Erwachsenen prägt, zu denen wir uns entwickeln. Wir wissen, dass das, was wir als Eltern in den ersten fünf Lebensjahren unserer Kinder tun, entscheidend für ihre zukünftige Gesundheit und Zufriedenheit ist. Und wir wissen, dass wir unseren Kindern am besten helfen können, wenn wir die Welt durch ihre Augen betrachten. Ich hoffe, dass ich Ihnen mit der Geschichte von der Eidechse, dem Pavian und der klugen Eule helfen kann, Ihre Kinder so zu sehen, wie ich meine Kinder sehen kann.

Unsere Kinder haben ein wunderbares Potenzial. Um ihnen zu helfen, es voll auszuschöpfen, müssen wir sie nur sehen und hören und müssen verstehen, dass sie von alten Gehirnregionen und starken Gefühlen angetrieben werden. Wenn wir mitfühlend und verständnisvoll auf sie reagieren, können wir darauf vertrauen, dass unsere Kinder nur uns brauchen, unsere Präsenz – wie unzulänglich wir uns manchmal auch fühlen mögen.

Es fängt bei uns an, es fängt jetzt an. Es fängt an, wenn wir davon überzeugt sind, dass Kinderköpfe anders ticken.

Anmerkungen und Quellen

Auf die hier aufgeführten Bücher, Artikel und Websites hat die Autorin zu Recherchezwecken zugegriffen. Ihre Aufnahme in die Liste bedeutet nicht, dass die Autorin ihrem Inhalt zustimmt.

Kapitel 1

Gerhardt, S., *Die Kraft der Elternliebe*, Patmos (2006).

Fonagy, P., »A deeper dive into the science of early childhood and the key insights that built today's knowledge« (Informationspapiere).

Gogtay, N. und Giedd, J. N., et al., »Dynamic mapping of human cortical development during childhood through early adulthood«, *Proc Natl Acad Sci* USA (2004): 101(21), 8174-79. Dennis, E. L. und Jahanshad N., et al., »Development of brain structural connectivity between ages 12 and 30: a 4-Tesla diffusion imaging study in 439 adolescents and adults«, *Neuroimage* (2013): 64, 671-84.

Zielinski, B. A., Gennatas, E. D., Zhou, J., Seeley, W.W., »Network-level structural covariance in the developing brain«, *Proc Natl Acad Sci* USA (2010): 107(42), 18191-96.

Jenny Smith: Hebamme und Gründerin von www.jentlechildbirth.co.uk und www.birthcontinua.com.

van der Kolk, B. A., *Verkörperter Schrecken: Traumaspuren in Gehirn, Geist und Körper und wie man sie heilen kann*, Probst, G.P. Verlag (2021).

Der britische Psychiater John Bowlby hat Bindung als »dauerhafte psychische Verbundenheit zwischen Menschen« definiert. Nähere Informationen hierzu finden Sie hier: www.thebowlbycentre.org.uk/about-the-bowlby-centre/.

Dr. Allan Schores Website und weitere Informationen zu seiner Arbeit finden Sie hier: www.allanschore.com.

Kapitel 2

Sunderland, M., *The Science of Parenting*, DK (2016).

Zeedyk, S., *Sabre Tooth Tigers and Teddy Bears: The connected baby guide to attachment* (2014), www.suzannezeedyk.com/books-dvds-ecourses-suzanne-zeedyk/.

Burke Harris, N., *Befreiung finden*, Unimedica (2020).

National Scientific Council on the Developing Child (2005/2014), »Excessive Stress Disrupts the Architecture of the Developing Brain: Working Paper No. 3« (aktualisierte Ausgabe). Abgerufen von www.developingchild.harvard.edu; siehe auch www.developingchild.harvard.edu/science/key-concepts/ toxic-stress/.

Dawson, G., et al., »The role of early experience in shaping behavioural and brain development and its implications for social policy«, *Developmental Psychology* (Herbst 2000): 12(4), 695-712.

Gunnar, M. R., »Studies of the human infants adrenocortical response to potentially stressful events«, *New Directions for Child Development* (Herbst 1989): 3-18.

Shanker, Dr. S., *Das überreizte Kind*, Mosaik (2016).

Kapitel 3

Anna Freud National Centre for Children and Families: www.annafreud.org.

Margaret Heffernan: Weitere Informationen finden Sie unter: www.mheffernan.com/index.php.

Trauma Informed Schools: www.traumainformedschools.co.uk.

The Harvard Center on the Developing Child: www.developingchild.harvard.edu.

Kapitel 4

Dr. Paul Ekman: Weitere Informationen finden Sie unter www.paulekman.com.

Plutchik, R., The Emotions, University Press of America (1991, überarbeitete Auflage).

Zeedyk, S., *Sabre Tooth Tigers and Teddy Bears: The connected baby guide to attachment* (2014), www.suzannezeedyk.com/ books-dvds-ecourses-suzanne-zeedyk/.

Still-Face-Experiment: Das von Dr. Ed Tronick in den Siebzigerjahren entwickelte »Still-Face«-Experiment zeigt, wie die Reaktionen eines Elternteils die emotionale Entwicklung eines Babys beeinflussen können, und unterstreicht die Notwendigkeit einer Verbindung von Anfang an: www.gottman.com/blog/research-still-face-experiment/.

Zum Thema »Still Face« siehe auch www.ncbi.nlm.nih.gov/pmc/articles/ PMC3289403/;

https://dennis-tiwary.com/wp-content/uploads/2015/01/.

Gulyayeva-et-al-Still-Face-poster-from-APS-2016-conference.pdf; Dennis-tiwary.com; sowie

www.childforum.com/images/stories/2013_Blaiklock_published.pdf.
Sunderland, M., *The Science of Parenting*, DK (2016).

Kapitel 5

Sunderland, M., *The Science of Parenting*, DK (2016).
Child Trauma Academy: Weitere Informationen finden Sie unter www.childtrauma.org.
Dr. Bruce Perry: Weitere Informationen zu Dr. Perrys Arbeit finden Sie unter www.bdperry.com sowie in seinen zahlreichen Büchern, wie zum Beispiel *Der Junge, der wie ein Hund gehalten wurde*, Kösel (2008).
Schacter, D., *Searching for Memory: The Brain, the Mind and the Past*, Basic Books (1997).
Perry, B., *Splintered Reflections: Images of the Body in Trauma*, Jean Goodwin, Reina Attias (eds.), Basic Books (1999).
James, O., *How to Develop Emotional Health*, Macmillan (2014).
Middlemiss, W. I., Granger, D. A., Goldberg, W. A. und Nathans, L., »A synchrony of mother-infant hypothalamic- pituitary-adrenal axis activity following extinction of infant crying responses induced during the transition to sleep«, *Early Hum Dev.* (Apr. 2012), 88(4): 227-32. doi: 10.1016/j. earlhumdev.2011.08.010. Epub 2011 Sep 23.
Maté, G., »Why I No Longer Believe Babies Should Cry Themselves to Sleep«, auf Gabor Matés offizieller Website: www.drgabormate.com/no-longer-believe-babies-cry-sleep/; siehe auch Maté, G., *Wenn der Körper nein sagt*, Unimedica (2020).

Kapitel 6

Levine, P., *Trauma-Heilung: Das Erwachen des Tigers. Unsere Fähigkeit, traumatische Erfahrungen zu transformieren*, Synthesis (1998).

Kapitel 8

Dr. Gabor Maté: Weitere Informationen finden Sie auf seiner Website: www.drgabormate.com.

John Bowlby: Weitere Informationen finden Sie unter www.thebowlbycentre.org.uk.

Kapitel 9

Rozin, P. und Royzman, E. B., »Negativity Bias, Negativity Dominance, and Contagion«, *Personality and Social Psychology Review* (2001), 5(4): 296-320.

Kapitel 10

Anna Freud National Centre for Children and Families: www.annafreud.org.

Sigman, A., *Remotely Controlled: How television is damaging our lives*, Vermilion (2007); Sigman, A., »Screen Dependency Disorders: a new challenge for child neurology«, *Journal of the International Child Neurology Association* (April 2017). Siehe auch: »Children under five should spend less than an hour a day in front of the TV: Doctors say electronic screens damage youngsters' sleep and fitness«, *Daily Mail*, 13. November 2016.

Die American Academy of Pediatrics finden Sie unter: www.aap.org.

Kapitel 11

Sandahl, I. D., *Mama, ich will spielen!*, Mosaik (2020)

Winter, N., *Wie man Kinder und trotzdem was vom Leben hat*, Mosaik (2022).

www.developingchild.harvard.edu/science/key-concepts/brain-architecture/.

NSPCC: www.nspcc.org.uk.

Place2Be: www.place2be.org.uk.

Kapitel 12

Forschung zu Altersunterschied/Geschwisterrivalität: Es gibt Forschung zu körperlichen und seelischen Aspekten. Weitere Informationen zur körperlichen Gesundheit finden Sie auf der Website der Weston A. Price Foundation: www.westonaprice.org; über die seelische Gesundheit spricht Laura Markham unter www.ahaparenting.com/ask-the-doctor-i/what-is-the-best-age-spacing-between-siblings.

Biddulph, S., *Jungen! Wie sie glücklich heranwachsen*, Heyne (2002) und *Raising Boys in the 21st Century*, HarperNonFiction (2018); siehe auch www.stevebiddulph.com und »Kids in lockdown: why it's much harder for boys«, Steve Biddulph in *The Times*, 17. April 2020.

Shumaker, H., *It's OK Not to Share*, Tarcher (2012); siehe auch www.heatherschumaker.com.

Laura Markham: *Gelassene Eltern – glückliche Geschwister,* Arbor (2021), und *Gelassene Eltern – zufriedene Kinder*, Arbor (2020); siehe auch www.ahaparenting.com.

Faber, A., und Mazlish, E., *Hilfe, meine Kinder streiten,* Oberstebrink (2018).

Eisenberg, N., »Eight Tips to Developing Caring Kids«, in *Good Things To Do: Expert Suggestions for Fostering Goodness in Kids*, Portland, David Streight (ed.) (2009).

Kapitel 13

Pereira Gray, D., Dean, D., Dineen, M., und Dean, P., »Science versus society: is childcare for the under threes a taboo subject?«, *Epigenomics*, Future Medicine Ltd (2020).

O' Sullivan, J., *The A to Z of Early Years: Politics, Pedagogy and Plain Speaking*, Sage Publications (2020).

The London Early Years Foundation: www.leyf.org.uk.

Kapitel 14

Winter, N., *Wie man Kinder und trotzdem was vom Leben hat*, Mosaik (2022).

Walker, M., *Das große Buch vom Schlaf*, Goldmann (2018).

Ehrlich, R., *A Life Less Stressed: The Five Pillars of Health and Wellness*, Scribe UK (2018).

Uvnäs Moberg, Kerstin: Weitere Informationen zu Oxytocin finden Sie unter www.kerstinuvnasmoberg.com

Uvnäs Moberg, K. und Odent, M., *The Oxytocin Factor: Tapping the Hormone of Calm, Love, and Healing*, Pinter & Martin Ltd (2011); Uvnäs Moberg, K., *The Hormone of Closeness: The Role of Oxytocin in Relationships*, Pinter & Martin Ltd (2013); und Uvnäs Moberg, K., *Oxytocin: The Biological Guide to Motherhood*, Praeclarus Press (2016).

Burke Harris, N., *Befreiung finden*, Unimedica (2020).

Schmetterlingsumarmung: Weitere Informationen hierzu finden Sie unter www.researchgate.net/ publication/34028o32o_The_EMDR_Therapy_Butterfly_ Hug_Method_for_Self-Administer_Bilateral_Stimulation/.

Handatmung: Weitere Informationen finden Sie unter www.childhood101.com/take-5-breathing-exercise/.

The Royal Foundation: www.royalfoundation.com/5-big-questions/.

James, O., *How to Develop Emotional Health*, Macmillan (2014).

Weiterführende Informationen

Die folgenden Organisationen haben hilfreiche Websites mit einer Fülle an Informationen sowie Meinungen und Erkenntnissen von Experten:

DEUTSCHLAND

Bundeszentrale für gesundheitliche Aufklärung

Informationen für Eltern und Fachkräfte rund um die körperliche und geistige Gesundheit und Entwicklung von Kindern

https://www.kindergesundheit-info.de/themen/

Caritas Deutschland

Onlineberatung für Eltern und Familien, Übersicht mit Beratungsstellen vor Ort

https://www.caritas.de/hilfeundberatung/onlineberatung/eltern-familie/start

Diakonie Deutschland

Zentrum Kinder, Jugend, Familie und Frauen – Onlineportal für Erziehungs- und Familienberatung mit Übersicht über Beratungsstellen vor Ort

https://www.diakonie.de/zentrum-kinder-jugend-familie-und-frauen

Die Kinderschutzzentren

Entlastung und Hilfe bei Krisen, Konflikten, Gewalterfahrungen und alltäglichen Problemen

https://www.kinderschutz-zentren.org/beratung-fuer-eltern

Familienportal des Bundesministeriums für Familie, Senioren, Frauen und Jugend
Familienbildung und -beratung
https://familienportal.de/familienportal/lebenslagen/krise-und-konflikt/hilfe-beratung-familien

Nationales Zentrum Frühe Hilfen
Angebote für Eltern ab der Schwangerschaft bis drei Jahre, die sich unsicher oder überfordert fühlen, auch anonyme Beratung
https://www.elternsein.info/beratung-anonym/beratung-fuer-eltern-anonym-und-kostenlos/
Elterntelefon: 0800 – 11 10 55 0

Neurologen und Psychiater im Netz
Informationen zur Entwicklung von Gehirn und Nervensystem bei Kindern, psychologische Hilfe bei Krisen und Problemen in der Familie
https://www.neurologen-und-psychiater-im-netz.org/gehirn-nervensystem/entwicklung

Pro Familia
Onlineberatung und Informationen für Eltern zu Familienalltag und Partnerschaft
https://www.profamilia.de/themen/eltern-sein

Stiftung »Achtung! Kinderseele«
Informationen und Hilfen für die seelische Gesundheit von Kindern und Jugendlichen von Fachärztinnen und Fachärzten für Kinder- und Jugendpsychiatrie
https://www.achtung-kinderseele.org/

ÖSTERREICH

Caritas Österreich

Hilfe und Beratung für Familien in Notlagen und Krisensituationen, Übersicht über regionale Anlaufstellen
https://www.caritas.at/hilfe-angebote/familien-kinder

Elternberatung

Übersicht von Expertinnen und Experten sowie Anlaufstellen im Bereich Eltern- und Familienberatung
https://www.elternberatung.at

Rat auf Draht

Onlineberatung, Informationen für Eltern und Familien
https://elternseite.at

SCHWEIZ

Beratungsstelle für Familien

Paar- und Familienberatung, Elterncoaching, Rechtsberatung, Mediation bei Trennung und Scheidung
https://familienberatung-sg.ch/

Pro Familia Schweiz

Hilfestellung bei rechtlichen, ökonomischen, sozialen und persönlichen Fragen mit Links und Kontaktadressen.
https://www.profamilia.ch/familien

Pro Juventute

Unterstützung für Eltern und Bezugspersonen zu den Themen Erziehung, Entwicklung, Betreuung und Familienorganisation rund um die Uhr per Telefon, Chat oder E-Mail.
https://www.projuventute.ch/de/elternberatung

Dank

Ich danke allen, die dazu beigetragen haben, diesen Traum Wirklichkeit werden zu lassen.

Allen bei Piatkus, Little, Brown: Zoe, Jillian, Clara, Aimee, Sarah, Andy und dem gesamten Team für ihren Einsatz und dafür, dass sie von Anfang an verstanden haben, worum es geht.

Amanda Bannister bei Bannister Creative für ihren Scharfsinn, ihre ständige Verfügbarkeit und ihre tollen Outfits.

Bev James, Tom Wright und dem Team bei Bev James Management, es war eine solche Freude – ich freue mich auf das, was noch kommt!

Sarah, Leonie, Malcolm und allen bei der BBC, die es mir ermöglicht haben, mir die Zeit für dieses Buch zu nehmen.

Korda Ace für die herrlichen Illustrationen. Du hast ein wunderbares Talent, und es hat so viel Freude gemacht – danke dafür, dass du meine »Babys« zum Leben erweckt hast!

Daves Vater, der sich vielleicht manchmal gewünscht hat, nie ans Telefon gegangen zu sein, aber dessen Beistand und Glaube an mich mich dazu ermutigt haben, dieses Buch fertigzustellen. Dem getarnten Yoda … Mart, vielen Dank!

Benny und Robbie für eure Freundschaft, eure Weisheit und eure verlässliche Unterstützung. Danke dafür, dass ihr euch so sehr für das seelische Wohl von Kindern einsetzt.

Peter, du hast mich einmal damit beauftragt, ein Buch zu schreiben, das die wissenschaftlichen Erkenntnisse vermittelt. Danke, dass du an mich geglaubt hast, danke für dein laufendes Feedback und deine Würdigung des Ergebnisses. Danke für alles, was du für Kinder und Familien tust.

Bruce, danke für die Interviews, für dein Feedback und für das Buch *Der Junge, der wie ein Hund gehalten wurde*, mit dem du vor mehr als zehn Jahren die Aufmerksamkeit auf die Lebensrealität misshandelter Kinder gelenkt hast.

Suzanne, deine Energie und dein Spirit geben meiner Arbeit immer wieder Auftrieb. Danke für alles, was du tust, und für dein großzügiges ausführliches Feedback.

Margot und Gabor, danke dafür, dass ihr die Bücher geschrieben habt, die mich inspiriert und angetrieben haben.

Ein besonderer Dank gilt denen, die erste Entwürfe gelesen und so großzügig Zeit und Expertise in Feedback investiert haben, obwohl sie schon ausgelastet waren:
Dr. Dickon Bevington, Facharzt für Kinder- und Jugendpsychiatrie beim NHS

Susan Cooke, Head of Research NSPCC

Diana Dean, Research Director, WATCH

Professor Peter Fonagy OBE, National Clinical Advisor für NHS England zur seelischen Gesundheit von Kindern und Jugendlichen, Chief Executive des Anna Freud Centre, London
Professor Eamon McCrory, Professor für Entwicklungsneurowissenschaft und Psychopathologie, Mitbegründer des UK Trauma Council und Direktor am Anna Freud Centre

Dr. Bruce Perry, MD, PhD, Leiter des Neurosequential Network, Senior Fellow der Child Trauma Academy

Dr. Suzanne Zeedyk, Säuglingspsychologin, Forscherin, Gründerin von *Connected Baby*.

Vielen Dank an Duncan Wardle, den ehemaligen Leiter Innovation und Kreativität bei Disney, für die »Pappkarton«-Inspiration! www.duncanwardle.com

Vielen Dank für die Unterstützung und die Beiträge zu diesem Buch (in alphabetischer Reihenfolge):

Dr. Bruce Clark, Kinder- und Jugendpsychiater, Klinischer Direktor des Child and Adolescent Mental Health Service am Maudsley Hospital

Julie Harmieson, Co-Director von Trauma Informed Schools UK

Prof. Sir Denis Pereira Gray OBE, FRCP, FRCGP, FMedSci

Dr. Gabor Maté, Arzt, Suchtexperte und Autor

June O'Sullivan MBE, Chief Executive London Early Years Foundation

Dr. Matthew Patrick, ehemaliger Chief Executive des South London and Maudsley NHS Foundation Trust

Gründerin und Vorsitzende von Place2Be, Dame Benita Refson DBE und The Hon Robert A. Rayne

Dr. Dan Siegel, Professor für Psychiatrie an der UCLA School of Medicine und Gründer und Co-Direktor des Mindful Awareness Research Center an der UCLA

Georgia Robinson-Steele Dip.Couns, Gründerin des Kent Well-being Hub

Catherine Roche, CEO Place2Be

Dr. Margot Sunderland, Direktorin Education and Training am Centre for Child Mental Health London

Sir Peter Wanless CB, Chief Executive des NSPCC

Ich danke den Institutionen und Hilfsorganisationen, mit denen ich in den letzten fünfzehn Jahren arbeiten und die ich unterstützen durfte. Danke für die Arbeit, die ihr leistet.

Anna Freud National Centre for Children and Families
NSPCC
Place2Be
Royal Foundation

Ich danke meiner Place2Be-Gang, der wunderbarsten Frauengruppe, die bei den Recherchen während des Lockdowns an meiner Seite war. Wir haben »gespielt« und gelacht und gute Arbeit geleistet. Unendlichen Dank an Georgia und Beq, die uns so viel gelehrt haben und mich immer wieder dazu veranlasst haben, noch tiefer zu schürfen.

Ich danke Kim, Kez, Marianne, Tom, Matt und Brooke für ihren kreativen Input, ihren Spirit, ihre tolle Energie und ihre Unterstützung.

Ich danke besonderen Freunden, die mit Tee, Fahrrädern (und gelegentlich auch einem Gin Tonic) zur Stelle waren: Rosie, Natalie, Susanna, Penny, Sara, Jonty und Tye, Caroline, Lisa, Andy, Becca und meiner Op Raleigh Crew. Danke, dass ihr mich mit exzentrischen Chats und Unterhaltungen bereichert habt und dass es sich immer anfühlt, als ob unser letztes Treffen nicht länger als zehn Minuten zurückliegt.

Besonders erwähnt seien Kevin Neary, James Docherty, Iain Smith, Pauline Scott, Callum Hutchison, Karyn McCluskey, John Carnochan, Prof. Sir Harry Burns, Dr. Christine Goodall, Dr. Nadine Burke Harris, Niven Rennie und all die inspirierenden Menschen, die eine traumatisierte Gesellschaft bereichern.

Ich danke den wunderbaren Müttern und Vätern, die ihre Liebesgeschichten mit mir geteilt und etwas Magisches zu diesem Buch beigetragen haben. Ich danke Rosie Nixon, Claire, Alpa Patel, Ali MacLaine und Rene Carayol für ihre Ehrlichkeit und Integrität und dafür, dass sie die besten Eltern sind!

Ich danke Jenny Smith, meiner Hebamme und dem schönsten Menschen auf dem Planeten, die meine beiden Babys auf die Welt gebracht hat. Danke bis zu den Sternen und wieder zurück. Deine Selbstlosigkeit und deine Gabe müssten geklont werden.

Ich danke Liza Elle für ihre Weisheit und ihr liebevolles Engagement und dafür, dass sie mich immer ermutigt hat, meinen Weg zu finden. Es gibt nicht genug Worte, um zu vermitteln, wie viel sie mich gelehrt hat.

Ich danke meiner Mutter – Mum, du bist unbeschreiblich. Danke für alles. Für den Tee und die Umarmungen und dafür, dass du mir gezeigt hast, dass leckere Abendessen eine Therapie für alles sein können! Du warst in diesem letzten Jahr unglaublich. Wie schön, dass dieses Buch an deinem Geburtstag veröffentlicht wurde. Ich weiß, dass Daddy von oben herunterschaut und jubelt. Ich liebe euch beide sehr.

Claire und Amy – Mütter von insgesamt acht Kindern – ihr seid super! Ihr seid wunderbare Mütter. Vielen Dank für das Lachen und die Liebe, für das Feedback zu meinen zahlreichen Umschlagversionen und auch für unsere Ehemänner (hurra!) und unsere Kinder.

Clemency und Wilbur (und, nicht zu vergessen, Gatsby): Danke dafür, dass ihr die besten, schönsten und hellsten Sterne an meinem Nachthimmel seid. Ihr seid wunderbar, und ich liebe euch von ganzem Herzen. Danke, dass ihr mir erlaubt habt, euere Geschichten weiterzugeben. Danke, dass ihr mich jeden Tag dazu inspiriert, eine bessere Mutter zu sein.

Und zu guter Letzt danke ich meinem Ehemann Mike. Meinem Leuchtturm, meinem Ozean und dem Boot, mit dem wir beide segeln. Du weißt, wie sehr ich dich liebe. Und ich weiß, wie sehr du eine öffentliche Zurschaustellung hasst, aber hier ist sie. Danke, dass du mich gefunden hast. Ich werde dich immer lieben.

Register